Hintzen
Zwangsversteigerung von Immobilien

Zivilprozessrecht

Zwangsversteigerung von Immobilien

Grundbuchauswertung
Anordnung
Termin
Verteilung

3. Auflage 2015

von
Professor Dipl.-Rechtspfleger **Udo Hintzen**, Berlin

Zitiervorschlag:
Hintzen, Zwangsversteigerung von Immobilien, § 1 Rn 1

Hinweis
Die Formulierungsbeispiele in diesem Buch wurden mit Sorgfalt und nach bestem Wissen erstellt. Sie stellen jedoch lediglich Arbeitshilfen und Anregungen für die Lösung typischer Fallgestaltungen dar. Die Eigenverantwortung für die Formulierung von Verträgen, Verfügungen, Schriftsätzen etc. trägt der Benutzer. Autor und Verlag übernehmen keinerlei Haftung für die Richtigkeit und Vollständigkeit der in dem Buch enthaltenen Ausführungen und Formulierungsbeispiele.

Anregungen und Kritik zu diesem Werk senden Sie bitte an
kontakt@zap-verlag.de
Autor und Verlag freuen sich auf Ihre Rückmeldung.

www.zap-verlag.de
Alle Rechte vorbehalten.
© 2015 ZAP Verlag GmbH, Rochusstraße 2–4, 53123 Bonn

Satz: Griebsch + Rochol Druck GmbH, Hamm
Druck: Medienhaus Plump GmbH, Rheinbreitbach
Umschlaggestaltung: gentura, Holger Neumann, Bochum
ISBN 978-3-89655-790-2

Das Werk einschließlich aller seiner Teile ist urheberrechtlich geschützt. Jede Verwertung außerhalb der engen Grenzen des Urheberrechtsgesetzes ist ohne Zustimmung des Verlages unzulässig und strafbar. Das gilt insbesondere für Vervielfältigungen, Übersetzungen, Mikroverfilmungen und die Einspeicherung und Verarbeitung in elektronische Systeme.

Bibliografische Information der Deutschen Nationalbibliothek
Die Deutsche Nationalbibliothek verzeichnet diese Publikation in der Deutschen Nationalbibliografie; detaillierte bibliografische Daten sind im Internet abrufbar über http://dnb.d-nb.de.

Vorwort

In den Jahren 2006 bis Anfang 2010 bewegten sich die Zahlen der Zwangsversteigerungsverfahren auf noch hohem Niveau von über 50.000 pro Jahr. Ab 2010 sank die Anzahl der Verfahren kontinuierlich auf aktuell ca. 30.000. Die gute wirtschaftliche Konjunktur und das seit Jahren sehr niedrige Zinsniveau im Bereich von Immobiliendarlehen machen sich auch hier deutlich bemerkbar. Aktuell werden Immobilien relativ zügig versteigert, teilweise im ersten Versteigerungstermin und in guten Lagen mit sehr guten Ergebnissen.

Das Zwangsversteigerungsrecht ist aber nicht zuletzt wegen der Verzahnung zwischen allgemeinem Vollstreckungsrecht, formellem Grundbuchrecht und materiellem Sachenrecht mit den besonderen Regeln des Zwangsversteigerungsgesetzes keine leichte Rechtsmaterie. Die hin und wieder starren gesetzlichen Vorgaben sollten immer vor dem Hintergrund des Verlustes des Eigentums des Schuldners gesehen werden, der häufig für sein Eigenheim jahrelang gearbeitet hat. Sicherlich dürfen hierbei die Gläubigerrechte nicht zu kurz kommen. Der gerechte Ausgleich im Einzelfall ist das Ziel der Zwangsversteigerung, für alle Beteiligten sollte ein bestmögliches Ergebnis erzielt werden. Die ständigen Interessengegensätze der Beteiligten erfordern eine genaue Kenntnis der verfahrensrechtlichen Regeln, aber auch der taktischen Möglichkeiten der Verfahrensbeeinflussung durch geschickte und rechtzeitige Antragstellung. Die vorliegende Broschüre möchte allen am Verfahren Beteiligten helfen, diese gesetzlichen Regeln und Möglichkeiten aufzuzeigen und Hilfestellung anzubieten.

Selbstverständlich sind sämtliche relevanten Änderungen der letzten Jahre eingearbeitet, insbesondere das Zweite Gesetz über die Bereinigung von Bundesrecht im Zuständigkeitsbereich des BMJ vom 23.11.2007 (BGBl I 2614), das FGG-Reformgesetz vom 17.12.2008 (BGBl I 2586), das Gesetz zur Reform des Kontopfändungsschutzes vom 7.7.2009 (BGBl I 1707), das Gesetz zur Reform der Sachaufklärung in der Zwangsvollstreckung vom 29.7.2009 (BGBl I 2258) und das Gesetz zur weiteren Erleichterung der Sanierung von Unternehmen vom 7.12.2011 (BGBl I 2582). Neben den Gesetzesänderungen haben auch wieder zahlreiche höchstrichterliche Entscheidungen den Ablauf des Verfahrens der Zwangsversteigerung erheblich beeinflusst, z.B. die Rechtsprechung zur Rechts- und Grundbuchfähigkeit der Gesellschaft bürgerlichen Rechts, zur Wirksamkeit von Eigengeboten, zur Verfahrenseinstellung aufgrund vorgetragener Suizidgefahr, zur Pflicht von Rechtsmittelbelehrungen und nicht zuletzt zu den Problemen rund um die Grundschuld, Rückgewähransprüche und dem gesetzlichen Löschungsanspruch. Rechtsprechung wurde bis Ende 2014 berücksichtigt.

Vorwort

Kritik und Anregungen aus der Leserschaft werden jederzeit dankend entgegengenommen.

Berlin, im April 2015 *Udo Hintzen*

Inhaltsverzeichnis

Vorwort	5
Abkürzungsverzeichnis	13
Literaturverzeichnis	19

§ 1 Vollstreckungsmöglichkeiten ... 21
  A. Zwangssicherungshypothek ... 21
  B. Zwangsverwaltung ... 24
  C. Zwangsversteigerung ... 25
    I. Gleichheitsgrundsatz ... 25
    II. Eigentumsgarantie ... 27
    III. Rechtsstaatsprinzip ... 27

§ 2 Grundbuchauswertung ... 31
  A. Grundstücksinformation ... 31
  B. Schuldnerangaben – Zeugnis nach § 17 ZVG ... 31
  C. Wertermittlung der Rechte aus Abt. II ... 32
    I. Grunddienstbarkeit ... 34
    II. Beschränkte persönliche Dienstbarkeit ... 34
    III. Nießbrauch ... 35
    IV. Altenteil ... 35
      1. Begriff ... 35
      2. Landesrechtliche Besonderheiten ... 36
      3. Hinweispflicht – Doppelausgebot ... 36
      4. Reallast ... 37
    V. Vorkaufsrecht ... 37
    VI. Erbbaurecht ... 38
    VII. Vormerkung ... 38
    VIII. Verwaltungs- und Benutzungsregelung ... 39
  D. Besonderheiten ... 40
    I. Wohnungseigentum ... 40
      1. Veräußerungsbeschränkung ... 40
      2. Hausgeld ... 40
      3. Belastungen ... 45
      4. Sondernutzungsrechte ... 45
    II. Erbbaurecht ... 46
    III. Erbbauzins ... 47
      1. Vor dem 1.10.1994 ... 47
      2. Nach dem 1.10.1994 ... 47

	3. Regelung aufgrund des EuroEG	48
	4. Vereinbarung über das Bestehenbleiben	48
E.	Besonderheiten im Beitrittsgebiet	49
	I. Erbbaurecht	49
	II. Eigentum und Eigentumsnutzung	49
	III. Mitbenutzungsrechte	51
	IV. Vorkaufsrecht	52

§ 3 Entgegenstehende Rechte ... 53

- A. Behördliche Verfügungsbeschränkung ... 53
- B. BVG und VAG ... 53
- C. Unfallversicherung ... 54
- D. Insolvenzverfahren ... 54
  - I. Nach Insolvenzeröffnung ... 54
  - II. Insolvenzeröffnungsverfahren ... 57
- E. Nachlassverwaltung ... 59
- F. Testamentsvollstreckung ... 59
- G. Nacherbenvermerk ... 59
- H. Zwangsversteigerungsvermerk ... 60
- I. Rückübertragungsanspruch nach dem Vermögensgesetz ... 61

§ 4 Erfolgsaussichten ... 63

- A. Welchen Wert hat der Grundbesitz des Schuldners? ... 63
- B. Welche Rechte gehen dem eigenen Anspruch vor? ... 63
- C. Aus welchem Recht wird die Zwangsversteigerung betrieben? ... 64

§ 5 Verfahrensgrundsätze ... 67

- A. Verfahrensbeteiligte ... 67
  - I. Gläubiger ... 67
  - II. Schuldner ... 67
  - III. Beteiligte von Amts wegen ... 68
  - IV. Beteiligte nach Anmeldung ... 68
- B. Einzel- und Gesamtzwangsvollstreckung ... 70
- C. Deckungs- und Übernahmegrundsatz ... 71
- D. Ranggrundsatz ... 74
- E. Geringstes Gebot – Beispiel ... 83

§ 6 Antragstellung ... 87

- A. Vollstreckungsvoraussetzungen ... 87
- B. Zeitpunkt des Antrags ... 90

Inhaltsverzeichnis

C. Inhalt des Antrags 92
    I. Objektbezeichnung 92
    II. Hauptanspruch zuzüglich Vollstreckungskosten 92
    III. Rechtsnatur des Anspruchs 94
    IV. Rechtsschutzinteresse 95
    V. Zahlungstitel in ausländischer Währung 97

§ 7 Beschlagnahme 99

A. Formelle Wirkung 99
B. Materielle Wirkung 100
C. Rechte und Pflichten des Schuldners 102
D. Zubehör 104
    I. Zubehöreigenschaft 104
    II. Dritteigentum 106

§ 8 Vollstreckungsschutz 109

A. Schuldnerantrag 109
    I. § 30a ZVG 109
    II. § 765a ZPO 110
B. Gläubigerantrag 116
C. Antrag des Insolvenzverwalters 118
    I. Einstellungsgründe 118
    II. Verfahren 119
    III. Ausgleichsleistungen 119
    IV. Verfahrensfortführung 122
D. Antrag des vorläufigen Insolvenzverwalters 122
    I. Einstellungsgründe 122
    II. Ausgleichsleistungen 123
    III. Verfahrensfortführung 123

§ 9 Verkehrswert des Grundstücks 125

A. Bedeutung des Verkehrswerts 125
B. Festsetzungsverfahren 126
    I. Sachverständiger 126
    II. Wertermittlung 128
    III. Rechtliches Gehör 129
    IV. Zeitpunkt der Festsetzung 129
C. Rechtsmittel 130
D. Anpassungspflicht 130

§ 10 Terminsbestimmung ... 133
A. Fristen ... 133
B. Inhalt der Bekanntmachung ... 133

§ 11 Vorbereitung des Termins ... 137
A. Rechtzeitige Anmeldung ... 137
B. Schuldübernahme ... 138
C. Kündigung von Grundpfandrechten ... 139
D. Gläubigerablösung ... 139
    I. Zahlung an den Gläubiger ... 139
    II. Zahlung an das Gericht ... 145
E. Abweichende Versteigerungsbedingungen ... 146
F. Mitbieten ... 152
    I. Gebote ... 152
    II. Scheingebote ... 155
    III. Bietabsprache ... 156
    IV. Ausbietungsgarantie ... 157

§ 12 Versteigerungstermin ... 159
A. Terminsteilnahme ... 159
B. Ort und Zeit des Termins ... 159
C. Mehrere Termine gleichzeitig ... 160
D. Befangenheitsantrag ... 162
E. Hinweis- und Belehrungspflicht ... 163
F. Sicherheitsleistung ... 166
    I. Allgemein ... 166
    II. Gebote des Schuldners ... 169

§ 13 Zuschlagsverhandlung ... 171
A. Zuschlagsversagung ... 171
    I. Von Amts wegen ... 171
        1. Nach § 83 ZVG ... 171
        2. Nach § 75 ZVG ... 171
        3. Nach § 85a Abs. 1 ZVG ... 172
    II. Auf Antrag ... 172
B. Zuschlagserteilung bei Meistgebot unter 50 % ... 174
C. Befriedigungsfiktion ... 176
D. Abtretung der Rechte aus dem Meistgebot ... 179
E. Zuschlagserteilung ... 181
F. Zuschlagsbeschwerde ... 182

Inhaltsverzeichnis

G. Wirkung des Zuschlagsbeschlusses 185
   I. Eigentumserwerb 185
   II. Grunderwerbsteuer 186
   III. Öffentliche Abgaben 187
   IV. Umsatzsteuer 188
   V. Sonderkündigungsrecht 189
H. Räumungsvollstreckung 189

§ 14 Erlösverteilung 193

A. Anmeldung 193
B. Grundschuld 194
   I. Zinsen der Grundschuld 194
   II. Kapital der Grundschuld 195
   III. Rückgewähranspruch 196
      1. Erfüllung 196
      2. Abtretung 198
      3. Pfändung 198
   IV. Berücksichtigung durch Widerspruch 199
   V. Löschungsanspruch 200
      1. Gesetzliche Regelung 200
      2. Anmeldung 202
      3. Nachweis einer Eigentümergrundschuld 202
   VI. Liegenbelassen eines Rechts 203
   VII. Planausführung 205
      1. Sofortige Auszahlung 205
      2. Nichtzahlung des Meistgebots 206
   VIII. Wiederversteigerung 207

Stichwortverzeichnis 209

Abkürzungsverzeichnis

A

a.A.	anderer Ansicht
a.E.	am Ende
a.F.	alte Fassung
a.M.	anderer Meinung
abl.	ablehnend
Abl.	EG Amtsblatt der Europäischen Gemeinschaft
Abs.	Absatz
Abt.	Abteilung
AG	Amtsgericht bzw. Aktiengesellschaft
AnfG	Anfechtungsgesetz
Anm.	Anmerkung
AO	Abgabenordnung
Art.	Artikel
Aufl.	Auflage

B

BauGB	Baugesetzbuch
BayObLG	Bayerisches Oberstes Landesgericht
BazBV	Basiszinssatz-Bezugsgrößen-Verordnung
BB	Betriebs-Berater (Zs.)
BBodSchG	Bundesbodenschutzgesetz
Bd.	Band
Bek.	Bekanntmachung
Beschl.	Beschluss
BFH	Bundesfinanzhof
BGB	Bürgerliches Gesetzbuch
BGBl I/II	Bundesgesetzblatt Teil I/Teil II
BGH	Bundesgerichtshof
BGHZ	Sammlung der Entscheidungen des Bundesgerichtshofes in Zivilsachen
BMF	Bundesministerium der Finanzen
BMJ	Bundesministerium der Justiz
BStBl.	Bundessteuerblatt
BT-Drucks	Bundestagsdrucksache
Buchst.	Buchstabe

Abkürzungsverzeichnis

BVerfG	Bundesverfassungsgericht
BVerfGE	Sammlung der Entscheidungen des Bundesverfassungsgerichts
BVerwG	Bundesverwaltungsgericht
BVG	Bundesversorgungsgesetz
bzgl.	bezüglich
bzw.	beziehungsweise

D

d.	der
d.h.	das heißt
DB	Der Betrieb (Zs.)
ders.	derselbe
DGVZ	Deutsche Gerichtsvollzieher-Zeitschrift
DNotZ	Deutsche Notarzeitschrift

E

EFG	Eigentumsfristengesetz
EG	Europäische Gemeinschaft
EGBGB	Einführungsgesetz zum BGB
EGZGB	Einführungsgesetz zum Zivilgesetzbuch der DDR
EGZVG	Einführungsgesetz zum ZVG
Einl.	Einleitung
ErbbauRG	Gesetz über das Erbbaurecht
ErholNutzG	Erholungsnutzungsrechtsgesetz
EuroEG	Euro-Einführungsgesetz
evtl.	eventuell
EWG	Europäische Wirtschaftsgemeinschaft
EWiR	Entscheidungen zum Wirtschaftsrecht (Zs.)

F

f.	folgend
FA	Finanzamt
FamRZ	Zeitschrift für das gesamte Familienrecht
ff.	folgende
FlurbG	Flurbereinigungsgesetz
Fn.	Fußnote

G

GBBerG	Grundbuchbereinigungsgesetz
GBl	Gesetzblatt der DDR
GBO	Grundbuchordnung

Abkürzungsverzeichnis

GbR	Gesellschaft bürgerlichen Rechts
GBV	Verordnung zur Durchführung der Grundbuchordnung (Grundbuchverfügung)
gem.	gemäß
gesetzl.	gesetzlich
GG	Grundgesetz
ggf.	gegebenenfalls
GKG	Gerichtskostengesetz
GmbH	Gesellschaft mit beschränkter Haftung
GNotKG	Gesetz über Kosten der freiwilligen Gerichtsbarkeit für Gerichte und Notare (Gerichts- und Notarkostengesetz)
GrEStG	Grunderwerbsteuergesetz
GrStG	Grundsteuergesetz

H

h.M.	herrschende Meinung
Halbs.	Halbsatz
HGB	Handelsgesetzbuch
hrsg.	herausgegeben

I

i.d.R.	in der Regel
i.H.d.	in Höhe der/s
i.H.v.	in Höhe von
i.R.d.	im Rahmen der/s
i.S.d.	im Sinne der/s
i.S.v.	im Sinne von
i.Ü.	im Übrigen
i.V.m.	in Verbindung mit
insbes.	insbesondere
InsO	Insolvenzordnung
InVo	Insolvenz & Vollstreckung (Zs.) (erscheint nicht mehr)

J

jew.	jeweils
JKomG	Justizkommunikationsgesetz
JR	Juristische Rundschau (Zs.)
JurBüro	Das Juristische Büro (Zs.)

K

kalenderjährl.	kalenderjährlich
KG	Kammergericht in Berlin
krit.	kritisch
KtoPfRefG	Gesetz zur Reform des Kontopfändungsschutzes
KTS	bis 1988: Konkurs-, Treuhand- und Schiedsgerichtswesen (Zs.); seit 1989: Zeitschrift für Insolvenzrecht – Konkurs, Treuhand, Sanierung

L

lfd.	laufende
LG	Landgericht
LPG	Landwirtschaftliche Produktionsgenossenschaft
LPGG	Gesetz über die Landwirtschaftlichen Produktionsgenossenschaften (der DDR)
LS	Leitsatz

M

m.	mit
m.E.	meines Erachtens
m.w.N.	mit weiteren Nachweisen
max.	maximal
MDR	Monatsschrift für Deutsches Recht (Zs.)
MGV	Milchgarantiemengenverordnung
MilchaufgabevergütungsG	Milchaufgabevergütungsgesetz
MittRhNotK (jetzt RNotZ)	Mitteilungen der Rheinischen Notarkammer (Zs.; seit 2000: Rheinische Notar-Zeitschrift)
MüKo	Münchener Kommentar

N

n.F.	neue Fassung
NdsRpfl	Niedersächsische Rechtspflege (Zs.)
NJOZ	Neue Juristische Online Zeitschrift
NJW	Neue Juristische Wochenschrift (Zs.)
NJW-RR	NJW Rechtsprechungs-Report (Zs.)
Nr.	Nummer
NZI	Neue Zeitschrift für das Recht der Insolvenz und Sanierung
NZM	Neue Zeitschrift für Miet- und Wohnungsrecht

O

OLG	Oberlandesgericht
OLGR	OLG-Report: Zivilrechtsprechung der Oberlandesgerichte
OLGZ	Entscheidungen der OLGe in Zivilsachen
OVG	Oberverwaltungsgericht

P

pp.	perge perge (und so weiter)
PrAGZVG	Preußisches Ausführungsgesetz zum ZVG
PreußALR	Preußisches Allgemeines Landrecht
PsychKG NW	Gesetz über Hilfen und Schutzmaßnahmen bei psychischen Krankheiten (Landesrecht Nordrhein-Westfalen)

R

RegVBG	Registerverfahrensbeschleunigungsgesetz
RGZ	Sammlung der Entscheidungen des Reichsgerichts in Zivilsachen
RHeimStG	Reichsheimstättengesetz
Rn	Randnummer
RNotZ (vormals MittRhNotK)	Rheinische Notar-Zeitschrift
Rpfleger	Der Deutsche Rechtspfleger (Zs.)
RPflG	Rechtspflegergesetz
RpflStud	Rechtspfleger-Studienhefte (Zs.)
rückst.	rückständige
RVO	Reichsversicherungsordnung

S

S.	Seite
s.	siehe
SachenRBerG	Sachenrechtsbereinigungsgesetz
SachenR-DV	Sachenrechts-Durchführungsverordnung
SachRÄndG	Sachenrechtsänderungsgesetz
SchlHA	Schleswig-Holsteinische Anzeigen (Justizministerialblatt des Bundeslandes Schleswig-Holstein)
Schriftl.	Schriftleitung
SchuldRAnpG	Schuldrechtsanpassungsgesetz
SFR-Zinssatz	Zinssatz der Spitzenrefinanzierungsfazilität der Europäischen Zentralbank
sog.	sogenannte
str.	strittig

U

u.a.	unter anderem
UG	Unternehmergesellschaft (haftungsbeschränkt)
u.U.	unter Umständen
USt	Umsatzsteuer
UStG	Umsatzsteuergesetz
usw.	und so weiter

V

v.	vom
VAG	Versicherungsaufsichtsgesetz
VerbrKrG	Verbraucherkreditgesetz
VermG	Gesetz zur Regelung offener Vermögensfragen
VermRÄndG	Vermögensrechtsänderungsgesetz
VersR	Versicherungsrecht (Zs.)
vgl.	vergleiche
VIZ	Zeitschrift für Vermögens- und Investitionsrecht
VO	Verordnung

W

WEG	Wohnungseigentumsgesetz
WEGuaÄndG	Gesetz zur Änderung des Wohnungseigentumsgesetzes und anderer Gesetze
wg.	wegen
WM	Wertpapier-Mitteilungen (Zs.)
WuB	Entscheidungssammlung zum Wirtschafts- und Bankrecht (Loseblatt)
WuM	Wohnungswirtschaft und Mietrecht (Zs.)

Z

z.B.	zum Beispiel
ZfIR	Zeitschrift für Immobilienrecht
ZGB	Zivilgesetzbuch (der DDR)
ZInsO	Zeitschrift für das gesamte Insolvenzrecht
ZIP	Zeitschrift für Wirtschaftsrecht und Insolvenzpraxis
ZMR	Zeitschrift für Miet- und Raumrecht
ZNotP	Zeitschrift für die Notarpraxis
ZPO	Zivilprozessordnung
Zs.	Zeitschrift
zust.	zustimmend
ZVG	Gesetz über die Zwangsversteigerung und Zwangsverwaltung

Literaturverzeichnis

Böttcher, ZVG, Kommentar, 5. Aufl., 2010, zitiert: Böttcher, ZVG.

Dassler/Schiffhauer/Hintzen/Engels/Rellermeyer, Gesetz über die Zwangsversteigerung und die Zwangsverwaltung, Kommentar, 14. Aufl., 2013, zitiert: Dassler/Schiffhauer/Autor, ZVG.

Demharter, Grundbuchordnung, 29. Aufl., 2014, zitiert: Demharter, GBO.

Eickmann/Böttcher, Zwangsversteigerungs- und Zwangsverwaltungsrecht, 3. Aufl., 2013.

Gaul/Schilken/Becker-Eberhard, Zwangsvollstreckungsrecht, 12. Aufl., 2010.

Haarmeyer/Wutzke/Förster/Hintzen, Zwangsverwaltung, Kommentar, 5. Aufl., 2011, zitiert: Haarmeyer/Wutzke/Förster/Hintzen, Zwangsverwaltung.

Hintzen, Pfändung und Vollstreckung im Grundbuch, 4. Aufl., 2015.

Hintzen/Wolf, Zwangsvollstreckung, Zwangsversteigerung und Zwangsverwaltung, 2006, zitiert: Hintzen/Wolf.

HK-InsO, Heidelberger Kommentar zur Insolvenzordnung, 7. Aufl., 2014, zitiert: HK-InsO/Autor.

Keller, Grundstücke in Vollstreckung und Insolvenz, 1998.

Kölner Schrift zur Insolvenzordnung, 2. Aufl., 2000, zitiert: Bearbeiter, in: Kölner Schrift zur InsO.

Kuntze/Ertl/Hermann/Eickmann, Grundbuchrecht, 7. Aufl., 2015, zitiert: Kuntze/Ertl/Herrmann/Eickmann, GBR.

Löhnig/Bearbeiter, Zwangsversteigerungsgesetz, 2010.

Meikel, Grundbuchrecht, 11. Aufl., 2015, zitiert: Meikel/Autor.

MüKo zum Bürgerlichen Gesetzbuch, 6. Aufl., zitiert: MüKo/Autor BGB.

MüKo zur Insolvenzordnung, 3. Aufl., 2013, zitiert: MüKo/Autor InsO.

MüKo zur Zivilprozessordnung, 4. Aufl., 2012, zitiert: MüKo/Autor ZPO.

Musielak, Zivilprozessordnung, Kommentar, 11. Aufl., 2014, zitiert: Musielak/Autor.

Palandt, Bürgerliches Gesetzbuch, Kommentar, 74. Aufl., 2015, zitiert: Palandt/Autor, BGB.

Prütting/Gehrlein, Kommentar zur ZPO, 6 Aufl. 2014, zitiert: Prütting/Autor.

Prütting/Wegen/Weinreich, Kommentar zum BGB, 9 Aufl., 2014, zitiert: Prütting/Autor.

Schöner/Stöber, Grundbuchrecht, 15. Aufl., 2012.

Soergel, Bürgerliches Gesetzbuch, 13. Aufl., zitiert: Soergel/Autor.

Literaturverzeichnis

Staudinger, Kommentar zum Bürgerlichen Gesetzbuch, 13. Bearbeitung, zitiert: Staudinger/Autor.

Steiner, Zwangsversteigerung und Zwangsverwaltung, Kommentar, 9. Aufl., Bd. 1 1984, Bd. 2 1986, zitiert: Steiner/Autor, ZVG.

Stöber, Forderungspfändung, 16. Aufl., 2013.

ders., Zwangsversteigerungsgesetz, Kommentar, 20. Aufl., 2012, zitiert: Stöber, ZVG.

Storz/Kiderlen, Praxis des Zwangsversteigerungsverfahrens, 12. Aufl., 2014, zitiert: Storz/Kiderlen, ZVG.

Thomas/Putzo, Zivilprozessordnung, 35. Aufl., 2014, zitiert: Thomas/Putzo/Autor, ZPO.

Uhlenbruck, Insolvenzordnung, 13. Aufl., 2010, zitiert: Uhlenbruck/Autor, InsO.

Zöller, Kommentar zur ZPO, 30. Aufl., 2014, zitiert: Zöller/Autor, ZPO.

§ 1 Vollstreckungsmöglichkeiten

Zur Zwangsvollstreckung in das unbewegliche Vermögen des Schuldners stehen dem Gläubiger **drei Möglichkeiten** zur Verfügung: Die Eintragung einer **Zwangssicherungshypothek**, die **Zwangsversteigerung** und die **Zwangsverwaltung**, § 866 Abs. 1 ZPO. Der Gläubiger kann alle drei Vollstreckungsmöglichkeiten wahlweise einzeln hintereinander oder gleichzeitig durchführen lassen, § 866 Abs. 2 ZPO. Das **Verbot der Überpfändung** nach § 803 Abs. 1 Satz 2 ZPO gilt nicht, da der Gläubiger kraft Gesetzes alle drei Arten der Immobiliarvollstreckung einzeln oder nebeneinander in Anspruch nehmen kann, § 866 Abs. 2 ZPO.[1]

A. Zwangssicherungshypothek

Die Eintragung der Zwangssicherungshypothek ist für den Gläubiger in erster Linie nur eine **Sicherung** seines titulierten Anspruchs. Hierdurch kann der Gläubiger erstmals seine ungesicherte titulierte Forderung dinglich mit Rang **vor** späteren Rechten am Grundstück sichern und auch mit Rang **vor** einer späteren Beschlagnahme des Grundstücks im Wege der Zwangsversteigerung durch einen persönlichen Gläubiger.

Aber auch für **bereits dinglich gesicherte** Grundpfandrechtsgläubiger kann die Eintragung einer Zwangssicherungshypothek dann in Betracht kommen, wenn sie ihren (Darlehens)Anspruch an einem **anderen Grundstück** des Schuldners absichern wollen.[2] Die Eintragung einer Zwangssicherungshypothek an dem Grundstück, an welchem der Gläubiger für seinen (Darlehens)Anspruch bereits ein rechtsgeschäftlich bestelltes Grundpfandrecht hat, ist jedoch abzulehnen.[3] Ebenfalls unzulässig ist die Eintragung einer sog. „**Ausfallhypothek**" neben einer bereits eingetragenen weiteren Hypothek.[4] Zulässig ist jedoch die Eintragung einer Zwangssicherungshypothek neben einem bereits an einem anderen Grundstück des Schuldners bestellten rechtsgeschäftlichen Grundpfandrecht.[5] Im Hinblick auf die Verschiedenartigkeit von **Hypothek und Grundschuld** hat das BayObLG[6] ent-

---

1 Zur Zwangsverwaltung BGH vom 18.7.2002, IX ZB 26/02, Rpfleger 2002, 578 = MDR 2002, 1213 = WM 2002, 1809 = ZIP 2002, 1595 und zur Zwangsversteigerung BGH vom 30.1.2004, IXa ZB 233/03, Rpfleger 2004, 302 = NZM 2004, 347 = WM 2004, 646.
2 BayObLG vom 20.9.1990, 2 Z 96/90, Rpfleger 1991, 53 = MDR 1991, 163; a.A. MüKo/Eickmann, ZPO, § 867 Rn 71.
3 MüKo/Eickmann, ZPO, § 867 Rn 71.
4 OLG Stuttgart vom 15.1.1971, 8 W 6/71, NJW 1971, 898; LG Hechingen vom 15.9.1992, 4 T 86/92, Rpfleger 1993, 169.
5 LG Lübeck vom 11.2.1985, 7 T 116/85, Rpfleger 1985, 287; OLG Köln vom 23.10.1995, 2 Wx 30/95, Rpfleger 1996, 153; a.A. MüKo/Eickmann, ZPO, § 867 Rn 71.
6 BayObLG vom 20.9.1990, 2 Z 96/90, Rpfleger 1991, 53.

schieden, dass neben der Grundschuld an einem anderen Grundstück des Schuldners eine Zwangssicherungshypothek zulässig ist.

4 Unter bestimmten Voraussetzungen kann auch für eine **öffentliche Last** eine Zwangssicherungshypothek im Grundbuch eingetragen werden. Grundsätzlich würde die Sicherungshypothek neben dem Vorrecht der Rangklasse 3 des § 10 Abs. 1 ZVG eine unzulässige Doppelbelastung bedeuten. Sofern jedoch das Vorrecht der Rangklasse 3 nicht mehr in Anspruch genommen werden kann, muss auch die Eintragung einer Zwangssicherungshypothek zulässig sein.[7] Gleichermaßen ist eine Sicherungshypothek zulässig, die unter der **aufschiebenden Bedingung** des Wegfalls des Vorrechts nach § 10 Abs. 1 Nr. 3 ZVG eingetragen wird, § 322 Abs. 5 AO.[8]

5 **Hausgeldansprüche der Wohnungseigentümergemeinschaft** gegen einen säumigen Miteigentümer haben in der Befriedigungsreihenfolge in der Zwangsversteigerung nach § 10 Abs. 1 Nr. 2 ZVG seit dem 1.7.2007 eine bevorrechtigte Rangstelle erhalten. § 10 Abs. 1 Nr. 2 ZVG gewährt bei der Vollstreckung in ein **Wohnungs-/Teileigentum** dem Anspruch der anderen Wohnungseigentümer gegen den schuldnerischen Wohnungseigentümer auf Zahlung von **Lasten und Kosten** des gemeinschaftlichen Eigentums oder des Sondereigentums ein Vorrecht. Der Vorrang soll dem Ausfall nicht eintreibbarer Hausgeldansprüche, die von anderen Wohnungseigentümern mitgetragen werden müssen, entgegen wirken. Den dinglich Berechtigten gehen damit weitere aus dem Grundbuch nicht ersichtliche Ansprüche vor. Bei den Ansprüchen der Rangklasse 2 handelt es sich – im Gegensatz zu den persönlichen Ansprüchen der Rangklasse 5 – um **dingliche** Befriedigungsansprüche.[9] Erfasst werden neben den Hausgeldansprüchen ferner die durch den Wirtschaftsplan festgelegten **Vorschüsse** auf die anteiligen Lasten und Kosten (§ 28 Abs. 2 WEG) und Zahlungen auf die Instandhaltungsrückstellung (§ 21 Abs. 5 Nr. 4 WEG) erfasst. Die von einer Wohnungseigentümergemeinschaft beantragte Eintragung einer **bedingten Zwangshypothek** („soweit die zugrunde liegende Forderung nicht dem Vorrecht des § 10 Abs. 1 Nr. 2 ZVG unterfällt") in das Grundbuch ist zulässig.[10] Etwas anders sieht dies das OLG Stuttgart:[11] Auch zur Sicherung von titulierten Hausgeldforderungen, für die ein Vorrecht gemäß § 10 Abs. 1 Nr. 2 ZVG in Betracht kommt, kann eine unbedingte Zwangshypothek eingetragen werden. Der Eintragung einer bedingten Zwangshypothek zur Sicherung von titulierten Hausgeldforderungen, für die ein Vorrecht gemäß § 10 Abs. 1 Nr. 2 ZVG in Betracht kommt, steht der grundbuchrechtliche Bestimmtheitsgrundsatz entgegen.

---

7 Vgl. Meikel/Morvilius, GBR, § 54 Rn 66.
8 Meikel/Morvilius, GBR, § 54 Rn 70.
9 BGH vom 12.2.2009, IX ZB 112/06, Rpfleger 2009, 407 = NJW-RR 2009, 923.
10 BGH vom 20.7.2011, V ZB 300/10, NZM 2012, 176.
11 OLG Stuttgart vom 4.11.2010, 8 W 83/10, Rpfleger 2011, 267.

A. Zwangssicherungshypothek § 1

Hinweis 6

Für einen **persönlichen Gläubiger** kommt die Eintragung der Zwangssicherungshypothek[12] als **erste Maßnahme** der Immobiliarvollstreckung regelmäßig aus folgenden Gründen in Betracht:

- die Eintragung ist bereits im Wege der Sicherungsvollstreckung, § 720a ZPO, also ohne Nachweis einer im Titel angeordneten Sicherheitsleistung, möglich,
- mit der Eintragung der Zwangssicherungshypothek im Grundbuch erlangt der Gläubiger in einem bereits laufenden Zwangsversteigerungsverfahren die Beteiligtenstellung, § 9 ZVG (**Achtung**: Steht die Sicherungshypothek hinter dem Zwangsversteigerungsvermerk im Grundbuch, ist die Anmeldung des Rechts bis spätestens im Versteigerungstermin vor Beginn der Bietzeit erforderlich, § 37 Nr. 4, § 66 Abs. 2 ZVG),
- es besteht die Möglichkeit der Befriedigung der gesicherten Forderung im Rahmen einer bereits laufenden Zwangsversteigerung, sofern genügend Erlös vorhanden ist,
- sollte der Schuldner das Grundstück freihändig verkaufen, besteht für den Gläubiger die Möglichkeit, zumindest einen Teilbetrag seines Anspruchs zu erhalten, da ein Käufer das Grundstück sicherlich nicht mit der eingetragenen Zwangssicherungshypothek übernehmen wird,
- mit der Eintragung der Zwangssicherungshypothek steht dem Gläubiger der gesetzliche Löschungsanspruch gegenüber vorrangigen Eigentümergrundschulden zu, § 1179a BGB,
- der Gläubiger kann aus dem Rang der eingetragenen Zwangssicherungshypothek selbst die Zwangsversteigerung betreiben; hierzu bedarf es seit dem 1.1.1999 keines besonderen Duldungstitels mehr, es genügt die Eintragung der Zwangssicherungshypothek im Grundbuch und der Vermerk auf dem Titel, § 867 Abs. 3 ZPO,
- mit Eintragung der Zwangssicherungshypothek erlangt der Gläubiger nicht nur ein Pfandrecht an dem Grundstück, sondern es haften ihm auch die Gegenstände, die dem sog. „Hypothekenhaftungsverband" unterliegen, §§ 1120 ff. BGB, also insbes. Zubehör, Versicherungsforderungen pp.,
- ist der Schuldner Miteigentümer zu einem Bruchteil des Grundstücks, kann der Gläubiger diesen Anteil versteigern lassen. Mit Anordnung des Verfahrens und Wirksamwerden der Beschlagnahme sind Verfügungen des Schuldners über seinen Grundstücksanteil relativ unwirksam. Andererseits empfiehlt es sich jedoch für den Gläubiger, nach Pfändung des Auseinandersetzungsanspruchs die Teilungsversteigerung des gesamten Grundstücks durchzuführen. Da diese Pfändung jedoch nicht im Grundbuch zum Schutz des Gläubigers eingetragen

---

12 Zu den Eintragungsvoraussetzungen vgl. Hintzen, Pfändung und Vollstreckung im Grundbuch, § 5 Rn 24 ff.

werden kann,[13] ist die Eintragung der Zwangssicherungshypothek auf dem Bruchteil des Schuldners die einzige Schutzmöglichkeit für den Gläubiger.

B. Zwangsverwaltung

7 Diese Art der Immobiliarzwangsvollstreckung dient dazu, den titulierten Anspruch des Gläubigers ohne Verwertung des Grundstücks aus den **Grundstückserträgen** (Miete und Pacht) zu befriedigen. Für den Gläubiger kann es durchaus sinnvoll sein, die **Zwangsverwaltung** neben der **Zwangsversteigerung gleichzeitig** durchführen zu lassen.[14]

8 Muss z.b. das Objekt dringend **saniert** werden, insbesondere im Hinblick auf ein besseres Versteigerungsergebnis, können diese Maßnahmen durch den Zwangsverwalter vorgenommen werden. Die hierbei entstandenen und vom Gläubiger gezahlten **Auslagen** (= Vorschüsse) genießen in einer Zwangsversteigerung das Vorrecht der Rangklasse 1, § 10 Abs. 1 Nr. 1 ZVG. Da der Zwangsverwalter zur ordnungsgemäßen Verwaltung des Grundbesitzes verpflichtet ist, ist er auch gehalten, sofort die öffentlichen Grundstückslasten zu zahlen, sodass diese in der Zwangsversteigerung in der bevorrechtigten Rangklasse 3 des § 10 Abs. 1 ZVG nicht mehr geltend gemacht werden.

9 Insgesamt kann durch Anordnung der Zwangsverwaltung regelmäßig einer **Misswirtschaft des Schuldners** vorgebeugt werden.

10 Der Schuldner ist nicht verpflichtet, den **Zutritt** zu seinem Grundstück zu gestatten, insbes. auch nicht dem Sachverständigen zur Verkehrswertfestsetzung im Zwangsversteigerungsverfahren. Nach Besitzergreifung des Objekts durch den Zwangsverwalter wird dieser eine Hausbesichtigung sicherlich ermöglichen.

11 Ein **dinglicher Gläubiger** kann seine Befriedigungsaussichten in der Zwangsversteigerung durch eine gleichzeitig angeordnete Zwangsverwaltung ebenfalls erheblich verbessern. In der Zwangsverwaltung werden in der Rangklasse 4 des § 10 Abs. 1 ZVG nur laufende Zinsen der eingetragenen Rechte und Kosten der dinglichen Rechtsverfolgung berücksichtigt, sofern sie anteilig auf die laufenden Zinsen entfallen. In der Zwangsversteigerung hingegen kann der Gläubiger in der Rangklasse 4 neben den laufenden Zinsen auch bis zu zwei Jahre **rückständige Zinsen** geltend machen, einschließlich der gesamten Kosten der dinglichen Rechtsverfolgung. Zahlungen auf diese Ansprüche sind jeweils in dem anderen Verfahren **anzurechnen**.[15] Hat der Gläubiger somit die laufenden Zinsen in der Zwangsverwaltung erhalten, muss er insoweit auf diesen Anspruch in der parallel laufenden Zwangs-

---

13 LG Siegen vom 19.11.1987, 4 T 237/86, Rpfleger 1988, 249.
14 Vgl. Haarmeyer/Wutzke/Förster/Hintzen, Zwangsverwaltung, Einl. Rn 19 ff.
15 Steiner/Hagemann, ZVG, § 146 Rn 33.

versteigerung verzichten und **erhöht** somit die Zuteilung auf die Kosten der dinglichen Rechtsverfolgung, die rückständigen Zinsen und evtl. sogar auf das Kapital.

Ist der **Schuldner Eigentümer eines vermieteten bzw. verpachteten Objekts**, kann der Gläubiger zunächst von einer Zwangsverwaltung absehen und stattdessen die Miet- und Pachtzinsansprüche pfänden. Da diese Ansprüche dem Hypothekenhaftungsverband unterliegen, § 1123 BGB, kann sich ein Grundpfandrechtsgläubiger sowohl aus dem Grundstück selbst als auch aus den dem Hypothekenhaftungsverband unterliegenden Gegenständen befriedigen. Erfolgt die Mietpfändung auf der Grundlage eines dinglichen Titels, geht diese Pfändung einer früheren aufgrund eines persönlichen Titels erfolgten Pfändung immer im Range vor, § 865 ZPO.[16]

12

Konkurrieren **mehrere Pfändungen**, gilt der **Grundsatz**: Ein dinglicher Gläubiger verdrängt den persönlichen Gläubiger, dingliche Gläubiger untereinander werden nach dem Range ihrer Rechte am Grundstück befriedigt. Diese Einzelpfändungen verlieren jedoch dann ihre Wirkung, wenn die Beschlagnahme im Wege der Zwangsverwaltung wirksam wird, § 148 Abs. 1, § 21 Abs. 2 ZVG.

13

C. Zwangsversteigerung

Durch Zuschlag im Zwangsversteigerungsverfahren verliert der Schuldner das Eigentum an seiner Immobilie. Anstelle des Grundstücks tritt der **Erlös**, aus dem die Gläubiger entsprechend ihrer Rangfolge befriedigt werden, sofern genügend Erlös vorhanden ist. Im Hinblick auf die **gravierenden Konsequenzen für den Schuldner** sowohl in finanzieller als auch in persönlicher Sicht sollte die Zwangsversteigerung in der Kette der Vollstreckungsmöglichkeiten immer das **letzte Mittel** sein. Mit der Zwangsversteigerung des schuldnerischen Grundstücks wird auf der einen Seite der titulierte Anspruch des Gläubigers zwangsweise mithilfe staatlicher Organe durchgesetzt. Auf der anderen Seite jedoch erfolgt ein massiver Eingriff in grundgesetzlich geschützte Rechte des Schuldners. Der Eingriff in das grundgesetzlich geschützte Eigentum darf nicht über das notwendige Maß hinausgehen, das Versteigerungsgericht muss jederzeit den **Grundsatz der Verhältnismäßigkeit** und das Übermaßverbot beachten.[17]

14

I. Gleichheitsgrundsatz

Beispiel
Im Rahmen einer Teilungsversteigerung war im Zwangsversteigerungstermin nur der Ehemann anwesend. Nach den Versteigerungsbedingungen blieb eine Grundschuld von ca. 34.000,00 DM (valutiert mit ca. 20.000,00 DM) bestehen.

15

---

16 Stöber, Forderungspfändung, Rn 233.
17 BVerfG vom 10.10.1978, 1 BvR 475/78, NJW 1979, 538 = Rpfleger 1979, 12.

§ 1 Vollstreckungsmöglichkeiten

Der Ehemann bot für das Grundstück einen Betrag von 2.000,00 DM. Nach Abschluss der Bietstunde verlangte er die sofortige Zuschlagserteilung auf seinen Namen, die dann auch erfolgte.

16 Das BVerfG[18] hob den Zuschlag wegen Verletzung des Grundrechts der antragstellenden Ehefrau aus Art. 3 GG wieder auf. Der Zuschlag für ein Objekt im Werte von 144.000,00 DM durfte nicht für ein Bargebot von 2.000,00 DM unter Übernahme einer Belastung von nur 34.000,00 DM erteilt werden. Hier sei die **Unerfahrenheit der Ehefrau** ausgenutzt worden. Das Versteigerungsgericht hätte den Zuschlag nicht sofort erteilen dürfen, vielmehr wäre ein Hinweis gem. § 139 ZPO erforderlich gewesen (die $^{5}/_{10}$-Grenze nach § 85a ZVG ist erst mit Wirkung v. 1.7.1979 eingeführt worden).

17 *Beispiel*
Die Berechtigte des Rechts III/2 ist bestrangig betreibende Gläubigerin. Die Grundschuld III/I bleibt nach den Versteigerungsbedingungen bestehen. Im Versteigerungstermin lässt sich die Gläubigerin durch ihren Sohn vertreten, der 10.250,00 DM bietet.

Der nachrangige Gläubiger des Rechts III/3 überbietet dies und bleibt mit 13.000,00 DM Meistbietender. Der Sohn und der Gläubiger des Rechts III/3 beantragen sofortige Zuschlagserteilung, der dann auch dem Gläubiger des Rechts III/3 erteilt wird.

18 Das BVerfG[19] hob den Zuschlagsbeschluss wieder auf, da sich in der Verhandlung über den Zuschlag die Vermutung aufdrängen musste, dass einer der Beteiligten die für ihn nachteiligen Folgen der Zuschlagserteilung, und zwar das Erlöschen des dinglichen Rechts des bestbetreibenden Gläubigers bei einem Meistgebot des nachrangigen Gläubigers, nicht erkannt hatte. Das Versteigerungsgericht hätte hier auf diese Rechtsfolgen hinweisen müssen.

19 Mit dieser Entscheidung wurde erstmals nicht der schuldnerische Eigentümer, sondern der **bestrangig betreibende Gläubiger** geschützt. Ob allerdings das Verfahren tatsächlich unfair zuungunsten des betreibenden Gläubigers durchgeführt worden war, dürfte zweifelhaft sein, denn die Belehrung über die Versteigerungsbedingungen erfolgte bereits vor der Gebotsaufforderung. Wen, wann und zu welchem Zeitpunkt das Versteigerungsgericht durch konkrete Hinweise belehren muss, dürfte immer eine Einzelfallentscheidung sein.[20]

---

18 BVerfG vom 24.3.1976, 2 BvR 804/75, NJW 1976, 1391 = Rpfleger 1976, 389 m. Anm. Stöber und Vollkommer.
19 BVerfG vom 23.7.1992, 1 BvR 14/90, NJW 1993, 1699 = KTS 1993, 137 = Rpfleger 1993, 32.
20 Vgl. hierzu die krit. Anm. Hintzen, Rpfleger 1993, 33, 34.

II. Eigentumsgarantie

Nach Einfügung des § 85a ZVG mit Wirkung v. 1.7.1979 konnten die bis dahin ergangenen Entscheidungen des BVerfG zur Eigentumsgarantie nach Art. 14 GG weitgehend kompensiert werden. Der Zuschlag muss von Amts wegen versagt werden, wenn das abgegebene bare Meistgebot unter Hinzurechnung der nach den Versteigerungsbedingungen bestehen bleibenden Rechte **50 % des Verkehrswertes** nicht erreicht. Dennoch sind die **vom BVerfG aufgestellten Grundsätze zu Art. 14 GG** nach wie vor beachtlich, da die Wertgrenze von 50 % nur für den ersten Versteigerungstermin Gültigkeit hat. 20

> *Beispiel* 21
> Bei einer Zwangsversteigerung wurde der Verkehrswert des Grundstücks auf 95.000,00 DM festgesetzt. Insgesamt belief sich das Meistgebot auf 10.500,00 DM. Der bettlägerig erkrankte Schuldner war im Versteigerungstermin nicht erschienen.

Das BVerfG[21] hat den Zuschlag mit der Begründung aufgehoben, das Versteigerungsgericht hätte den Zuschlag nicht sofort erteilen dürfen, sondern erst in einem besonderen Verkündungstermin, § 87 ZVG. Dem Eigentümer hätte Gelegenheit gegeben werden müssen, mit einem Vollstreckungsschutzantrag, § 765a ZPO, den Zuschlag evtl. noch zu verhindern. 22

> *Beispiel* 23
> Zu Beginn des Versteigerungsverfahrens hatte der Eigentümer einen Antrag auf einstweilige Einstellung der Zwangsversteigerung gestellt, § 30a ZVG. Diesen Antrag hatte das Versteigerungsgericht bis zur Zuschlagsverhandlung nicht beschieden. Im Versteigerungstermin war der Eigentümer nicht anwesend. Mit der sofortigen Zuschlagsentscheidung wies das Versteigerungsgericht den Einstellungsantrag des Schuldners zurück.

Das BVerfG[22] hob den Zuschlag mit der Begründung auf, der Einstellungsantrag des Schuldners hätte viel früher beschieden werden müssen, nicht erst mit der Zuschlagsentscheidung. Wäre der Antrag früher zurückgewiesen worden, wäre dem Schuldner möglicherweise der Ernst der Lage erst klar geworden und er hätte Rechtsmittel bzw. Vollstreckungsschutz nach § 765a ZPO noch rechtzeitig beantragen können. 24

III. Rechtsstaatsprinzip

Das Rechtsstaatsprinzip nach Art. 20 GG sichert den Beteiligten ein **faires Verfahren**. Dieses Grundrecht stellt sicher, dass Beteiligte weder mit Verfahrenstricks ar- 25

---

21 BVerfG vom 7.12.1977, 1 BvR 734/77, NJW 1978, 368 = Rpfleger 1978, 206.
22 BVerfG vom 27.9.1978, 1 BvR 361/78, NJW 1979, 534 = Rpfleger 1979, 296.

beiten noch die Unwissenheit einzelner Beteiligter durch formale Positionen geschickt ausgenutzt wird.

26 *Beispiel*
Der Schuldner war zunächst im Versteigerungstermin persönlich anwesend. Kurz nach Eröffnung der Bietzeit betrat ein Gerichtsvollzieher in Begleitung von zwei Justizbeamten den Sitzungssaal und forderte den Schuldner auf, den Saal zu verlassen und in das Geschäftszimmer des Gerichtsvollziehers mitzukommen. Der hiervon überraschte Schuldner leistete, auch im Hinblick auf die Anwesenheit der Wachtmeister, der Aufforderung Folge. Nachdem er im verschlossenen Dienstzimmer des Gerichtsvollziehers die eidesstattliche Versicherung (= Vermögensauskunft) abgegeben hatte – der Vorgang dauerte etwa 20 bis 30 Minuten –, ließ ihn der Gerichtsvollzieher wieder frei. Der Schuldner kehrte umgehend in den Sitzungssaal zurück, in dem die Versteigerung stattfand. Der Zuschlagsbeschluss war jedoch bereits verkündet worden.

27 Zu Recht hat das BVerfG[23] den Zuschlag wieder aufgehoben. Der aus Art. 14 Abs. 1 GG resultierende Anspruch auf eine faire Verfahrensführung kann es gebieten, eine Ermessensentscheidung dahingehend zu treffen, ob ein Versteigerungstermin fortzusetzen, zu unterbrechen oder zu vertagen ist, wenn der Vollstreckungsschuldner aufgrund einer staatlichen Zwangsmaßnahme (hier: Verhaftung in einem Verfahren auf Abgabe der eidesstattlichen Versicherung) daran gehindert wird, von seinem Recht auf Anwesenheit und Wahrnehmung seiner Verfahrensrechte im Versteigerungstermin weiteren Gebrauch zu machen.

28 Auch darf das Versteigerungsgericht das Verfahrensrecht nicht willkürlich anwenden. Dies bedingt, dass das Versteigerungsgericht eine Hinweis- und Belehrungspflicht trifft, wobei die Grenze immer durch die verfassungsrechtliche **Neutralitätspflicht des Rechtspflegers** gezogen werden muss.[24]

29 Die **Hinweis- und Belehrungspflicht** zur Garantie eines fairen Verfahrens war bereits Gegenstand zahlreicher Entscheidungen, insbes.

- zum Vollstreckungsschutz, § 30a ZVG, § 765a ZPO,
- zum Hinweis auf die Rechtsfolgen unterlassener Anmeldungen, § 37 Nr. 4 ZVG,
- zu Auswirkungen des Deckungs- und Übernahmegrundsatzes, d.h. Aufstellen des geringsten Gebots, § 44 ZVG,
- zu Art und Umfang der zu erbringenden Sicherheitsleistung im Versteigerungstermin, §§ 67 ff. ZVG,
- zu den Wirkungen und Bedeutungen der $^{5}/_{10}$-Grenze, § 85a ZVG,

---

23 BVerfG vom 8.3.2012, 2 BvR 2537/11, NJW 2012, 2500.
24 BVerfG vom 24.3.1976, 2 BvR 804/75, NJW 1976, 1391 = Rpfleger 1976, 389.

- zur Bedeutung, Wirkung und Belehrung eines Antrages auf Zuschlagsversagung wegen Nichterreichens der $^{7}/_{10}$-Grenze, § 74a ZVG,[25]
- zur Problematik bei einer möglichen Grundstücksverschleuderung,
- zum Beachten landesrechtlicher Vorschriften, z.b. beim Altenteil, § 9 EGZVG,
- zur Ablösung öffentlicher Abgaben und deren Rechtsfolgen,
- zur Ablösung vorrangiger Hausgelder der Wohnungseigentümergemeinschaft,
- zur Sicherheitsleistung durch Stellung eines Bürgen,
- zur Handhabung überlappender Versteigerungstermine.[26]

---

25 Zuletzt BVerfG vom 26.10.2011, 2 BvR 1856/10, Rpfleger 2012, 217 = NJW-RR 2012, 302.
26 Vgl. BGH vom 22.3.2007, V ZB 138/06, Rpfleger 2007, 410 = NJW 2007, 2995.

§ 2 Grundbuchauswertung

A. Grundstücksinformation

Für den persönlichen Gläubiger stellt sich zunächst die Frage, ob der Schuldner Grundstückseigentümer ist. Manchmal ergeben sich bereits Anhaltspunkte aus dem **Pfändungsprotokoll des Gerichtsvollziehers**, spätestens jedoch bei Abgabe der Vermögensauskunft muss der Schuldner die entsprechenden Angaben zu Immobilien machen. Hierbei sollte auch auf konkrete Angaben zur Belastung des Grundstücks geachtet werden (Eigentümergrundschulden, Rückgewähransprüche etc.). Der Gläubiger kann jedoch auch bei dem für den Wohnsitz des Schuldners zuständigen AG nachfragen, ob dieser dort über Grundbesitz verfügt. Aus dem bei dem Grundbuchamt geführten **Eigentümerverzeichnis** ist zunächst nur die Tatsache des Allein- oder Mitbesitzes von Grundbesitz vermerkt. Verfügt der Schuldner tatsächlich über ein Grundstück, Wohnungseigentum oder ein Erbbaurecht, muss der Gläubiger unbedingt das **Grundbuch** einsehen, sich einen Grundbuchauszug übersenden lassen oder für weitere Informationen die Grundakte selbst einsehen. Für den nach § 12 GBO erforderlichen Nachweis des berechtigten Interesses steht ihm der Vollstreckungstitel zur Verfügung.[1]

Aus den in der Grundakte liegenden notariellen Bewilligungsurkunden können Anhaltspunkte über Kaufpreis, über Zinsfälligkeiten der Grundpfandrechte, möglicherweise auch über den Inhalt der Sicherungsabrede einer Grundschuld oder über Wertangaben zu Rechten der Abt. II des Grundbuchs gewonnen werden (auch wenn letztere im Grundbuch aus Kostengründen eher zu niedrig angegeben werden).

B. Schuldnerangaben – Zeugnis nach § 17 ZVG

Die Zwangsversteigerung darf nur angeordnet werden, wenn der Schuldner als Eigentümer des Grundstücks eingetragen oder Erbe des eingetragenen Eigentümers ist, § 17 Abs. 1 ZVG. Dieser Nachweis kann durch ein **Zeugnis des Grundbuchamts** erfolgen. Auch wenn häufig das Zwangsversteigerungsgericht und das Grundbuchamt bei demselben Gericht ansässig sind und zum Nachweis der Eigentümerstellung regelmäßig die Bezugnahme auf das Grundbuch genügt, kann der Gläubiger durch Vorlage eines solchen Zeugnisses bei der Anordnung der Zwangsversteigerung wertvolle Zeit gegenüber anderen Gläubigern gewinnen. Das Zeugnis wird vom Grundbuchamt **kostenfrei** erteilt und ist **formlos gültig**. Ein Dienstsiegel ist nicht erforderlich.[2]

---

1 Vgl. hierzu Demharter, GBO, § 12 Rn 9; Meikel/Böttcher, GBR, § 12 Rn 6 ff.
2 LG Stuttgart vom 4.6.1991, 2 T 352/91, Rpfleger 1992, 34.

§ 2 Grundbuchauswertung

4 Ist der **Schuldner Erbe** des eingetragenen Eigentümers, ist die Voreintragung im Grundbuch für die Anordnung des Zwangsversteigerungsverfahrens nicht erforderlich; allerdings muss die Erbfolge durch Urkunden glaubhaft gemacht werden, sofern sie nicht bei dem Versteigerungsgericht offenkundig ist, § 17 Abs. 3 ZVG. Vorzulegen hat der Gläubiger daher entweder die Ausfertigung eines Erbscheins, den Erbvertrag oder ein notarielles Testament in öffentlich beglaubigter Form nebst beglaubigter Abschrift des Eröffnungsprotokolls, ausreichend ist aber auch ein privatschriftliches Testament nebst Eröffnungsprotokoll in beglaubigter Form.[3]

5 Um in den Besitz der notwendigen Urkunden zu gelangen, kann der Gläubiger zunächst an das für den letzten Wohnsitz des Erblassers zuständige **Nachlassgericht** ein **Auskunftsverlangen** stellen, ob bereits ein Nachlassverfahren durchgeführt wird und wer Erbe ist. Ist bereits ein Erbschein erteilt oder die letztwillige Verfügung eröffnet worden, sollte sich der Gläubiger hiervon unter Vorlage seines Schuldtitels eine beglaubigte Abschrift übersenden lassen. Ist jedoch keine letztwillige Verfügung vorhanden und auch kein Erbschein erteilt worden, kann der Gläubiger anstelle des Schuldners den **Erbscheinsantrag** stellen, § 792 ZPO.[4] Die Vorschrift begründet für den Gläubiger des Erblassers, der bereits einen vollstreckbaren Titel gegen den Erblasser hat und zur Verwirklichung des Titels eines Erbscheins bedarf, ein inhaltsgleiches Antragsrecht wie das des Erben als seines Schuldners. Dem Zweck der Zwangsvollstreckung dient der Antrag stets dann, wenn er die Vollstreckung fördert, so z.B., wenn eine Klausel gemäß § 727 ZPO gegen einen neuen Schuldner umgeschrieben werden soll. Insoweit weist der Gläubiger durch Vorlage des Vollstreckungstitels nach, dass er die Urkunde zum Zwecke der Vollstreckung benötigt. Eine vollstreckbare Ausfertigung des Titels muss er dabei nicht vorlegen.[5]

C. Wertermittlung der Rechte aus Abt. II

6 Stellt der Gläubiger bei der Durchsicht des Grundbuchauszugs fest, dass bereits ein **dingliches Recht in Abt. II des Grundbuchs** eingetragen ist, und geht dieses Recht seinem eigenen Anspruch im Range vor, müssen unbedingt Überlegungen zur Bewertung dieses Rechts vorgenommen werden, da u.U. das Zwangsversteigerungsverfahren hierdurch aussichtslos werden kann. Bleibt ein solches Recht nach den Versteigerungsbedingungen bestehen, hat der Ersteher dieses zu übernehmen. Stellt sich dann heraus, dass das Recht im Zeitpunkt des Zuschlags nicht bestanden

---

3 Dassler/Schiffhauer/Hintzen, ZVG, § 17 Rn 9; Steiner/Hagemann, ZVG, § 17 Rn 45.
4 OLG München vom 29.7.2014, 31 Wx 273/13, Rpfleger 2015, 31; LG Essen vom 2.6.1986, 7 T 254/86, Rpfleger 1986, 387; LG München I vom 30.1.1996, 16 T 22904/95, FamRZ 1998, 1067; Zöller/Stöber, ZPO, § 792 Rn 1; Musielak/Lackmann, ZPO, § 792 Rn 3.
5 OLG München vom 29.7.2014, 31 Wx 273/13, Rpfleger 2015, 31.

C. Wertermittlung der Rechte aus Abt. II § 2

hat (z.B. Wegfall durch Tod des Berechtigten), hat der Ersteher einen entsprechenden Zuzahlungsbetrag zu zahlen.

Damit der Bieter diese Möglichkeit der **Zuzahlung** schon bei Abgabe seines Gebots richtig einschätzen kann, schreibt Abs. 2 des § 51 ZVG in Form einer Sollvorschrift die Festsetzung dieses Zuzahlungsbetrags durch das Vollstreckungsgericht bei der Feststellung des geringsten Gebots vor. Das Versteigerungsgericht hat also den Betrag zu ermitteln, um den der Wert des Grundstücks objektiv durch die Belastung gemindert ist, der also bei Verkauf des Grundstücks ohne die zu wertende Einzelbelastung über den bei Veräußerung des belasteten Grundstücks erreichbaren Kaufpreis hinaus erzielt werden könnte.[6]

7

Übersicht

Geht das Recht dem bestrangig betreibenden Gläubiger im Range vor, fällt es in das geringste Gebot, bleibt am Grundstück bestehen und ist vom Ersteher zu übernehmen, § 52 ZVG	Geht das Recht dem bestrangig betreibenden Gläubiger rangmäßig nach oder steht es ihm gleich, erlischt es mit dem Zuschlag und ist aus dem Versteigerungserlös, soweit dieser hierzu ausreicht, zu befriedigen, §§ 91 Abs. 1, 92 ZVG
↓	↓
Festsetzung eines Ersatzwertes, § 51 Abs. 2 ZVG (für evtl. Nachzahlung des Erstehers, falls das Recht im Zeitpunkt des Zuschlages nicht bestanden hat)	**Auf Anmeldung des Berechtigten:** Feststellung eines Ersatzwertes, der dem Berechtigten anstelle des Rechtes gebührt
↓	↓
Zeitpunkt: Im Versteigerungstermin vor Beginn der Bietzeit	Zeitpunkt: Im Verteilungstermin

8

Hinweis

Der für bestehen bleibende Rechte festzusetzende Betrag darf nicht mit dem **Ersatzwert** gleichgesetzt werden, der dem Berechtigten für ein erlöschendes Recht aus dem Erlös zu zahlen ist, § 92 ZVG. Dieser Betrag kann u.U. um ein Vielfaches höher sein als der festzusetzende Zuzahlungsbetrag, da bei Erlöschen die wirtschaftliche Bedeutung des Rechts für den Berechtigten die maßgebliche Rolle spielt.[7]

9

---

6 OLG Hamm vom 6.10.1983, 15 W 137/83, Rpfleger 1984, 30.
7 Vgl. Schiffhauer, Rpfleger 1975, 187: Die Grunddienstbarkeit in der Zwangsversteigerung.

10 *Beispiel*
Während das Wegerecht für den Eigentümer des dienenden Grundstücks keine wesentliche Beeinträchtigung darstellt und somit bei Bestehenbleiben mit ca. 100,00 EUR bis 500,00 EUR als Zuzahlungsbetrag bewertet wird, richtet sich der Wertersatz bei Erlöschen des Rechts nach dem Interesse des Berechtigten des Wegerechts. Sollte das Recht z.b. die einzige Zufahrtsmöglichkeit zum Grundstück absichern, wird der Wert in der Höhe zu bemessen sein, den der Berechtigte aufwenden muss, um die Zufahrt möglicherweise durch Grundstückskauf aufzubringen.

I. Grunddienstbarkeit

11 Handelt es sich bei der Grunddienstbarkeit um alltäglich vorkommende **Leitungsrechte** für Versorgungsunternehmen, wird nur ein geringer Betrag festgesetzt. In der Praxis werden teilweise für alltägliche und notwendige Rechte Beträge zwischen 5,00 EUR und 500,00 EUR festgesetzt. Das zu übernehmende Recht wird das Versteigerungsergebnis regelmäßig nicht beeinflussen. Anders wird es sicherlich sein, wenn die Dienstbarkeit ein **umfassendes Bodennutzungsrecht** beinhaltet, z.b. das Recht zur Entnahme von Bodenbestandteilen oder eine Bau- bzw. Nutzungsbeschränkung des Grundstücks.[8]

12 Ein bei dem Recht eingetragener **Höchstbetrag**, § 882 BGB, hat auf die Höhe des zu bestimmenden Zuzahlungsbetrags keinen Einfluss.[9]

II. Beschränkte persönliche Dienstbarkeit

13 Da sich dieses Recht inhaltlich nicht von der Grunddienstbarkeit unterscheidet, kann zunächst auf die dortigen Ausführungen verwiesen werden. Handelt es sich jedoch um das rechtlich besonders ausgestaltete **Wohnungsrecht**, § 1093 BGB, wird der Wert regelmäßig nach dem fiktiven Jahresmietwert, multipliziert mit der statistischen Lebenserwartung des Wohnungsberechtigten, festgelegt. Je nach Höhe des Ersatzbetrags kann dies die Interessenten von der Abgabe von Geboten im Versteigerungstermin abhalten.

14 Ein solches Recht zur Vermeidung einer doppelten Berücksichtigung beim Verkehrswert und im geringsten Gebot mit Null zu bewerten,[10] ist nicht richtig.[11] Die Übernahme eines bestehen bleibenden Rechts ist Teil der Gegenleistung des Erste-

---

8 Zur Bewertung eines Wegerechts allgemein (Errichtung und Betrieb einer U-Bahn) vgl. BGH vom 1.2.1982, III ZR 93/80, NJW 1982, 2179.
9 OLG Hamm vom 6.10.1983, 15 W 137/83, Rpfleger 1984, 30; Dassler/Schiffhauer/Hintzen, ZVG, § 51 Rn 10.
10 So aber LG Heilbronn vom 18.7.2003, 1b T 246/03, Rpfleger 2004, 56 m. abl. Anm. Hintzen und erneut vom 10.5.2004, 1 T 160/04, Rpfleger 2004, 511. m. abl. Anm. Hintzen.
11 So auch Böttcher, ZVG, §§ 50, 51 Rn 28.

hers für das Grundstück. Als gesetzliche Versteigerungsbedingung ist der Zuzahlungsbetrag in den Fällen des § 51 Abs. 1 nach Abs. 2 zwingend festzusetzen. Dies gilt unabhängig davon, ob der Fall der Zuzahlung tatsächlich in Betracht kommt. In keinem Fall darf der ermittelte Wert vom Verkehrswert in Abzug gebracht werden. Eine **unzulässige Doppelberücksichtigung** des Rechts lässt sich **nur dadurch vermeiden**, indem das Recht bei der Verkehrswertfestsetzung nicht berücksichtigt wird und man mit der ganz unbestrittenen Meinung „den Kapitalwert der bestehen bleibenden Rechte" i.S.v. §§ 74a, 85a, 114a ZVG gleichsetzt mit dem Zuzahlungsbetrag nach § 51 Abs. 2 ZVG.[12]

Sollte die Auslegung eines Wohnungsrechts ergeben, dass es sich tatsächlich um ein **Altenteil** handelt, sind die landesrechtlichen Vorschriften zu beachten, § 9 EGZVG.[13]

15

III. Nießbrauch

Der Nießbrauch gibt dem Berechtigten die Befugnis, sämtliche **Nutzungen** der Sache zu ziehen, § 1030 BGB. Der Ersatzwert für den Nießbrauch wird regelmäßig sehr hoch veranschlagt werden, der Jahresnutzungswert wird mit der statistischen Lebenserwartung multipliziert. Praktisch gesehen dürfte das Bestehenbleiben eines Nießbrauchsrechts ein Versteigerungshindernis sein. Etwas anderes kann nur dann angenommen werden, wenn der Nießbrauchsberechtigte bereits sehr alt ist, weil das Nießbrauchsrecht mit dem Tode des Berechtigten erlischt, § 1061 BGB.

16

IV. Altenteil

1. Begriff

Das Altenteil (Leibgeding, Leibzucht) ist kein eigenständiges dingliches Recht. Es ist allgemein langfristig, meistens lebenslänglich bestellt und dient der persönlichen Versorgung des Berechtigten.[14]

17

Die einzelnen Nutzungen und Leistungen, die den Inhalt des Altenteils darstellen, können nur aus dem Kreis der Rechte beschränkte persönliche Dienstbarkeit, Reallast oder Nießbrauch stammen. § 49 GBO gestattet die Eintragung unter der **Sam-**

18

---

12 Dassler/Schiffhauer/Hintzen, ZVG, § 51 Rn 20.
13 Vgl. BGH vom 4.7.2007, VII ZB 86/06, Rpfleger 2007, 614 = NJW-RR 2007, 1390; OLG Frankfurt vom 8.5.2012, 20 W 452/11, Rpfleger 2012, 622; OLG Schleswig vom 3.6.1980, 2 W 6/80, Rpfleger 1980, 348; OLG Hamm vom 9.7.1985, 27 U 26/85, Rpfleger 1986, 270 m. Anm. Fuchs, Rpfleger 1987, 76; zur Belehrungspflicht: BGH vom 21.3.1991, III ZR 118/89, NJW 1991, 2759 = Rpfleger 1991, 329.
14 BGH vom 4.7.2007, VII ZB 86/06, Rpfleger 2007, 614 = NJW-RR 2007, 1390; BGH vom 3.2.1994, V ZB 31/93, Rpfleger 1994, 347 = NJW 1994, 1158 = FamRZ 1994, 626 = JR 1995, 288 = MDR 1994, 478 = WM 1994, 1134; BayObLG vom 26.4.1993, 1 Z RR 397/92, Rpfleger 1993, 443.

melbezeichnung Alteneil, um eine Einzelabsicherung dieser Rechte im Grundbuch zu vermeiden.

2. Landesrechtliche Besonderheiten

19 Nach § 9 EGZVG kann durch **Landesrecht** bestimmt werden, dass das Altenteil abweichend von den gesetzlichen Versteigerungsbedingungen auch dann bestehen bleibt, wenn es grundsätzlich nicht in das geringste Gebot fällt und somit erlöschen würde.[15]

20 Geht das Altenteil dem bestbetreibenden Gläubiger im Range vor, bleibt es nach den Versteigerungsbedingungen bestehen, ist in das geringste Gebot aufzunehmen und von dem Ersteher zu übernehmen, § 52 ZVG. Der Inhalt des Altenteils bestimmt den **Zuzahlungsbetrag**, den das Versteigerungsgericht festzusetzen hat. Bei der Wertdifferenz zwischen dem Verkauf des Grundstücks mit oder ohne Altenteil sind sämtliche Einzelfaktoren zu berücksichtigen. Hierbei kann auf die Ausführungen zur beschränkten persönlichen Dienstbarkeit, zur Reallast und zum Nießbrauch verwiesen werden. Sofern das Altenteil mehrere dieser Rechte umfasst, sind die Einzelleistungen zu **summieren**.

21 Geht das Altenteil dem bestbetreibenden Gläubiger im Range nach, erlischt es nach den Versteigerungsbedingungen und ist durch einen festzusetzenden **Ersatzbetrag** abzufinden, § 92 Abs. 2 ZVG. Der Wertersatz ist durch Zahlung einer Geldrente aus einem zu bildenden Deckungskapital zu leisten. Das gesamte Deckungskapital ergibt sich aus der Summe der einzelnen Leistungen, der Jahresbetrag ist mit der statistischen Lebenserwartung zu multiplizieren; max. ist der 25-fache Jahresbetrag anzusetzen, § 121 ZVG.

22 Aufgrund der zuvor erwähnten länderspezifischen Sondergesetze kann bestimmt werden, dass das Altenteil von der Zwangsversteigerung unberührt bleibt. Auch wenn das Recht dem bestbetreibenden Gläubiger im Range nachgeht, somit grundsätzlich erlöschen würde, bleibt es außerhalb des geringsten Gebots bestehen und ist vom Ersteher zu übernehmen. In diesem Fall ist ein **Zuzahlungsbetrag**, § 51 ZVG, durch das Versteigerungsgericht festzusetzen, da das Recht in jedem Fall vom Ersteher zu übernehmen ist.

3. Hinweispflicht – Doppelausgebot

23 Das Versteigerungsgericht muss bei Beginn der Versteigerung auf die Besonderheiten landesrechtlicher Vorschriften im Fall eines Altenteils hinweisen. Diejenigen Beteiligten, die durch das Bestehenbleiben des Altenteils beeinträchtigt sind, können einen Antrag stellen, dass das Grundstück auch unter der Bedingung ausgebo-

---

[15] Im Einzelnen vgl. Dassler/Schiffhauer/Hintzen/Engels/Rellermeyer, ZVG, Anhang, Landesrecht Ausführungsgesetze.

ten wird, dass das Altenteil erlischt, § 9 Abs. 2 EGZVG. In diesem Fall wird das Grundstück regelmäßig **doppelt ausgeboten**. Das Grundstück wird unter der Bedingung ausgeboten, dass das Altenteil bestehen bleibt und unter der Bedingung, dass das Altenteil erlischt.[16]

Der Zuschlag kann nur auf das Gebot ohne Altenteil, als Abweichung der gesetzlichen landesrechtlichen Vorschriften, erteilt werden, wenn der Antragsteller durch Gebote auf das gesetzliche Ausgebot (mit Altenteil) benachteiligt ist.[17] Für den Zuschlag kommt es darauf an, ob der antragstellende Gläubiger bei dem Ausgebot zu der Bedingung des Fortbestands des als Altenteil eingetragenen Rechts (§ 9 Abs. 1 EGZVG) keine oder eine schlechtere Deckung erreicht als bei dem Ausgebot zu der Bedingung des Erlöschens dieses Rechts (§ 9 Abs. 2 EGZVG). Der Wert des als Altenteil eingetragenen Rechts bleibt dabei außer Betracht.[18]

24

4. Reallast

Die Reallast ist die Berechtigung, **wiederkehrende Leistungen** aus dem Grundstück zu verlangen, § 1105 BGB. Die einzelnen Reallastleistungen können in Naturalien, Handlungen oder in einer Geldleistung bestehen. Der festzusetzende Zuzahlungsbetrag richtet sich nach dem Inhalt der Reallast. Sollte diese auf die Lebenszeit des Berechtigten beschränkt sein, ermittelt sich der Wert wiederum aus dem Jahresnutzungswert, multipliziert mit der statistischen Lebenserwartung.

25

Darauf zu achten ist auch hier – wie bei dem Nießbrauchsrecht und dem Wohnungsrecht –, dass die Reallast tatsächlich ein **Altenteil** darstellen kann.[19]

26

V. Vorkaufsrecht

Das dingliche Vorkaufsrecht gibt dem Berechtigten die Möglichkeit, bei Verkauf des Grundstücks durch den Eigentümer von diesem die Übereignung des Grundstücks zu verlangen, § 1094 BGB. Das Vorkaufsrecht kann für einen Verkaufsfall, für mehrere oder für alle Verkaufsfälle bestellt werden, § 1097 BGB. Das Zwangsversteigerungsverfahren und insbesondere die Zuschlagserteilung stellen einen Verkaufsfall dar. Jedoch kann das Vorkaufsrecht in der Zwangsvollstreckung nicht ausgeübt werden, §§ 1098, 471 BGB. Ist das Vorkaufsrecht **nur für einen** Verkaufsfall bestellt, ist es nicht mehr zu bewerten, da es ersatzlos erloschen ist.[20]

27

---

16 BGH vom 1.12.2011, V ZB 186/11, Rpfleger 2012, 331 = NJW-RR 2012, 455; Dassler/Schiffhauer/Hintzen, ZVG, § 9 EGZVG Rn 15 ff.; Steiner/Storz, ZVG, § 59 Rn 68.
17 Dassler/Schiffhauer/Hintzen, ZVG, § 9 EGZVG Rn 20; Steiner/Storz, ZVG, § 59 Rn 69.
18 BGH vom 1.12.2011, V ZB 186/11, Rpfleger 2012, 331 = NJW-RR 2012, 455.
19 Vgl. BGH vom 17.4.1984, IX ZR 47/83, Rpfleger 1984, 364 = WM 1984, 878.
20 PfälzOLG Zweibrücken vom 16.3.2011, 3 W 28/11, Rpfleger 2011, 491; Dassler/Schiffhauer/Hintzen, ZVG, § 51 Rn 32; Stöber, ZVG, § 81 Rn 10.2; Steiner/Eickmann, ZVG, § 52 Rn 40 und § 92 Rn 48.

28 Bleibt das **für mehrere oder alle** Verkaufsfälle bestellte Vorkaufsrecht nach den Versteigerungsbedingungen bestehen, tendiert der festzusetzende Zuzahlungsbetrag m.E. gegen 0,00 EUR, da der Berechtigte in der Zwangsversteigerung aus dem Vorkaufsrecht keinerlei Rechte herleiten kann. Es stellt auch keine Wertminderung des Grundstücks dar, da der Ersteher, der das Grundstück belastet mit dem Vorkaufsrecht ersteigert, nicht gehindert ist, anderweitig über das Grundstück zu verfügen; üblich ist jedoch, einen Wert von **2 % bis 3 % des Verkehrswerts** anzunehmen.[21]

VI. Erbbaurecht

29 Das an einem Grundstück bestehende Erbbaurecht gibt dem Berechtigen die Befugnis, auf oder unter der Oberfläche des Grundstücks ein Bauwerk zu errichten. Das Erbbaurecht kann auf dem Grundstück immer nur ausschließlich zur ersten Rangstelle bestellt werden, § 10 Abs. 1 ErbbauRG. Der festzusetzende Zuzahlungsbetrag ist streitig. Entweder errechnet er sich aus der Restdauer des Erbbaurechts, multipliziert mit dem jährlichen Monatsnutzungswert,[22] nach anderer Auffassung tendiert der Zuzahlungsbetrag durchweg in Richtung 0,00 EUR.[23]

30 Praktisch kann diese Frage auch dahinstehen, weil ein Grundstück, belastet mit einem Erbbaurecht, regelmäßig nicht versteigert wird. Das Bestehenbleiben eines Erbbaurechts am Grundstück ist für die Bietinteressenten faktisch gesehen ein **Versteigerungshindernis**. Eine Ausnahme kommt u.U. dann in Betracht, wenn der Erbbauzins sehr hoch ist und damit das Grundstück wirtschaftlich attraktiv werden lässt (es könnte sich um einen Gewerbebetrieb handeln, der auf dem Grundstück steht, oder das Grundstück liegt in bester Stadtlage).

VII. Vormerkung

31 Eine im Grundbuch eingetragene Vormerkung zur Sicherung des Anspruchs auf Einräumung eines Rechts wird behandelt **wie das Vollrecht**, § 48 ZVG. Die Festlegung des Zuzahlungsbetrags richtet sich daher nach den Bewertungskriterien des endgültig einzutragenden Rechts.

32 Sichert die Vormerkung den Anspruch auf Wiederkauf bzw. Rückkauf des Grundstücks oder ein Ankaufsrecht, dürfte der **Zuzahlungsbetrag** regelmäßig sehr hoch ausfallen. Auch wenn nicht sicher ist, wann und ob die schuldrechtlich gesicherten Ansprüche erfüllt werden, ist der Anspruch selbst stets auf Grundstücksübertragung

---

21 LG Hildesheim vom 31.8.1989, 5 O 66/89, Rpfleger 1990, 87.
22 Dassler/Schiffhauer/Hintzen, ZVG, § 51 Rn 38; Stöber, ZVG, § 51 Rn 4.6.
23 Hellwich, Rpfleger 1989, 389; Böttcher, ZVG, §§ 50, 51 Rn 30; Storz/Kiderlen, ZVG, B 6.2.4.1; anders noch Streuer, Rpfleger 1997, 141, 146: dem Wert des Bauwerks ist der Wert des reinen Erbbaurechts als Wert des Besitzrechts am Boden hinzuzurechnen, der Erbbauzins selbst ist nicht zu beachten.

gerichtet. Der Wert bestimmt sich daher nach dem Verkehrswert des Grundstücks abzüglich der der Vormerkung vorgehenden Rechte.[24]

Ist im Grundbuch eine **Auflassungsvormerkung eingetragen**, wird auch diese behandelt wie das Vollrecht, § 48 ZVG. Da somit der Eigentumsübergang gesichert wird, errechnet sich der Zuzahlungsbetrag aus dem Verkaufswert des Grundstücks unter Abzug evtl. vorgehender Rechte.[25]

33

Aufgrund der Wirkungen der Auflassungsvormerkung, §§ 883, 888 BGB, stellt die eingetragene Auflassungsvormerkung praktisch gesehen ein **Versteigerungshindernis** dar. Jeder Ersteher läuft Gefahr, das Grundstück an den Vormerkungsberechtigten wieder herausgeben zu müssen.[26]

34

VIII. Verwaltungs- und Benutzungsregelung

Gehört das Grundstück mehreren **Miteigentümern** zu Bruchteilen, besteht die Möglichkeit, dass diese die Verwaltung und Benutzung des Grundstücks mit dinglicher Wirkung gegenüber dem Sonderrechtsnachfolger geregelt haben, § 1010 BGB. Diese Eintragung ist **keine Verfügungsbeschränkung**, sondern wird behandelt wie eine echte Belastung des Grundstücks.[27]

35

Wird das gesamte Grundstück versteigert, ist der festzusetzende Zuzahlungsbetrag mit 0,00 EUR anzunehmen. Wird das Grundstück von nur einem Bietinteressenten ersteigert, so endet mit dem Zuschlag die Miteigentümergemeinschaft, die Anteilsbelastung ist damit gegenstandslos geworden. Erwerben mehrere Miteigentümer das Grundstück, können diese jederzeit die Vereinbarung der bisherigen Miteigentümer aufheben. Nur wenn ein **einzelner Miteigentumsanteil** versteigert wird, muss sich der Ersteher die eingetragene Anteilsbelastung entgegenhalten lassen. Der Zuzahlungsbetrag dürfte hierbei im Einzelfall aus dem Wert der vereinbarten Beschränkungen zu ermitteln sein.[28]

36

---

24 BGH vom 10.5.2012, V ZB 156/11, Rpfleger 2012, 558 = NJW 2012, 2654; BGH vom 3.1.1967, II ZR 156/66, NJW 1967, 566 = Rpfleger 1967, 9.
25 BGH vom 14.4.1987, IX ZR 237/86, NJW-RR 1987, 891 = Rpfleger 1987, 426.
26 Zum Wiederaufleben einer bereits erloschenen Vormerkung vgl. BGH vom 26.11.1999, V ZR 432/98, NJW 2000, 805 = Rpfleger 2000, 153 m. abl. Anm. Streuer, insbes. auch zu den unlösbaren Rangproblemen in der Versteigerung; BGH erneut vom 3.5.2012, V ZB 258/11, NJW 2012, 2032 = Rpfleger 2012, 507.
27 MüKo/K. Schmidt, BGB, § 1010 Rn 10.
28 Döbler, MittRhNotK 1983, 181.

D. Besonderheiten

I. Wohnungseigentum

1. Veräußerungsbeschränkung

37 Haben die Wohnungseigentümer in der Teilungserklärung oder durch Beschluss als Inhalt des Sondereigentums vereinbart, dass ein Wohnungseigentümer zur Veräußerung der Zustimmung des Wohnungseigentümerverwalters, der anderen Wohnungseigentümer oder eines Dritten bedarf, § 12 Abs. 1 WEG, gilt diese **Veräußerungsbeschränkung** auch für das Zwangsversteigerungsverfahren, § 12 Abs. 3 Satz 2 WEG. Unabhängig von dem Zustimmungserfordernis kann zunächst die Zwangsversteigerung sowohl auf Antrag eines dinglichen oder persönlichen Gläubigers angeordnet werden, die Zustimmung des Verwalters oder eines Dritten ist erst im Zeitpunkt des Zuschlags vorzulegen.[29]

38 Will die **Wohnungseigentümergemeinschaft** selbst in das Wohnungseigentum eines säumigen Miteigentümers wegen rückständigen Hausgeldes vollstrecken, muss der Anspruch zunächst tituliert werden. Hierzu kann sich die Wohnungseigentümergemeinschaft des Mahnverfahrens bedienen, §§ 688 ff. ZPO.

2. Hausgeld

39 Das Hausgeld wird in der Zwangsversteigerung seit dem 1.7.2007 an der Rangstelle Nr. 2 von § 10 Abs. 1 ZVG befriedigt. Dies gewährleistet bei der Vollstreckung in ein Wohnungseigentum dem Anspruch der anderen Wohnungseigentümer gegen den schuldnerischen Wohnungseigentümer auf Zahlung von Lasten und Kosten des gemeinschaftlichen Eigentums oder des Sondereigentums ein eindeutiges Vorrecht. Für Teileigentum, Wohnungserbbaurecht und Teilerbbaurecht gilt dasselbe, § 1 Abs. 6, § 30 Abs. 3 Satz 2 WEG.

40 Die Ansprüche müssen **fällig** sein. Leistungen, über deren Erbringung die Wohnungseigentümer noch nicht beschlossen haben, z.B. Restzahlungen aus einer noch nicht beschlossenen Jahresabrechnung, sind damit ausgeschlossen. Die Ansprüche müssen sich auf das zur Vollstreckung stehende Wohnungseigentum, nicht etwa auf andere Wohnungen desselben Eigentümers, beziehen.

41 In **zeitlicher** Hinsicht ist das Vorrecht begrenzt auf die laufenden und rückständigen Beträge aus dem Jahr der Beschlagnahme und aus den **letzten zwei Jahren**.

42 Der Höhe nach ist das Vorrecht auf Beträge von **5 %** des nach § 74a Abs. 5 ZVG festgesetzten Verkehrswerts begrenzt. Diese Begrenzung schließt alle Nebenleistungen ein, insbes. auch geltend zu machende Kosten. Weiter gehende Ansprüche, ebenso wie zeitlich weiter zurückliegende Ansprüche, können in Rangklasse 5 be-

---

29 Dassler/Schiffhauer/Hintzen, ZVG, § 81 Rn 47 bis 49; Steiner/Eickmann, ZVG, § 28 Rn 69.

D. Besonderheiten §2

rücksichtigt werden, wenn die Wohnungseigentümer einen entsprechenden Vollstreckungstitel erwirken und dem Verfahren beitreten.

Die Gemeinschaft der Wohnungseigentümer ist **rechtsfähig**, soweit sie bei der Verwaltung des gemeinschaftlichen Eigentums am Rechtsverkehr teilnimmt.[30] Sie ist Inhaberin der als Gemeinschaft gesetzlich begründeten und rechtsgeschäftlich erworbenen Rechte und Pflichten, übt die gemeinschaftsbezogenen Rechte der Wohnungseigentümer aus und nimmt deren gemeinschaftsbezogene Pflichten wahr, § 10 Abs. 6 WEG. Dies gilt auch für das Vorrecht des § 10 Abs. 1 Nr. 2 ZVG, soweit es sich nicht um Rückgriffsansprüche einzelner Wohnungseigentümer handelt. 43

Die Ansprüche müssen, da sie nicht aus dem Grundbuch ersichtlich sind, von der Gemeinschaft der Wohnungseigentümer bzw. im Fall des Rückgriffsanspruchs eines einzelnen Wohnungseigentümers von diesem rechtzeitig **angemeldet** und auf Verlangen glaubhaft gemacht werden, § 37 Nr. 4, § 45 Abs. 1, §§ 110, 114 Abs. 1, § 156 Abs. 2 Satz 4 ZVG. Einwendungen sind von den Beteiligten durch Widerspruch geltend zu machen, § 115 ZVG. 44

Wegen der Ansprüche aus der Rangklasse 2 kann die Gemeinschaft der Wohnungseigentümer auch selbst die Zwangsvollstreckung betreiben, § 10 Abs. 3 ZVG. Voraussetzung für die Vollstreckung im Rang des § 10 Abs. 1 Nr. 2 ZVG ist, dass die Höhe der geltend gemachten Forderung **3 % des Einheitswerts** des Wohnungseigentums übersteigt. Die Forderung darf außerdem die Höchstgrenze des § 10 Abs. 1 Nr. 2 Satz 2 ZVG von 5 % des Verkehrswerts nicht übersteigen. 45

Nach Auffassung des BGH[31] ist das Überschreiten der Wertgrenze des § 10 Abs. 3 Satz 1 ZVG durch Vorlage des Einheitswertbescheids in der Form des § 16 Abs. 2 ZVG nachzuweisen. Die Wohnungseigentümergemeinschaft kann dem wegen Hausgeldrückständen in der Rangklasse 5, § 10 Abs. 1 Nr. 5 ZVG angeordneten Zwangsversteigerungsverfahren später in der Rangklasse 2, § 10 Abs. 1 Nr. 2 ZVG beitreten, wenn die Finanzbehörde dem Vollstreckungsgericht auf sein nach § 54 Abs. 1 Satz 4 GKG zu stellendes Ersuchen den Einheitswertbescheid vorgelegt und sie die übrigen Voraussetzungen nach § 10 Abs. 3 Satz 3 ZVG glaubhaft gemacht hat.[32] Seit der Einfügung des § 10 Abs. 3 Satz 1 Halbs. 2 durch das KtoPfRefG steht das Steuergeheimnis (§ 30 AO) einer Mitteilung des Einheitswerts an einen Gläubiger von titulierten Ansprüchen der Rangklasse 2 nicht mehr entgegen. Der Nachweis soll auch dadurch geführt werden können, dass die Forderung, wegen der ein Beitritt beantragt wird, 3 % des im Verfahren bereits rechtskräftig festgesetzten 46

---

30 BGH vom 2.6.2005, V ZB 32/05 in BGHZ 163, 154 = Rpfleger 2005, 521 m. Anm. Dümig = NJW 2005, 2061.
31 BGH vom 17.4.2008, V ZB 13/08, Rpfleger 2008, 375 = NJW 2008, 1956.
32 Hintzen/Alff in Anm. zu BGH vom 17.4.2008, V ZB 13/08, Rpfleger 2008, 375.

Verkehrswertes übersteigt, weil der Verkehrswert – von seltenen Ausnahmefällen abgesehen – regelmäßig über dem steuerlichen Einheitswert liegt.[33] Hat die Wohnungseigentümergemeinschaft zunächst die Anordnung wegen persönlicher Ansprüche der Rangklasse 5 beantragt und wird der Einheitswert später nachgewiesen, so kann sie dem Verfahren dann wegen dinglicher Ansprüche der Rangklasse 2 beitreten.[34] Vorzugswürdig ist jedoch bereits vorab eine Anordnung in der Rangklasse 2 unter dem abstrakten Vorbehalt, dass die Forderung 3 % des noch unbekannten Einheitswertes übersteigt.[35]

47 Aus dem zur Vollstreckung aus der Rangklasse 2 vorzulegenden **Titel** müssen die **Zahlungsverpflichtung** des Schuldners sowie Art (Hausgeldforderung), Bezugszeitraum und Fälligkeit des Anspruchs (wegen des nach § 10 Abs. 2 Nr. 2 ZVG berücksichtigungsfähigen Zeitraums) erkennbar sein. Mit der ausdrücklichen Festlegung dieser Erfordernisse will der Gesetzgeber klarstellen, dass kein Duldungstitel erforderlich ist. Auch ein im Mahnverfahren erreichter Zahlungstitel reicht aus. Urteile ohne Tatbestand und Entscheidungsgründe nach § 313a ZPO sowie Versäumnis-, Anerkenntnis- und Verzichtsurteile nach § 313b ZPO enthalten die erforderlichen Angaben nicht. Für diese Fälle sind die Voraussetzungen in sonst geeigneter Weise, etwa durch Vorlage eines Doppels der Klageschrift, glaubhaft zu machen.[36] Auf den Widerspruch eines Gläubigers kommt es hierfür nicht an. Das Vollstreckungsgericht ist gemäß § 10 Abs. 3 S. 2 ZVG an eine Falschbezeichnung einer Hausgeldforderung im Vollstreckungsbescheid als Forderung aus Miete gebunden, ohne dass eine anderweitige Glaubhaftmachung gemäß § 10 Abs. 3 S. 3 ZVG möglich wäre.[37]

48 *Hinweis*
Die Bevorrechtigung hat gravierende Auswirkungen in der Abwicklung einer Veräußerung. Der Käufer ist hierbei durch eine zu seinen Gunsten bestellte Auflassungsvormerkung nicht geschützt. Eine (Auflassungs-)Vormerkung ist im Zwangsversteigerungsverfahren wie ein Recht der Rangklasse 4 des § 10 Abs. 1 ZVG zu behandeln. Ansprüche der Wohnungseigentümergemeinschaft, die die Zwangsversteigerung aus der Rangklasse 2 des § 10 Abs. 1 ZVG betreibt, sind gegenüber ei-

---

33 BGH vom 2.4.2009, V ZB 157/08, Rpfleger 2009, 399 = ZfIR 2009, 477 m. Anm. Schneider; BGH vom 7.5.2009, V ZB 142/08, Rpfleger 2009, 518; Böttcher, ZVG, § 10 Rn 22b.
34 BGH vom 17.4.2008, V ZB 13/08, Rpfleger 2008, 375 m. insoweit krit. Anm. Hintzen/Alff; krit. auch Kesseler, NZM 2008, 796; vgl. Stöber, ZVG § 15 Rn 45.2e.
35 Alff/Hintzen, Rpfleger 2008, 165, 168; Hintzen/Alff, Rpfleger 2008, 377 mit Formulierungsvorschlag; offenbar a.A. BGH vom 7.5.2009, V ZB 142/08, Rpfleger 2009, 518, wonach die Entscheidung über einen Beitritt in der Rangklasse 2 zurückzustellen ist, solange weder der Einheitswert nachgewiesen noch der Verkehrswert festgesetzt ist; insoweit krit. Schneider, ZfIR 2009, 479.
36 Begründung zu Art. 2 Nr. 1 Buchst. b) WEGuaÄndG, BT-Drucks 16/887 S. 46.
37 LG Mönchengladbach vom 4.11.2008, 5 T 239/08, Rpfleger 2009, 257.

D. Besonderheiten § 2

ner Auflassungsvormerkung stets vorrangig. Die Vormerkung ist nicht im geringsten Gebot zu berücksichtigen und erlischt mit dem Zuschlag.[38]

Für die Bietinteressenten ist (unabhängig davon, ob die Wohnungseigentümergemeinschaft ihre Ansprüche im Verfahren geltend macht oder nicht) stets interessant zu wissen, wie hoch einerseits das monatliche Hausgeld ist, andererseits aber auch, wann das Hausgeld zu zahlen ist; sie müssen sich bei Abgabe von Geboten auf die Möglichkeit evtl. Nachforderungen einstellen. In der Teilungserklärung oder nachträglich durch Beschluss können die Wohnungseigentümer vereinbaren, dass der Erwerber eines Wohnungseigentums auch für **rückständiges Hausgeld** seines Verkäufers haftet. Diese **Haftungsregelung** verstößt allerdings gegen § 56 ZVG: der Ersteher trägt hiernach erst ab Zuschlag die Lasten des Wohnungseigentums, und ab diesem Zeitpunkt gebühren ihm auch erst die Nutzungen des Eigentums.[39]

49

Sofern sich in der Teilungserklärung eine entsprechende Klausel befindet oder die Wohnungseigentümer einen solchen Beschluss gefasst haben, ist diese Vereinbarung für den Rechtsnachfolger im Wege der Zwangsversteigerung **nichtig**.[40] Daran hat auch die Bevorrechtigung der Hausgeldansprüche in Rangklasse 2 nach § 10 Abs. 1 ZVG nichts geändert. Das in § 10 Abs. 1 Nr. 2 ZVG enthaltene Vorrecht begründet keine dingliche Haftung der Wohnungseigentümergemeinschaft.[41] Nach dem Sachverhalt der Entscheidung hatte die WE-Gemeinschaft die nicht gezahlten Hausgeldansprüche im Insolvenzverfahren über das Vermögen des schuldnerischen Miteigentümers angemeldet. Danach veräußerte der Insolvenzverwalter die Wohnung. Die WE-Gemeinschaft war der Auffassung, der Käufer bzw. neue Eigentümer hafte mit dem Wohnungseigentum für die Hausgeldrückstände des Voreigentümers und verklagte ihn auf Duldung der Zwangsvollstreckung in das Wohnungseigentum. Das lehnt der BGH ab und betont, dass die Hausgeldansprüche nicht wie eine „dingliche Last" auf dem Wohnungseigentum liegen bzw. das Wohnungseigentum hierfür hafte.

50

Allerdings hat der BGH schon früher entschieden, dass sowohl der rechtsgeschäftliche Erwerber einer Eigentumswohnung[42] als auch der Ersteher in der Zwangsversteigerung für **Nachforderungen** aus Abrechnungen über frühere Wirtschaftsjahre

51

---

38 BGH vom 9.5.2014, V ZB 123/13, NJW 2014, 2445 = Rpfleger 2014, 613.
39 BGH vom 13.10.1983, VII ZB 4/83, NJW 1984, 308 = Rpfleger 1984, 70; BGH vom 22.1.1987, V ZB 3/86, NJW 1987, 1638 = Rpfleger 1987, 208; OLG Hamm vom 7.3.1996, 15 W 440/95, NJW-RR 1996, 911 = FGPrax 1996, 134 = ZMR 1996, 337.
40 BGH vom 22.1.1987, V ZB 3/86, NJW 1987, 1638 = Rpfleger 1987, 208; BGH vom 13.10.1983, VII ZB 4/83, NJW 1984, 308 = Rpfleger 1984, 70 m. Anm. Schiffhauer.
41 BGH vom 13.9.2013, V ZR 209/12, NJW 2013, 3515 = Rpfleger 2014, 31.
42 BGH vom 24.2.1994, V ZB 43/93, NJW 1994, 2950 = Rpfleger 1994, 498.

haftet, sofern der Beschluss, durch den die Nachforderung begründet wird, nach dem Eigentumswechsel bzw. nach dem Zuschlag gefasst wurde.[43]

52 Nach Auffassung des BayObLG[44] ist der Nachforderungsbeschluss der Wohnungseigentümer selbst dann nicht sittenwidrig, wenn die Beschlussfassung so lange hinausgezögert wird, bis der Eigentumserwerb des Erstehers in der Zwangsversteigerung erfolgt ist; einen evtl. **Rechtsmissbrauch** muss der Ersteher durch Anfechtung des Eigentümerbeschlusses rügen.

53 In einer Entscheidung v. 23.9.1999 hat der BGH[45] erklärt, dass der **Ersteigerer einer Eigentumswohnung** für die **Beitragsrückstände seines Vorgängers** auch dann nicht haftet, wenn der nach dem Eigentumserwerb gefasste Beschluss über die sie einbeziehende Jahresabrechnung bestandskräftig geworden ist. Konkret erwarb der Antragsgegner im Wege der Zwangsversteigerung durch Zuschlagsbeschluss v. 22.1.1996 eine Eigentumswohnung in einer größeren Wohnanlage. Die für das Jahr 1995 nach dem Wirtschaftsplan geschuldeten Beitragsvorschüsse i.H.v. 184,00 DM monatlich hatte der Voreigentümer nicht bezahlt. In der Eigentümerversammlung am 25.3.1996, zu der der Antragsgegner in Unkenntnis des Eigentumsübergangs nicht eingeladen worden war, genehmigten die Wohnungseigentümer die Jahresabrechnung 1995 einschließlich der Einzelabrechnungen. Die die Einheit des Antragsgegners betreffende Einzelabrechnung weist einen Schuldsaldo von 2.274,38 DM aus, wobei die Beitragsvorschüsse für das Wirtschaftsjahr 1995 mit 0,00 DM angesetzt sind. Die Antragsteller haben von dem Antragsgegner die Begleichung der offenen Abrechnungsforderung sowie restlicher Beitragsvorschüsse für 1996 i.H.v. 1.010,00 DM, d.h. die Zahlung eines Gesamtbetrags von 3.284,38 DM nebst 4 % Zinsen seit 17.7.1996 verlangt. Der BGH erklärt ausdrücklich, dass diesem Ergebnis nicht die Entscheidung des Senats vom 21.4.1988[46] entgegensteht, wonach der Erwerber für die nach Eigentumsübergang beschlossenen Nachforderungen aus den Abrechnungen früherer Jahre einzustehen hat. Denn in dem dort zugrunde liegenden Fall waren rückständige Beitragsvorschüsse der Voreigentümer in den Nachforderungen nicht enthalten.

54 *Hinweis*
Aufgrund der strittigen Rechtslage empfiehlt es sich daher, immer mit dem Wohnungseigentümerverwalter direkt Kontakt aufzunehmen und nachzufragen, ob die Jahresabrechnungen für die vergangenen Jahre durch die Gemeinschaft bereits beschlossen worden sind, ob noch Verpflichtungen der einzelnen Wohnungseigentümer bestehen, und welche Maßnahmen ggf. die Gemeinschaft getroffen hat, um

---

43 BGH vom 21.4.1988, V ZB 10/87, NJW 1988, 1910 = Rpfleger 1988, 357; so auch OLG Düsseldorf vom 14.2.1997, 3 Wx 588/96, NJW-RR 1997, 906.
44 Vom 21.7.1994, 2 Z BR 43/94, Rpfleger 1995, 123.
45 V ZB 17/99, NJW 1999, 3713 = Rpfleger 2000, 78.
46 BGH vom 21.4.1988, V ZB 10/87, NJW 1988, 1910 = Rpfleger 1988, 357.

D. Besonderheiten §2

diese rückständigen Beträge einzuziehen. Wird die Abrechnung über rückständiges Hausgeld bewusst bis nach dem Zuschlag verzögert, kann der Ersteher den Einwand des Rechtsmissbrauchs erheben.[47]

3. Belastungen

Auf einem Wohnungseigentum kann grundsätzlich keine **Dienstbarkeit** oder **beschränkte persönliche Dienstbarkeit** eingetragen werden, da nur das ganze Grundstück belastet werden kann, §§ 1018, 1090 BGB. Etwas anderes gilt nur dann, wenn die Ausübung der Dienstbarkeit sich ausschließlich auf das belastete Sondereigentum beschränkt, z.B. ein Wohnungsrecht.[48]

55

Ist eine Grunddienstbarkeit aber bereits **vor Teilung** des Grundstücks bestellt worden, lastet sie nunmehr nach Bildung von Wohnungseigentum auf sämtlichen Miteigentumsanteilen der jeweiligen Wohnungseigentümer. Wird ein einzelnes Wohnungseigentum versteigert und erlischt nach den Versteigerungsbedingungen die Grunddienstbarkeit an diesem Miteigentumsanteil, stellt sich die gesamte Grunddienstbarkeit auf den übrigen Miteigentumsanteilen als unzulässig heraus, weil das gesamte Grundstück nicht mehr belastet ist. Die Grunddienstbarkeit müsste insgesamt als inhaltlich unzulässig gelöscht werden.[49]

56

Je nach Inhalt der Grunddienstbarkeit dürfte dies Auswirkungen auf das Bietverhalten in dem Zwangsversteigerungstermin haben. Diesem Ergebnis kann nur durch einen **Antrag auf abweichende Versteigerungsbedingungen**, § 59 ZVG, vorgebeugt werden. Wird der Antrag von den Beteiligten nicht selbst gestellt, dürfte sich hier eine Aufklärungspflicht des Zwangsversteigerungsgerichts ergeben, § 139 ZPO.

57

Mit Blick auf die Vollstreckung aus der Rangklasse 2 des § 10 Abs. 1 ZVG wurde auch § 52 ZVG geändert. Nach § 52 Abs. 2 Satz 2 Buchst. b) bleiben Grunddienstbarkeiten und beschränkte persönliche Dienstbarkeiten, die auf dem Grundstück als Ganzem lasten, in jedem Fall bestehen, wenn in ein Wohnungseigentum mit dem Rang nach § 10 Abs. 1 Nr. 2 ZVG vollstreckt wird und diesen kein anderes Recht der Rangklasse 4 vorgeht (wenn aus der Rangklasse 3 betrieben wird, gilt dies aber nicht).

58

4. Sondernutzungsrechte

Eine weitere **Hinweis- und Aufklärungspflicht** ergibt sich für das Zwangsversteigerungsgericht, sofern **Sondernutzungsrechte bei einem Wohnungseigentum**

59

---

47 BGH vom 21.4.1988, V ZB 10/87, NJW 1988, 1910 = Rpfleger 1988, 357.
48 Vgl. Schöner/Stöber, GBR, Rn 2952 m.w.N.
49 OLG Düsseldorf vom 22.9.2010, I-3 Wx 46/10, Rpfleger 2011, 81; Demharter, GBO, § 53 Rn 51 m.w.N.

vereinbart sind. In der Praxis sind diese Fälle häufig, z.B. für Kellerräume, Kfz-Stellplätze, ebenerdige Terrassen vor der Wohnung, Speicherräume, Teile der Gartenanlage. Der Inhalt der einzelnen Sondernutzungsrechte muss nicht unbedingt im Grundbuch wörtlich eingetragen werden, es genügt, wenn im Bestandsverzeichnis zum Ausdruck kommt, dass Sondernutzungsrechte bestehen. Die einzelne Ausgestaltung und der Inhalt der Sondernutzungsrechte muss dann aus der Teilungserklärung entnommen werden.

II. Erbbaurecht

60 Auf das Erbbaurecht finden die Vorschriften über Grundstücke entsprechende Anwendung, § 11 Abs. 1 ErbbauRG, somit unterliegt das Erbbaurecht auch der Zwangsversteigerung. Nahezu immer findet sich die Vereinbarung (abzulesen aus dem Bestandsverzeichnis des Erbbaugrundbuchs), dass die Belastung und auch die Veräußerung des Erbbaurechts der Zustimmung des Grundstückseigentümers bedarf, § 5 ErbbauRG. **Diese Belastungs- und Veräußerungsbeschränkung** wirkt auch im Zwangsversteigerungsverfahren, § 8 ErbbauRG. Allerdings hindert die Belastungsbeschränkung nicht die Anordnung der Zwangsversteigerung, sondern ist nur bei der Eintragung einer Zwangssicherungshypothek im Grundbuch zu beachten.[50]

61 Die **Veräußerungsbeschränkung** hindert die Anordnung des Zwangsversteigerungsverfahrens deswegen nicht, da die Anordnung noch keine Veräußerung darstellt. Die Zustimmung des Grundstückseigentümers zur Veräußerung muss dem Versteigerungsgericht erst im Zeitpunkt des Zuschlags vorgelegt werden.[51]

62 Nach Schluss der Versteigerung wird das Gericht somit den **Zuschlag zunächst aussetzen**, um dem Gläubiger die Möglichkeit zu geben, die **Zustimmung des Grundstückseigentümers** vorzulegen. Bei Weigerung des Grundstückseigentümers kann der betreibende Gläubiger einen Antrag auf Ersetzung der Zustimmung bei dem zuständigen AG der belegenen Sache selbst stellen.[52]

63 Ein **Verweigerungsgrund** liegt aber nur dann vor, wenn der Grundstückseigentümer berechtigte Zweifel daran hat, dass der künftige Erbbauberechtigte seinen Verpflichtungen aus dem Erbbaurechtsvertrag nicht nachkommt, z.B. seine finanziellen Verhältnisse eine Nichtzahlung des Erbbauzinses befürchten lassen.

---

50 Vgl. Hintzen, Pfändung und Vollstreckung im Grundbuch, § 2 Rn 73.
51 BGH vom 8.7.1960, V ZB 8/59, NJW 1960, 2093 = Rpfleger 1961, 192; Dassler/Schiffhauer/Hintzen, ZVG, § 81 Rn 42 ff.; Steiner/Hagemann, ZVG, §§ 15, 16 Rn 185; Reinke, Rpfleger 1990, 498.
52 BGH vom 26.2.1987, V ZB 10/86, NJW 1987, 1942 = Rpfleger 1987, 257 m. Anm. Drischler; OLG Frankfurt vom 27.12.2011, 20 W 81/11, Rpfleger 2012, 314; OLG Hamm vom 20.11.1992, 15 W 309/91, Rpfleger 1993, 334.

III. Erbbauzins

1. Vor dem 1.10.1994

Vielfach kam es in der Praxis vor, dass die Erbbauzinsreallast im Erbbaurechtsgrundbuch im Rang hinter Grundpfandrechte zurückgetreten ist. Wurde dann aus dem Rang dieser Grundpfandrechte das Versteigerungsverfahren betrieben, erlosch die Erbbauzinsreallast nach den Versteigerungsbedingungen. Die Verweigerung der Zustimmung zum Zuschlag im Hinblick auf das Erlöschen der Erbbauzinsreallast ist jedoch dem betreibenden Gläubiger gegenüber nicht zulässig.[53] 64

Ist die dingliche Erbbauzinsreallast nach den Versteigerungsbedingungen erloschen, ist auch der Schuldner als ehemaliger Erbbauberechtigter dem Grundstückseigentümer gegenüber nicht mehr verpflichtet, schuldrechtlich den Erbbauzins zu zahlen.[54] 65

Will der Grundstückseigentümer dieses Ergebnis vermeiden, bleibt ihm nur der **Antrag auf abweichende Versteigerungsbedingungen** dahin gehend, dass die Erbbauzinsreallast abweichend von den gesetzlichen Bedingungen bestehen bleiben soll, § 59 ZVG. 66

2. Nach dem 1.10.1994

Mit Inkrafttreten des SachRÄndG zum 1.10.1994 (BGBl I, S. 2457) kann von der starren zahlen- und ziffernmäßigen Festlegung des Erbbauzinses für die gesamte Erbbaurechtsdauer abgewichen werden. Nach § 9 Abs. 2 Satz 1 ErbbauRG kann auch eine **Wertsicherung zum Inhalt der Erbbauzinsreallast** gemacht werden. Die spätere Erhöhung des Erbbauzinses aufgrund der Wertsicherung teilt den Rang der eingetragenen Erbbauzinsreallast. Die Erhöhung muss durch Einigung und Eintragung im Grundbuch als Änderung bei der Erbbauzinsreallast gesichert werden.[55] 67

Damit erübrigte sich die Eintragung einer Vormerkung auf Erhöhung des Erbbauzinses.[56] 68

Wird diese Vereinbarung nachträglich getroffen, müssen alle Inhaber dinglicher Rechte am Erbbaurecht zustimmen. 69

---

53 BGH vom 26.2.1987, V ZB 10/86, NJW 1987, 1942 = Rpfleger 1987, 257; OLG Oldenburg vom 23.11.1984, 5 W 63/84, Rpfleger 1985, 203 m. Anm. Hagemann; KG vom 21.2.1984, 1 W 5129/83, Rpfleger 1984, 282.
54 LG Münster vom 18.1.1991, 3 S 124/90, Rpfleger 1991, 330 m. Anm. Meyer-Stolte.
55 Mohrbutter/Mohrbutter, ZIP 1995, 806.
56 MüKo/von Oefele/Heinemann, BGB, § 9 ErbbauRG Rn 4, 5.

3. Regelung aufgrund des EuroEG

70 Durch das EuroEG v. 9.6.1998 (BGBl I, S. 1242) wurde § 9 Abs. 2 ErbbauRG erneut geändert; dort wird jetzt nur noch festgestellt, dass Berechtigter der jeweilige Eigentümer des Grundstücks sein kann (bisher bereits § 9 Abs. 2 Satz 2 ErbbauRG). Ein dinglich wirkender **Anpassungsanspruch** ist damit entfallen. Die vor dem 9.6.1998 bestellten Rechte mit Werterhöhungsvereinbarung bleiben wirksam.[57]

71 Eine Werterhöhung kann nunmehr über § 9 Abs. 1 ErbbauRG wie bei der Reallast, § 1105 Abs. 1 BGB, zum Inhalt der Erbbauzinsreallast gemacht werden.

4. Vereinbarung über das Bestehenbleiben

72 Weiterhin kann nach § 9 Abs. 3 ErbbauRG das Bestehenbleiben einer nachrangigen Erbbauzinsreallast **mit ihrem Hauptanspruch** in der Zwangsversteigerung vereinbart werden. Hierdurch wird die Folge des Erlöschens der Erbbauzinsreallast durch Rangrücktritt hinter ein anderes dingliches Grundpfandrecht, aus welchem dann vorrangig die Zwangsversteigerung betrieben wird, vermieden.

73 Die Vereinbarung bezieht sich aber nur auf das **Stammrecht** als solches (vgl. § 9 Abs. 3 Nr. 1 ErbbauRG: „mit ihrem Hauptanspruch"). Die aus der Erbbauzinsreallast geschuldeten laufenden und rückständigen Leistungen sind vom schuldnerischen Erbbauberechtigten zu zahlen und somit in den bar zu zahlenden Teil des geringsten Gebots nach wie vor aufzunehmen; hierbei bleibt die alte Rangstelle erhalten.[58]

74 Das **Erlöschen der Erbbauzinsreallast** tritt jedoch dann ein, wenn das Verfahren aus der Rangklasse 3 nach § 10 Abs. 1 ZVG betrieben wird (wegen öffentlicher Lasten), nicht aber wenn wegen Hausgeldern einer Wohnungseigentümergemeinschaft vollstreckt wird, vgl. § 9 Abs. 3 Ziffer 1 ErbbauRG.

Droht die Erbbauzinsreallast in der Zwangsversteigerung zu erlöschen, bleibt dem Berechtigten der Erbbauzinsreallast nur die Möglichkeit, den betreibenden Gläubiger abzulösen, § 268 BGB.[59]

---

[57] MüKo/von Oefele/Heinemann, BGB, § 9 ErbbauRG Rn 4, 5.
[58] Mohrbutter/Mohrbutter, ZIP 1995, 806; Dassler/Schiffhauer/Hintzen, ZVG § 52 Rn 14.
[59] So auch Mohrbutter/Mohrbutter, ZIP 1995, 806; MüKo/von Oefele/Heinemann, BGB, § 9 ErbbauRG Rn 27.

E. Besonderheiten im Beitrittsgebiet

I. Erbbaurecht

Zwar wurden die Vorschriften über die Errichtung eines Erbbaurechts am 1.1.1976 aufgehoben, jedoch bleiben die getroffenen Vereinbarungen bestehender Erbbaurechte erhalten; auch nach dem Beitritt hat sich hieran nichts geändert.[60]   **75**

Die Laufzeit des Erbbaurechts richtet sich nach § 112 SachenRBerG. Die Rechte aus § 5 Abs. 2 EGZGB (z.B. Vorkaufsrecht des Erbbauberechtigten) bestehen nicht mehr, § 112 Abs. 4 SachenRBerG. Es gilt im vollen Umfang das ErbbauRG.   **76**

II. Eigentum und Eigentumsnutzung

Um eine endgültige Bereinigung der nach wie vor unterschiedlichen Rechtslage im Grundstücksrecht in den neuen Bundesländern herbeizuführen, wurden umfassende Regelungen durch Ergänzungen des EGBGB, durch das Grundbuchbereinigungsgesetz (GBBerG), das Registerverfahrensbeschleunigungsgesetz (RegVBG) und das Sachenrechtsbereinigungsgesetz (SachenRBerG) geschaffen.   **77**

Durch § 295 Abs. 2 ZGB konnte Eigentum an Gebäuden unabhängig vom Eigentum am Boden begründet werden. Dieses **Gebäudeeigentum** wurde behandelt wie ein selbstständiges Grundstück, § 295 Abs. 2 ZGB, es war nicht wesentlicher Bestandteil des Grund und Bodens. Zur Entstehung wurde dem Berechtigten ein **Nutzungsrecht** verliehen.   **78**

Dieses Nutzungsrecht wurde dem Berechtigten an einem volkseigenen Grundstück verliehen, § 286 Abs. 1 Nr. 1 ZGB, als Belastung in Abt. II des Grundstücksgrundbuchs eingetragen und ein **selbstständiges Gebäudegrundbuchblatt** angelegt, § 4 Abs. 4 Satz 3 des Gesetzes über die Verleihung von Nutzungsrechten an volkseigenen Grundstücken (v. 14.12.1970, GBl I, S. 372). Für dieses Nutzungsrecht und das Gebäudeeigentum gelten Art. 231 § 5 und Art. 233 § 4 EGBGB sowie § 9a EGZVG. Dieses Nutzungsrecht ist vergleichbar dem Erbbaurecht.[61]   **79**

Das Nutzungsrecht konnte weiterhin aufgrund der **Zuweisung genossenschaftlich genutzten Bodens durch eine sozialistische Genossenschaft** für den Bau und die persönliche Nutzung eines Eigenheims entstehen, § 286 Abs. 1 Nr. 2 ZGB. Auch hier wurde ein Gebäudegrundbuchblatt angelegt, § 4 Abs. 2 Satz 2 der Bereitstellungs VO v. 9.9.1976 (GBl I, S. 157). Das Nutzungsrecht wurde aber nicht als Belastung im Grundstücksgrundbuch eingetragen, sondern es wurde nur ein **Vermerk im Bestandsverzeichnis** über das Gebäudeblatt angelegt. Für dieses Nutzungsrecht   **80**

---

60 Hierzu Böhringer, BWNotZ 2007, 1.
61 Eickmann/Böhringer, Sachenrechtsbereinigung, Art. 233 § 4 EGBGB Rn 7.

und das Gebäudeeigentum gelten Art. 231 § 5 und Art. 233 § 4 EGBGB sowie § 9a Abs. 1 EGZVG.[62]

81 Ebenfalls entstand ein **Nutzungsrecht aufgrund eines Vertrags** zwischen Eigentümer und Nutzungsberechtigtem bei Bodenflächen zur Erholung (kleingärtnerische Nutzung), § 286 Abs. 1 Nr. 4 ZGB.[63]

82 Da das Gebäude hier wie eine bewegliche Sache behandelt wurde, erfolgte auch keinerlei Eintragung im Grundbuch. Für dieses Nutzungsverhältnis gilt Art. 232 § 4 EGBGB i.V.m. §§ 1, 29 SchuldRAnpG und dem ErholNutzG.[64]

83 Ein weiteres **Nutzungsrecht** besteht vielfach **für die LPG u.ä. Einrichtungen sowie Wohnungsbaugenossenschaften**, Art. 233 § 2b EGBGB. Errichtete die LPG an den von den Genossen eingebrachten Grundstücken Gebäude und Anlagen, wurden diese selbstständiges Eigentum der LPG, § 27 LPGG (v. 2.7.1982, GBl I, S. 443). Nach Art. 233 § 2b Abs. 2 Satz 3 EGBGB muss zur Verkehrsfähigkeit des Gebäudeeigentums von Amts wegen ein Gebäudegrundbuchblatt angelegt werden. Dieses Gebäudeeigentum ist damit verkehrsfähig.[65]

84 Durch Art. 233 § 4 Abs. 4 EGBGB (eingefügt durch das 2. VermRÄndG) und nach Änderung durch das 2. Eigentumsfristengesetz v. 20.12.1999 (BGBl I, S. 2493) ist klargestellt, dass das **verliehene Nutzungsrecht** bei bis zum **Ablauf des 31.12.2000** angeordneten Zwangsversteigerungen auch dann bestehen bleibt, wenn es bei der Feststellung des geringsten Gebots grds. nicht zu berücksichtigen wäre, also wenn insbes. das Verfahren aus der Rangklasse 2 oder 3 des § 10 Abs. 1 ZVG betrieben wird.[66] Dieselbe Rechtswirkung des Bestehenbleibens ergibt sich für das **zugewiesene Nutzungsrecht**. Zwar ist das Nutzungsrecht nicht als Belastung aus dem Grundbuch ersichtlich, einer besonderen Anmeldung zur Berücksichtigung in der bis zum Ablauf des 31.12.2000 angeordneten Versteigerung bedarf es jedoch nicht, da das Nutzungsrecht kraft Gesetzes nicht erlischt, Art. 233 § 4 Abs. 4 EGBGB.[67]

85 Da die **Aufbauten** aufgrund des vertraglich vereinbarten Nutzungsrechts behandelt werden wie bewegliche Sachen, also nicht wesentliche Bestandteile des Grundstücks sind (Art. 231 § 5 Abs. 1 Satz 1 und Art. 232 § 4 EGBGB) und auch nicht als Zubehör angesehen werden können, werden sie von der Beschlagnahme nach § 20 ZVG nicht erfasst.

---

62 Eickmann/Böhringer, Sachenrechtsbereinigung, Art. 233 § 4 EGBGB Rn 10.
63 Eickmann/Böhringer, Sachenrechtsbereinigung, Art. 233 § 4 EGBGB Rn 14.
64 BGBl I 1994, S. 2538, 2548.
65 Eickmann/Böhringer, Sachenrechtsbereinigung, Art. 233 § 4 EGBGB Rn 8, 9, 11.
66 Dassler/Schiffhauer/Hintzen, ZVG, § 20 Rn 29.
67 Dassler/Schiffhauer/Hintzen, ZVG, § 20 Rn 30.

E. Besonderheiten im Beitrittsgebiet § 2

Für die Zwangsversteigerung sind auf diese Nutzungsrechte die Miet-/Pachtrechtsvorschriften des BGB anzuwenden, der Ersteher tritt in das Nutzungsverhältnis ein und hat ein außerordentliches Kündigungsrecht.[68] 86

Das **selbstständige Gebäudeeigentum der LPG** wird erst ab 1.1.2001 von der Beschlagnahme des Grundstücks erfasst, Art. 231 § 5 Abs. 1 EGBGB i.V.m. § 9a Abs. 1 EGZVG und Art. 1 Abs. 1 EFG. 87

Damit für die **Zukunft** eine Bereinigung der Rechtsverhältnisse eintritt, kann für den Gebäudenutzer entweder ein Erbbaurecht, §§ 28 bis 55 SachenRBerG, bestellt werden oder der Nutzer kann das Grundstück käuflich erwerben, §§ 56 bis 73 SachenRBerG. Haben sich die Beteiligten auf die Begründung eines Erbbaurechts geeinigt, ergeben sich für die Zwangsversteigerung keine weiteren Besonderheiten. Hat der Nutzer das Grundstück erworben und das Nutzungsrecht ist aufgegeben worden, ist das Gebäude wesentlicher Bestandteil des Grundstücks und es ergibt sich kein Unterschied mehr zu den üblichen Regelungen des BGB und ZVG. 88

Besteht das Gebäudeeigentum aber nach wie vor, greift die durch das Registerverfahrenbeschleunigungsgesetz (RegVBG v. 20.12.1993 BGBl I, S. 2182) eingefügte Vorschrift **§ 9a EGZVG** ein. Bei der Beschlagnahme nach dem 31.12.2000 wird das Gebäudeeigentum erfasst und mitversteigert. Dies gilt aber nur dann, wenn das Gebäudeeigentum nicht aus dem Grundbuch ersichtlich ist und der Nutzungsberechtigte sein Recht auch nicht rechtzeitig i.S.v. § 37 Nr. 4 ZVG angemeldet hat. Gem. § 9a Abs. 2 EGZVG hat der Inhaber des Gebäudeeigentums die Rechte aus § 28 ZVG, d.h. er hat ein der Versteigerung entgegenstehendes **Drittrecht**. Dies kann aber nur dann von Amts wegen beachtet werden, wenn es grundbuchersichtlich oder zumindest angemeldet wird. In diesem Fall muss das Verfahren bzgl. des Gebäudes aufgehoben werden (amtswegige Freigabe), ansonsten bezieht sich die Zwangsversteigerung des Grundstücks auch auf das Gebäudeeigentum. Nach § 90 Abs. 2 ZVG erwirbt der Ersteher dann mit dem Grundstück auch das Gebäudeeigentum, beide Rechtsobjekte bleiben allerdings selbstständig (erst mit der Aufhebung des Gebäudeeigentums gem. Art. 233 § 4 Abs. 6, § 2b Abs. 4 und § 8 EGBGB wird es Bestandteil des Grundstücks).[69] 89

III. Mitbenutzungsrechte

Nach §§ 321, 322 ZGB konnten im **Grundbuch** Mitbenutzungsrechte (z.B. Lagerung von Baumaterial, Aufstellen von Gerüsten) eingetragen werden, Dienstbarkeiten entsprechend dem BGB waren fremd. Ein Wege- oder Überfahrrecht musste im Grundbuch eingetragen werden, § 322 ZGB-DDR. Diese dauerhaften Mitbenutzungsrechte gelten als dingliche Rechte am Grundstück, Art. 233 § 5 EGBGB. Zur 90

---

68 Dassler/Schiffhauer/Hintzen, ZVG, § 20 Rn 31.
69 Vgl. Eickmann, Sachenrechtsbereinigung, § 9a EGZVG Rn 2 bis 19.

Wertfeststellung solcher Rechte kann auf die Ausführungen zur Dienstbarkeit verwiesen werden.

91 **Nicht eingetragene Mitbenutzungsrechte** erlöschen am 31.12.2000, Art. 233 § 5 Abs. 2 EGBGB i.V.m. § 13 Abs. 1 SachenR-DV und Art. 1 Abs. 1 Nr. 1 EFG; ihr Rang richtet sich nach Art. 233 § 5 Abs. 3 und § 9 Abs. 2 EGBGB i.V.m. § 8 Abs. 2 GBBerG (im Zweifel der 25.12.1993).

IV. Vorkaufsrecht

92 Nach den §§ 306 bis 309 ZGB konnte auch im Beitrittsgebiet der Grundstückseigentümer ein dingliches Vorkaufsrecht einräumen. Die nähere Ausgestaltung des Rechts entspricht im Wesentlichen den Vorschriften des BGB. Nach Art. 233 § 3 Abs. 1 Satz 1 EGBGB blieb das im Grundbuch eingetragene Vorkaufsrecht mit seinem Inhalt und Rang nach wie vor bestehen.

93 Seit 1.10.1994 sind die Vorschriften §§ 1094 bis 1104 BGB anzuwenden, Art. 233 § 3 Abs. 4 EGBGB (das Vorkaufsrecht ist subjektiv-persönlich, für einen Verkaufsfall, unübertragbar und nicht vererblich; Inhaltsänderungen nach dem BGB sind möglich). Es ist daher wie das Vorkaufsrecht nach dem BGB zu behandeln.

§ 3 Entgegenstehende Rechte

Neben den dinglichen Rechten werden in der Abt. II des Grundbuchs zahlreiche Vermerke eingetragen, die möglicherweise ein Vollstreckungshindernis darstellen. Betreibt ein Gläubiger das Verfahren aus einem dinglichen Anspruch, der bereits zeitlich vor einer solchen Verfügungsbeschränkung im Grundbuch eingetragen wurde, kann zunächst generell festgehalten werden, dass die Verfügungsbeschränkung dem Gläubiger gegenüber unwirksam ist. Nur wenn zzt. der Eintragung des Grundpfandrechts die Verfügungsbeschränkung bereits aus dem Grundbuch ersichtlich war oder wenn zeitlich später ein persönlicher Gläubiger das Verfahren betreiben will, stellt sich die Frage nach der Bedeutung dieses Vermerkes.

A. Behördliche Verfügungsbeschränkung

Im Grundbuch eingetragene Vermerke nach dem BauGB, z.B. der **Umlegungsvermerk**, § 51 BauGB, der **Enteignungsvermerk**, § 109 BauGB, der **Sanierungsvermerk**, § 144 BauGB, der **Entwicklungsvermerk**, §§ 169, 144 BauGB, stellen allesamt kein Versteigerungshindernis dar. Nach Zuschlagserteilung wird das Versteigerungsgericht der jeweiligen Behörde den Wechsel im Eigentum mitteilen, der Ersteher tritt dann in das laufende Verfahren ein.[1]

Auch der **Flurbereinigungsvermerk** ist kein Zwangsversteigerungshindernis, nach Zuschlag tritt auch hier der Ersteher in das laufende Flurbereinigungsverfahren ein, § 15 FlurbG.[2]

B. BVG und VAG

Der Berechtigte nach dem Bundesversorgungsgesetz (BVG) erhält bei Vorliegen der Voraussetzungen eine Kapitalabfindung, § 72 BVG. Hat er mit dieser Kapitalabfindung ein Grundstück erworben, ist auf diesem Grundstück ein **Sperrvermerk** einzutragen. Die Weiterveräußerung oder Belastung des Grundstücks ist bis zu einer Dauer von fünf Jahren dann nur noch mit Genehmigung der zuständigen Versorgungsbehörde zulässig, §§ 72, 75 BVG. Überwiegend wird die Auffassung vertreten, dass bei Rechten am Grundstück, die **vor** dem Sperrvermerk eingetragen wurden, keine Genehmigung des Versorgungsamts zur Versteigerung vorliegen muss.[3] Gläubiger dieser Rechte können die Zwangsversteigerung des Grundstücks jederzeit beantragen. Für die Zwangsvollstreckung aus Rechten, die **nach** dem

---

1 Vgl. hierzu Dassler/Schiffhauer/Hintzen, ZVG vor § 15 Rn 67; Steiner/Eickmann, ZVG, § 28 Rn 55.
2 Vgl. hierzu OLG Hamm vom 28.1.1987, 15 W 426/86, Rpfleger 1987, 258; Dassler/Schiffhauer/Hintzen, ZVG, § 28 Rn 18; Ebeling, Rpfleger 1987, 232.
3 Stöber, ZVG, § 15 Rn. 7.3 m.w.N.; Steiner/Eickmann § 28 Rn 60, 61, 62.

§ 3 Entgegenstehende Rechte

Sperrvermerk im Grundbuch eingetragen wurden, ist jedoch die Genehmigung erforderlich; allerdings erst bei der Zuschlagserteilung.[4] Eine Ausnahme hiervon gilt nur dann, wenn die Genehmigung bereits bei der Eintragung des Rechts im Grundbuch vorgelegt wurde, eine weitere Genehmigung zur Zwangsversteigerung ist nicht erforderlich.[5]

5 Ähnlich verhält es sich mit der Verfügungsbeschränkung nach § 72 VAG (Versicherungsaufsichtsgesetz). Das Sicherungsvermögen ist so sicherzustellen, dass nur mit Zustimmung des Treuhänders darüber verfügt werden kann. Der Treuhänder hat besonders die Bestände des Sicherungsvermögens unter Mitverschluss des Versicherungsunternehmens zu verwahren. Der Treuhänder kann einer Verfügung nur schriftlich zustimmen. Zur Sicherstellung von Immobilien oder dinglichen Rechten kann im Grundbuch ein entsprechender Vermerk, § 135 BGB, eingetragen werden.[6]

C. Unfallversicherung

6 Unfallrenten können, sofern die Voraussetzungen vorliegen, kapitalisiert werden und dem Berechtigten in Form einer Abfindungssumme ausgezahlt werden, § 78 SGB VII. Wird diese Abfindungssumme in das Grundstück investiert, konnte – bisher – im Grundbuch ein **Sperrvermerk** eingetragen werden, § 610 RVO. Hiernach war bzw. ist die Veräußerung und Belastung des Grundstücks innerhalb einer Frist bis zu fünf Jahren nur mit Genehmigung des Unfallversicherers zulässig. Die in § 610 RVO geregelte Verfügungsbeschränkung ist **weggefallen** durch das Gesetz zur Einordnung des Rechts der gesetzlichen Unfallversicherung in das SGB VII.[7]

D. Insolvenzverfahren

I. Nach Insolvenzeröffnung

7 Ist das Insolvenzverfahren eröffnet und im Grundbuch der Insolvenzvermerk eingetragen, § 32 InsO, ist eine Einzelzwangsvollstreckung zugunsten einzelner **Insolvenzgläubiger**, §§ 38, 39 InsO, in die Insolvenzmasse unzulässig, § 89 Abs. 1 InsO. Die Insolvenzmasse umfasst sowohl das Vermögen, das dem Schuldner zum Zeitpunkt der Eröffnung gehört (Altvermögen), als auch das Vermögen, das er später während des Verfahrens hinzu erwirbt (Neuvermögen), § 35 InsO.

---

4 Vgl. auch Meikel/Böttcher, GbR, nach § 20 Rn 33, 34; nach Steiner/Eickmann § 28 Rn 61 soll nach Sinn und Zweck die Zustimmung bereits für die Anordnung des Verfahrens notwendig sein und nicht erst beim Zuschlag.
5 Stöber, ZVG, § 15 Rn 7.4.
6 OLG Frankfurt vom 11.9.1992, 20 W 296/92, Rpfleger 1993, 147; LG Wuppertal vom 12.3.2008, 6 T 191/08, Rpfleger 2008, 418.
7 Gesetz v. 7.8.1996, BGBl I, S. 1254.

D. Insolvenzverfahren §3

Sobald das Vollstreckungsgericht im Verfahren der Zwangsversteigerung oder Zwangsverwaltung von der Unzulässigkeit der angeordneten Vollstreckungsmaßnahme Kenntnis erlangt, hat es die Anordnung oder den Beitritt entweder sofort aufzuheben oder unter Bestimmung einer Frist zur Behebung des Hindernisses einstweilen einzustellen, § 28 Abs. 2 ZVG. Verfügungsbeschränkungen oder der Entzug der Verfügungsbefugnis werden nicht mit der Eintragung im Grundbuch wirksam, die Eintragung ist nur deklaratorisch. Das Versteigerungsgericht hat schon bei Kenntnis der **Insolvenzeröffnung** den Entzug der Verfügungsbefugnis des Schuldners zu beachten, ohne Rücksicht darauf, ob und wann der Insolvenzvermerk im Grundbuch eingetragen wird.[8]

Gläubiger **dinglicher Rechte** sind im Insolvenzverfahren **absonderungsberechtigt** und können die Zwangsversteigerung auch nach Insolvenzeröffnung betreiben, benötigen dann jedoch einen Titel gegen den Insolvenzverwalter, § 49 InsO. Bereits vorher eingeleitete Verfahren laufen gegen den Schuldner weiter. Es tritt **keine Unterbrechung** des Verfahrens ein.[9] Es ist auch **keine Umschreibung** der Vollstreckungsklausel gegen den Insolvenzverwalter notwendig.[10] Nach Eröffnung des Insolvenzverfahrens ist der Schuldner im Verfahren nicht mehr Beteiligter i.S.v. § 9 ZVG,[11] dies ist ab Verfahrenseröffnung nur noch der Insolvenzverwalter.

In der Insolvenz eines Wohnungseigentümers ist die Wohnungseigentümergemeinschaft wegen der nach § 10 Abs. 1 Nr. 2 ZVG bevorrechtigten, vor der Insolvenzeröffnung fällig gewordenen **Hausgeldansprüche** ohne die Notwendigkeit einer vorherigen Beschlagnahme des Wohnungseigentums ebenfalls absonderungsberechtigt. Um die Zwangsvollstreckung in das Wohnungseigentum einleiten zu können, benötigt die Gemeinschaft einen Vollstreckungstitel, § 10 Abs. 3 ZVG. Sofern die Berechtigten gegen den säumigen Wohnungseigentümer vor der Insolvenzeröffnung keinen Zahlungstitel erlangt haben, können sie den das Absonderungsrecht bestreitenden Insolvenzverwalter mit der Pfandklage auf Duldung der Zwangsversteigerung in die Eigentumswohnung in Anspruch nehmen. Das Prozessgericht muss in diesem Fall prüfen, ob die Voraussetzungen des Vorrechts gegeben sind.[12] Allerdings haben nach § 10 Abs. 1 Nr. 2 ZVG Hausgeldforderungen nur ein zeitlich begrenztes Vorrecht in der Zwangsversteigerung (laufende Leistungen ab dem Jahr der Beschlagnahme und zwei Jahre ältere Ansprüche). Anknüpfungspunkt im Zwangsversteigerungsverfahren ist der Zeitpunkt der ersten Beschlagnahme, § 22 Abs. 1 ZVG. Das bedeutet aber nicht, dass das Befriedigungsrecht erst mit der Beschlagnahme entsteht. Auch die Verweisung in § 49 InsO auf § 10 Abs. 1 Nr. 2 ZVG ist nicht so zu verstehen, dass das Absonderungsrecht erst

---

8 Dassler/Schiffhauer/Hintzen, ZVG vor § 15 Rn 76 und § 28 Rn 21 ff.
9 AG Göttingen vom 16.11.1999, 71 K 2/98, Rpfleger 2000, 121.
10 BGH vom 24.11.2005, V ZB 84/05 und vom 14.4.2005, V ZB 25/05, Rpfleger 2006, 423, 424.
11 LG Lübeck vom 10.11.2003, 3 T 469/03, Rpfleger 2004, 235.
12 BGH vom 21.7.2011, IX ZR 120/10, NJW 2011, 3098 = Rpfleger 2011, 686.

§ 3 Entgegenstehende Rechte

und nur dann entsteht, wenn das Grundstück zwangsversteigert wird. Die Anordnung der Zwangsversteigerung kann die Entstehung eines Absonderungsrechts nicht zur Folge haben. Da es vorliegend diesen Zeitpunkt nicht gab, entsteht nach Ansicht des BGH im Insolvenzverfahren über das Vermögen des Wohnungseigentümers das Vorrecht wegen der Hausgeldansprüche an der bis dahin nicht beschlagnahmten Eigentumswohnung mit der Verfahrenseröffnung.[13]

11 Ist der Titel auf den Insolvenzverwalter umzuschreiben, sind neben der Klausel auch die Urkunden als Nachweis für die Umschreibung vorher zuzustellen, §§ 749, 727, 750 Abs. 2 ZPO analog. Den Nachweis der Rechtsnachfolge erbringt der Gläubiger regelmäßig durch die Bestallungsurkunde des Insolvenzverwalters.[14] Der BGH verneint den Nachweis durch Offenkundigkeit. Aufgrund der Veröffentlichung des Eröffnungsbeschlusses im Bundesanzeiger ist zwar offenkundig, wer zum Insolvenzverwalter bestellt wurde. Es ist aber der erforderliche Nachweis, dass der Verwalter dieses Amt auch weiterhin innehat.

12 Hat ein Insolvenzgläubiger **im letzten Monat vor dem Antrag** (im Verbraucherinsolvenzverfahren drei Monate, § 88 Abs. 2 InsO) auf Eröffnung des **Insolvenzverfahrens** oder danach durch Zwangsvollstreckung eine Sicherung an einem zum Verfahren gehörenden Gegenstand erwirkt, z.B. die Eintragung der Zwangshypothek im Grundbuch oder die Anordnung bzw. den Beitritt zum Zwangsversteigerungs- oder Zwangsverwaltungsverfahren, ist diese Sicherung (Eintragung im Grundbuch oder die Beschlagnahmewirkung, §§ 20 ff., 146 ZVG) mit Insolvenzeröffnung kraft Gesetzes unwirksam, § 88 InsO (**Rückschlagsperre**). Erlangt das Versteigerungsgericht hiervon Kenntnis, ist das Zwangsversteigerungs- bzw. Zwangsverwaltungsverfahren für diesen betreibenden Gläubiger von Amts wegen aufzuheben, § 28 Abs. 2 ZVG.

13 Eine Entscheidung des **Insolvenzgerichts** nach § 89 Abs. 3 InsO kommt hierbei nicht in Betracht. Zuständig ist ausschließlich das Vollstreckungsgericht (Zwangsversteigerung, Zwangsverwaltung), da die Entscheidung von Amts wegen und nicht auf Erinnerung nach § 766 ZPO hin ergeht.[15]

14 Hat der persönliche Gläubiger die Beschlagnahme des Grundstücks in der Zwangsversteigerung oder Zwangsverwaltung **außerhalb der Sperrfrist** nach § 88 InsO erlangt, bleibt die Beschlagnahme wirksam. Das angeordnete Verfahren wird für den nunmehr **absonderungsberechtigten Gläubiger** fortgesetzt, § 49, § 80 Abs. 2 Satz 2 InsO.

---

13 BGH vom 21.7.2011, IX ZR 120/10, NJW 2011, 3098 = Rpfleger 2011, 686; allgemein zum Hausgeld auch Becker, ZMR 2012, 930.
14 BGH vom 5.7.2005, VII ZB 16/05, Rpfleger 2005, 610 = NJW-RR 2005, 1716 = NZI 2005, 689 = ZIP 2005, 1474 = ZInsO 2005, 881.
15 Hintzen, in: Kölner Schrift zur InsO, S. 1122, 1123 Rn 67.

Eine im Grundbuch eingetragene **Zwangshypothek** wird aufgrund der Wirkung der Rückschlagsperre zur Eigentümergrundschuld.[16] Dies sieht der BGH anders. Der **BGH** vertritt in seiner Entscheidung v. 19.1.2006[17] die Meinung, dass eine von der Rückschlagsperre erfasste Zwangssicherungshypothek erlischt und nicht in entsprechender Anwendung des § 868 ZPO – wie bisher angenommen – zur Eigentümergrundschuld wird. Der BGH verneint eine die analoge Anwendung von § 868 ZPO rechtfertigende planwidrige Regelungslücke. Weiterhin ist der BGH der Ansicht, dass die zunächst erloschene Zwangssicherungshypothek, sofern sie zwischenzeitlich noch nicht im Grundbuch gelöscht wurde, in entsprechender Anwendung des § 185 Abs. 2 Satz 1 Fall 2 BGB ohne erneute Eintragung wieder auflebt, wenn der Insolvenzverwalter das Grundstück aus der Masse freigibt bzw. das Insolvenzverfahren aufgehoben wird und die Gläubigerforderung noch vollstreckbar ist. Der Rang der materiell neu entstehenden Zwangssicherungshypothek soll sich dabei nicht nach der ursprünglichen Eintragung, sondern nach dem Zeitpunkt der Freigabe richten.

15

Diese Entscheidung ist in mehrfacher Hinsicht zu kritisieren. Der Konvaleszenzgedanke zu § 185 Abs. 2 BGB ist verfehlt; der Rechtsgedanke hinsichtlich des Wiederauflebens in der vorhandenen Buchposition ist grundbuchrechtlich nicht konsequent, dies führt zu unlösbaren Rangproblemen im Grundbuch. Die Probleme in der Zwangsversteigerung hat der BGH ausgespart. Letztlich können die Auswirkungen auch zu Haftungsfällen für den Insolvenzverwalter führen.[18]

16

II. Insolvenzeröffnungsverfahren

Nach der Stellung des Antrags auf Insolvenzeröffnung hat das Insolvenzgericht von Amts wegen alle Maßnahmen zu treffen, die im konkreten Fall notwendig und erforderlich erscheinen, um die Insolvenzmasse zu sichern, § 21 Abs. 1 InsO (gilt auch im Verbraucherinsolvenzverfahren, § 306 Abs. 2 InsO). Aufgrund des Maßnahmenkatalogs in § 21 Abs. 2 InsO, der nicht abschließend zu verstehen ist, kann das Insolvenzgericht im Eröffnungsverfahren beispielhaft folgende **Maßnahmen zur Sicherung der Insolvenzmasse** erlassen:

17

- Bestellung eines **vorläufigen Insolvenzverwalters**, § 21 Abs. 2 Nr. 1 InsO (dann muss eine gerichtliche Bestimmung der jeweiligen Pflichten des Verwalters erfolgen, § 22 Abs. 2 InsO),
- Erlass eines **Allgemeinen Verfügungsverbots**, § 21 Abs. 2 Nr. 2 InsO,
- Anordnung eines **Zustimmungsvorbehalts**, § 21 Abs. 2 Nr. 2 InsO,

---

16 BayObLG vom 15.6.2000, 2 Z BR 46/00, Rpfleger 2000, 448.
17 BGH vom 19.1.2006, IX ZR 232/04, NJW 2006,1286 = Rpfleger 2006, 253 m. abl. Anm. Demharter = ZInsO 2006, 261.
18 Hierzu ausführlich m.w.N. Dassler/Schiffhauer/Hintzen, ZVG, § 28 Rn 24.

§ 3 Entgegenstehende Rechte

- **Untersagung** oder **einstweilige Einstellung** der Mobiliarzwangsvollstreckung, § 21 Abs. 2 Nr. 3 InsO,
- **Anordnung**, dass Gegenstände, die im Fall der Eröffnung des Verfahrens von § 166 InsO erfasst würden oder deren Aussonderung verlangt werden könnte, vom Gläubiger nicht verwertet oder eingezogen werden dürfen und dass solche Gegenstände zur Fortführung des Unternehmens des Schuldners eingesetzt werden können, soweit sie hierfür von erheblicher Bedeutung sind. Ein durch die Nutzung eingetretener Wertverlust ist durch laufende Zahlungen an den Gläubiger auszugleichen. Die Verpflichtung zu Ausgleichszahlungen besteht nur, soweit der durch die Nutzung entstehende Wertverlust die Sicherung des absonderungsberechtigten Gläubigers beeinträchtigt. Zieht der vorläufige Insolvenzverwalter eine zur Sicherung eines Anspruchs abgetretene Forderung anstelle des Gläubigers ein, so gelten die §§ 170, 171 InsO entsprechend, § 21 Abs. 2 Nr. 4 InsO.

18 Wird zugleich mit der Bestellung eines **vorläufigen Insolvenzverwalters** ein **allgemeines Verfügungsverbot** erlassen, geht die Verwaltungs- und Verfügungsbefugnis auf den vorläufigen Insolvenzverwalter über, § 22 Abs. 1 InsO.

19 Die gerichtlich verfügte **Untersagung der Zwangsvollstreckung** ist ein Vollstreckungshindernis, § 775 Nr. 1 ZPO.[19] **Maßnahmen der Zwangsvollstreckung** dürfen nicht mehr erlassen werden, eine nach Wirksamwerden des Verbots erlassene Vollstreckungsmaßnahme ist von Amts wegen aufzuheben. Eine Vollstreckungsmaßnahme, die bereits vorher erlassen wurde, aber noch nicht beendet ist, wird einstweilen eingestellt.[20]

20 Nach § 21 Abs. 2 Nr. 3 InsO bezieht sich das **Zwangsvollstreckungsverbot** nicht nur auf Gegenstände, die zur zukünftigen Insolvenzmasse gehören. Nach dem Wortlaut der Vorschrift bezieht sich die Sicherungspflicht des § 22 Abs. 1 Nr. 1 InsO ganz allgemein auf das Schuldnervermögen und nicht nur auf die Insolvenzmasse. Das angeordnete Vollstreckungsverbot erfasst daher auch bewegliche Sachen, an denen ein **Absonderungsrecht** besteht. Im Hinblick auf das Verwertungsrecht des Verwalters nach § 166 Abs. 1 InsO ist die Zwangsvollstreckung in sicherungsübereignete Gegenstände unzulässig, sofern diese sich im Besitz des Verwalters befinden; hierzu muss das Insolvenzgericht jedoch eine entsprechende Anordnung nach § 21 Abs. 2 Nr. 5 InsO erlassen.

21 *Hinweis*
Von dem Vollstreckungsverbot ausdrücklich nicht erfasst werden Maßnahmen in das **unbewegliche Vermögen**, § 21 Abs. 2 Nr. 3 a.E. InsO (Zwangssicherungshypothek, Zwangsversteigerung, Zwangsverwaltung). Damit ist auch die Eintra-

---

19 MüKo/Haarmeyer, InsO, § 21 Rn 75.
20 MüKo/Haarmeyer, InsO, § 21 Rn 75.

gung einer Zwangssicherungshypothek zulässig. Die Möglichkeiten zur einstweiligen Einstellung von Vollstreckungsmaßnahmen in unbewegliche Gegenstände wird durch das Einstellungsrecht des vorläufigen Insolvenzverwalters wahrgenommen; zuständig ist das Vollstreckungsgericht, § 30d ZVG.

Hinweis 22
Die gleichzeitige Bestellung eines vorläufigen Insolvenzverwalters und die Anordnung eines allgemeinen Verfügungsverbots mit der Folge, dass die gesamte Verwaltungs- und Verfügungsbefugnis auf den vorläufigen Insolvenzverwalter übergeht, § 22 Abs. 1 Satz 1 InsO, bewirken, dass die Klausel für und gegen den vorläufigen Insolvenzverwalter umzuschreiben ist, § 727 ZPO analog.[21]

E. Nachlassverwaltung

Ist der Schuldner Erbe eines Nachlasses, über den Nachlassverwaltung angeordnet ist, verliert er grundsätzlich die Verfügungsbefugnis über den Nachlass. Zwangsvollstreckungen in den Nachlass sind nur noch zugunsten von Nachlassgläubigern zulässig, § 1984 Abs. 2 BGB. Zur Zwangsvollstreckung ist somit ein gegen den Nachlassverwalter ergangener **Vollstreckungstitel** notwendig.[22]

23

F. Testamentsvollstreckung

Ist für den Nachlass Testamentsvollstreckung angeordnet worden, wird diese von Amts wegen im Grundbuch eingetragen, § 51 GBO. Die Testamentsvollstreckung ist grundsätzlich **kein Vollstreckungshindernis**. Sofern gegen den Testamentsvollstrecker vollstreckt werden soll, ist ein gegen ihn ergangenes Urteil vorzulegen oder die Klausel auf einem bereits vorhandenen Titel ist gegen den Testamentsvollstrecker umzuschreiben, § 748 ZPO.[23]

24

G. Nacherbenvermerk

Ist aus dem Grundbuch der Nacherbenvermerk ersichtlich, sind Zwangsvollstreckungen grundsätzlich insoweit unwirksam, als sie im Fall des Eintritts der Nacherbfolge das Recht des Nacherben vereiteln oder beeinträchtigen würden, § 2115 BGB. Eine **Vollstreckung gegen den Vorerben** ist daher nur möglich, sofern der Nacherbe der Zwangsvollstreckung zustimmt. Wird das Zwangsversteigerungsverfahren aus einem dinglichen Recht betrieben, bei dessen Eintragung bereits der Nacherbe zugestimmt hat (hier sollte die Eintragungsbewilligung eingesehen werden), gilt dies auch für die Durchführung des Zwangsversteigerungsverfahrens, da

25

---

21 LG Cottbus vom 20.4.2000, 7 T 548/99, Rpfleger 2000, 465 = NZI 2000, 183.
22 Dassler/Schiffhauer/Hintzen, ZVG vor § 15 Rn 42 und § 28 Rn 31.
23 Zöller/Stöber, ZPO, § 749 Rn 10.

die Zwangsvollstreckung aus einem im Grundbuch eingetragenen Grundpfandrecht grundsätzlich zum Inhalt des Rechts gehört.[24]

26 Ein persönlicher Gläubiger kann das Zwangsversteigerungsverfahren nur anordnen lassen, wenn er eine Nachlassverbindlichkeit geltend macht, § 1967 BGB. Abgesehen von diesen Ausnahmen darf eine Veräußerung im Wege der Zwangsvollstreckung nicht erfolgen, da grundsätzlich das Recht des Nacherben hierdurch beeinträchtigt wird, § 773 ZPO. Dies gilt auch bei **befreiter Vorerbschaft**, da der Erblasser von § 2115 BGB keine Befreiung erteilen kann, § 2136 BGB.[25]

27 Inwieweit sich dies auf das Zwangsversteigerungsverfahren auswirkt, wird unterschiedlich beantwortet. Auf der einen Seite wird hieraus der Schluss gezogen, dass die Zustimmung des Nacherben erst im Zeitpunkt des Zuschlags vorgelegt werden muss, da erst hierdurch eine Veräußerung des Grundstücks eintritt. Da auf der anderen Seite jedoch eine Zustimmung des Nacherben nicht zu erwarten ist und auch regelmäßig ein Duldungstitel gegen den Nacherben nicht erwirkt werden kann, wird gefolgert, dass die Zustimmung des Nacherben bereits vor Anordnung des Zwangsversteigerungsverfahrens vorgelegt werden müsse; es habe wenig Sinn, ein Verfahren durchzuführen, das letztendlich nicht zum Abschluss gebracht werden könne.

28 M.E. ist hier noch zwischen einem **dinglichen und einem persönlichen Gläubiger** zu unterscheiden. Ein dinglicher Gläubiger, dessen Rang bereits durch die Eintragung seines Rechts gesichert ist, hat grundsätzlich die Zustimmung des Nacherben vor Anordnung des Verfahrens vorzulegen. Bei einem persönlichen Gläubiger steht in erster Linie die Rangsicherung durch Anordnung und Wirksamwerden der Beschlagnahme im Vordergrund. Für einen persönlichen Gläubiger müsste das Verfahren zunächst angeordnet und dann sofort eingestellt werden. Ihm ist dann aufzugeben, die Zustimmung des Nacherben für das weitere Verfahren vorzulegen, weil andernfalls der Anordnungsbeschluss wieder aufgehoben wird.

H. Zwangsversteigerungsvermerk

29 Ist bereits aus dem Grundbuch ein Zwangsversteigerungsvermerk ersichtlich, läuft also bereits ein Zwangsversteigerungsverfahren, so stellt dieser Vermerk **kein Vollstreckungshindernis** dar. Die im Zwangsversteigerungsverfahren erwirkte Beschlagnahme hat nur eine relative Wirkung zugunsten des jeweils das Verfahren betreibenden Gläubigers. Weitere Rechte können auch nach diesem Vermerk im Grundbuch eingetragen werden, weitere Gläubiger können dem bereits laufenden Zwangsversteigerungsverfahren beitreten. Die Berechtigung von mehreren Gläubigern regelt sich über das Rangverhältnis nach § 10 ZVG.

---

24 Dassler/Schiffhauer/Hintzen, ZVG, § 28 Rn 28; Steiner/Eickmann, ZVG, § 28 Rn 38.
25 Dassler/Schiffhauer/Hintzen, ZVG, § 28 Rn 28, 29.

> *Hinweis* 30
> Allerdings müssen diese Gläubiger ihre Ansprüche rechtzeitig zum Verfahren anmelden, vgl. § 45 Abs. 1, § 37 Nr. 4 ZVG. Das heißt spätestens im Versteigerungstermin vor Beginn der Bietzeit.

I. Rückübertragungsanspruch nach dem Vermögensgesetz

Vermögenswerte, die den Maßnahmen i.S.d. § 1 VermG unterlagen und in Volkseigentum überführt oder an Dritte veräußert wurden, sind auf Antrag an die Berechtigten zurück zu übertragen, soweit dies nicht nach besonderen Vorschriften ausgeschlossen ist, § 3 Abs. 1 VermG. Beschlüsse, durch die die Zwangsversteigerung eines Grundstücks oder Gebäudes angeordnet wird, sowie Ladungen zu Terminen in einem Zwangsversteigerungsverfahren sind dem Berechtigten zuzustellen, § 3b Abs. 2 VermG. 31

Der Rückübertragungsanspruch eines **mit Restitutionsansprüchen belasteten Grundstücks** ist kein der Zwangsversteigerung entgegenstehendes Recht i.S.v. § 28 ZVG. Der Berechtigte muss seinen Anspruch anmelden und wird nach der Anmeldung Verfahrensbeteiligter, § 9 ZVG. 32

> *Hinweis* 33
> Bei einer nach dem 31.12.2000 angeordneten Zwangsversteigerung erlischt der Rückübertragungsanspruch nach dem Vermögensgesetz, § 9a Abs. 1 Satz 3 EGZVG. Das Erlöschen tritt dann nicht ein, wenn ein entsprechender Vermerk – aufgrund einstweiliger Verfügung – im Grundbuch eingetragen ist, § 9a Abs. 1 Satz 3, 2. Halbs. EGZVG, oder der Anspruch rechtzeitig zum Verfahren angemeldet wurde, § 37 Nr. 4 ZVG. Das Versteigerungsgericht wird die Anmeldung im Termin verlesen und als Versteigerungsbedingung mit aufnehmen. Der Rückübertragungsanspruch richtet sich dann gegen den Ersteher. Offen bleibt, ob das Grundstück unter diesen Voraussetzungen versteigert wird.[26]

---

26 Keller, Grundstücke in Vollstreckung und Insolvenz, Rn 425 ff.; Stöber, ZVG § 9a EGZVG Rn 6.

§ 4 Erfolgsaussichten

Vor Stellung des Zwangsversteigerungsantrags oder einem Beitritt zum Verfahren sollte der Gläubiger genau überlegen, ob im Laufe des Verfahrens mit einer Befriedigung seines Anspruchs zu rechnen ist. Das Zwangsversteigerungsverfahren ist keine übliche Art der Zwangsvollstreckung, sondern kann den **Gläubiger** durchaus mit **erheblichen Kosten** belasten, falls das Grundstück im Ergebnis nicht versteigert wird. Es empfiehlt sich daher immer, zumindest auf drei Faktoren zu achten:

A. Welchen Wert hat der Grundbesitz des Schuldners?

Hat der Schuldner das Grundstück erst kürzlich erworben, ergeben sich Anhaltspunkte zum **Kaufpreis** aus dem **Kaufvertrag**, der in den Grundbuchakten eingesehen werden kann. Weitere Anhaltspunkte ergeben sich aus den im Grundbuch eingetragenen **dinglichen Belastungen**. Hier kann von einer vorsichtigen **Beleihungsgrenze** von max. zwischen 70 % bis zu 80 % des Verkehrswerts ausgegangen werden. Dies gilt allerdings nur für Privatgrundbesitz, nicht für Firmengrundbesitz, da hierbei sicherlich außer dem Grundstück noch andere Sicherheiten zur Verfügung gestellt worden sind. Ergibt sich aus dem Grundbuch ein **gelöschter Zwangsversteigerungsvermerk**, bietet sich an, die dort genannte Versteigerungsakte einzusehen, evtl. liegt bereits ein Verkehrswertgutachten vor. Ist das Grundstück unbebaut, kann der Bodenwert des Grundstücks beim **Gutachterausschuss** der Stadt oder Gemeinde erfragt werden. Handelt es sich bei dem Versteigerungsobjekt um eine Eigentumswohnung, ist zunächst aus der Teilungserklärung zu entnehmen, ob hierzu auch Sondernutzungsrechte gehören. I.Ü. kann der **ortsübliche Verkehrswert** möglicherweise aus Zeitungsanzeigen entnommen werden, in denen Wohnungen in der gleichen Lage zum Verkauf angeboten werden. Der Grundriss der Wohnung, insbesondere die Größe und die Lage, kann aus den in den Grundbuchakten befindlichen Bauzeichnungen abgelesen werden.

B. Welche Rechte gehen dem eigenen Anspruch vor?

Außer den Grundpfandrechten in Abt. III des Grundbuchs ist insbesondere auch auf die dinglichen Belastungen in Abt. II des Grundbuchs zu achten (vgl. hierzu § 2 Rn 6 ff.). Bei den Grundpfandrechten, insbes. Hypotheken und Grundschulden, ist neben dem aus dem Grundbuch ersichtlichen **Kapitalbetrag** auch auf die gleichzeitig eingetragenen **Zinsen** und anderen **Nebenleistungen** zu achten. Erstens können bei den Grundschulden die dinglich eingetragenen Zinsen in voller Höhe geltend gemacht werden, und zweitens können in der bevorrechtigten Rangklasse 4 des § 10 Abs. 1 ZVG nicht nur laufende, sondern auch bis zu zwei Jahre rückständige Zinsen vor der ersten Beschlagnahme und sämtliche Nebenleistungen angemeldet werden. Die Zinsen können bereits bis zu 50 % und mehr des Kapitalwerts der dinglichen Rechte ausmachen.

4 Bei der Zwangsversteigerung eines Wohnungs- und/oder Teileigentums ist auch die **Rangklasse 2** zu beachten, in der Hausgelder in einer Höhe von bis zu 5 % des Verkehrswerts berücksichtigt werden können. Sollte die Wohnungseigentümergemeinschaft aus dieser Rangklasse das Verfahren betreiben, § 10 Abs. 3 ZVG, erlöschen grundsätzlich alle Rechte am Eigentum.

5 *Hinweis*
Will ein **Gläubiger** wissen, inwieweit die eingetragenen Grundschulden noch geschuldet und welche Zinsen tatsächlich vereinbart sind, hat er zur **Ermittlung dieser Beträge** zwei Möglichkeiten:
- Entweder kann er gegen den Schuldner das Verfahren zur **Abgabe der Vermögensauskunft** veranlassen
- oder er lässt die Rückgewähransprüche des Schuldners gegen die Grundpfandrechtsgläubiger pfänden und versucht so über die **Drittschuldnererklärungen** die jeweilige Belastungshöhe zu erfahren.

C. Aus welchem Recht wird die Zwangsversteigerung betrieben?

6 Die im Grundbuch eingetragenen Grundpfandrechtsgläubiger sind regelmäßig im Besitz eines dinglichen Titels (**Duldungstitel**), der in Form einer notariellen vollstreckbaren Urkunde gem. § 794 Abs. 1 Nr. 5 ZPO vorliegt. Dieser Duldungstitel verpflichtet den Eigentümer nicht zur Zahlung des geschuldeten Betrags, sondern lediglich dazu, die Vollstreckung in das Grundstück und dessen Verwertung in der im Grundbuch eingetragenen Höhe zu dulden. Nur wenn ein dinglicher Titel vorliegt, kann der Gläubiger die Zwangsversteigerung aus der Rangklasse 4 des § 10 Abs. 1 ZVG betreiben.

C. Aus welchem Recht wird die Zwangsversteigerung betrieben? § 4

Das Rangverhältnis unter mehreren Rechten, mit denen ein Grundstück belastet wird, bestimmt sich: 7

wenn die **Rechte in derselben Abteilung** des Grundbuches eingetragen sind, nach der **Reihenfolge der Eintragungen** (Locusprinzip), § 879 Abs. 1 Satz 1 BGB.	wenn die **Rechte in verschiedenen Abteilungen**, Abt. II und III, eingetragen sind, nach der **zeitlichen Reihenfolge** (Tempusprinzip), § 879 Abs. 1 Satz 2 BGB
Rechte in ein und derselben Abteilung haben den Rang ihrer fortlaufenden Eintragung, auch wenn mehrere Rechte am selben Tag eingetragen werden. (Rangänderungen beachten)	Diejenigen Rechte, die unter Angabe **desselben Tages** eingetragen sind, haben den **gleichen Rang**. Das unter Angabe eines **früheren Tages** eingetragene Recht hat **Vorrang**.

Beispiel (gleichzeitig Rangfolge) 8

Abt. III/1   100.000,00 EUR   (eingetragen am 10.7.2013)
Abt. III/2   200.000,00 EUR   (eingetragen am 10.7.2013)
Abt. III/3   300.000,00 EUR   (eingetragen am 10.7.2013)

Die Rechte haben Rang hintereinander, § 879 Abs. 1 Satz 1 BGB, auch wenn die Eintragungsdaten gleich sind (Locusprinzip). In der Zwangsversteigerung werden sie auch in dieser Reihenfolge berücksichtigt.

Beispiel (gleichzeitig Rangfolge) 9

Abt. II/1   Wohnrecht   (eingetragen am 15.12.2012)
Abt. III/1   100.000,00 EUR   (eingetragen am 12.3.2013)
Abt. II/2   Grunddienstbarkeit (eingetragen am 14.3.2013)
Abt. III/2   200.000,00 EUR   (eingetragen am 10.7.2013)
Abt. III/3   300.000,00 EUR   (eingetragen am 10.7.2013)

Das Rangverhältnis beider **Abteilungen des Grundbuchs zueinander** kann sich natürlicherweise nicht nach dem Locusprinzip richten. Vorrang hat in diesem Fall das Recht, das an einem früheren Tag eingetragen wurde (Tempusprinzip), § 879 Abs. 1 Satz 2 BGB.

Mit einem **persönlichen Titel** kann der Gläubiger nur in Rangklasse 5 des § 10 Abs. 1 ZVG seine Befriedigung im Wege der Zwangsversteigerung suchen. 10

Betreibt der Gläubiger, für den im Grundbuch eine **Zwangssicherungshypothek** eingetragen ist, das Zwangsvollstreckungsverfahren **aus dem persönlichen Titel** (Rangklasse 5), hätte dies zur Konsequenz, dass die eigene Zwangssicherungshypothek ins geringste Gebot fällt (da sie als dingliches Recht in Rangklasse 4 steht) 11

§ 4 Erfolgsaussichten

und am Grundstück bestehen bleibt. Damit **erhöht sich das geringste Gebot** mit der Folge, dass u.U. eine Zwangsversteigerung nicht mehr durchgeführt werden kann.

12 Dem Gläubiger ist daher zu empfehlen, das Verfahren aus dem dinglichen Recht selbst zu betreiben. Eines gesonderten Duldungstitels bedarf es seit dem 1.1.1999 nicht mehr. Mit Eintragung der Zwangssicherungshypothek im Grundbuch und dem Eintragungsvermerk auf dem Titel kann der Gläubiger die Zwangsversteigerung **aus dem dinglichen Recht** betreiben, § 867 Abs. 3 ZPO.

13 *Hinweis*
Persönliche Gläubiger in der **Rangklasse 5** des § 10 Abs. 1 ZVG erlangen **regelmäßig keine Befriedigung** bei der Erlösverteilung. Auch die im Grundbuch eingetragene Zwangssicherungshypothek steht oft bereits an aussichtsloser Position. Selbst die Möglichkeit des Betreibens des Verfahrens aus dem dinglichen Anspruch in Rangklasse 4 verbessert die Erfolgsaussichten nur selten. Dem persönlichen Gläubiger ist daher zu raten, folgende Vollstreckungsmöglichkeiten zu überlegen:

- Pfändung aller im Grundbuch vorrangig eingetragenen Ansprüche auf zukünftige Eigentümergrundschulden;
- Pfändung sämtlicher Rückgewähransprüche des Eigentümers gegenüber den eingetragenen Grundpfandrechtsgläubigern;
- Pfändung aller abgetretenen Rückgewähransprüche gegenüber den eingetragenen Grundpfandrechtsgläubigern;
- die Eintragung der Zwangssicherungshypothek, da damit der gesetzliche Löschungsanspruch (§ 1179a BGB) verbunden ist.

14 Welche Chancen diese Vollstreckungsmöglichkeiten für den Gläubiger bieten, ergibt sich erst in der Erlösverteilung.[1]

---

1 Vgl. Hintzen, Pfändung und Vollstreckung im Grundbuch, § 4 Rn 144 ff.

§ 5 Verfahrensgrundsätze

A. Verfahrensbeteiligte

I. Gläubiger

Verfahrensbeteiligter von Amts wegen ist der Gläubiger, § 9 Satz 1 ZVG. Mit dem Begriff Gläubiger sind hier die das Verfahren **betreibenden** Gläubiger (Anordnungs- und Beitrittsgläubiger) gemeint. Die Beteiligtenstellung bleibt auch dann erhalten, wenn der betreibende Gläubiger sein Verfahren einstweilen eingestellt hat.[1]

Ein **Abtretungsgläubiger** erlangt die Beteiligtenstellung des Zedenten erst, wenn er gegenüber dem Gericht die Rechtsnachfolge angemeldet und nachgewiesen hat, also nach Klauselumschreibung und Zustellung, §§ 750 Abs. 2, 727 ZPO. Der neue Gläubiger tritt in die Rechtsstellung des alten Gläubigers ein. Soweit der alte Gläubiger bereits Verfahrensrechte verbraucht hat, kann sie auch der neue Gläubiger nicht mehr wahrnehmen, z.B. eine bereits in Anspruch genommene Einstellungsbewilligung. Gleiches gilt auch für einen Gläubigerwechsel nach Ablösung, §§ 268, 1150 BGB.[2]

II. Schuldner

Weiterer Verfahrensbeteiligter ist der schuldnerische Eigentümer. Hiermit ist zunächst der Schuldner gemeint, gegen den das Zwangsversteigerungsverfahren angeordnet wurde. Stirbt der Schuldner nach Anordnung des Verfahrens, treten seine **Erben** an seine Stelle, die Zwangsversteigerung wird in den Nachlass fortgesetzt, § 779 Abs. 1 ZPO. Der Anordnungsgläubiger muss keine Klauselumschreibung und Zustellung gegen den Erben erwirken.[3]

Veräußert der Schuldner während des Zwangsversteigerungsverfahrens das Grundstück an einen Dritten, läuft das Verfahren gegen ihn weiter, die **Veräußerung** ist den betreibenden Gläubigern gegenüber unwirksam, § 26 ZVG.[4] Der Dritte wird aber nicht Beteiligter des Verfahrens von Amts wegen, allenfalls nach Anmeldung.[5]

Sollte eine **Eigentumsumschreibung** im Range einer bereits vor Anordnung des Verfahrens im Grundbuch eingetragenen **Auflassungsvormerkung** erfolgen, ist

---

1 Steiner/Hagemann, ZVG, § 9 Rn 19.
2 OLG Bremen vom 30.3.1987, 2 W 10/87, Rpfleger 1987, 381 m. Anm. Bischoff/Bobenhausen; OLG Düsseldorf vom 22.10.1986, 3 W 309/86, Rpfleger 1987, 75; a.A. Steiner/Storz, ZVG, § 75 Rn 64 auch zur Gegenmeinung.
3 Zöller/Stöber, ZPO, § 779 Rn 5.
4 Hierzu auch BGH vom 25.1.2007, V ZB 125/05, Rpfleger 2007, 333 = NJW 2007, 2993.
5 Dassler/Schiffhauer/Rellermeyer, ZVG, § 9 Rn 6.

der Eigentumsübergang wirksam. Ein Grundpfandrechtsgläubiger kann das Verfahren gegen den neuen Eigentümer nach Klauselumschreibung und Zustellung fortsetzen lassen, für einen persönlichen Gläubiger ist das Verfahren aufzuheben. Hier hilft § 26 ZVG nicht. Der Erwerber ist nicht „Rechtsnachfolger" in die persönliche Schuld des Veräußerers.[6]

6 Wird über das Vermögen des Schuldners das **Insolvenzverfahren** eröffnet oder hat der Erblasser **Testamentsvollstreckung** angeordnet oder ist **Nachlassverwaltung** angeordnet worden, sind die gerichtlich bestellten Verwalter (Parteien kraft Amtes) Beteiligte von Amts wegen anstelle des Schuldners.[7]

III. Beteiligte von Amts wegen

7 Diejenigen Berechtigten, für welche zzt. der Eintragung des Zwangsversteigerungsvermerks ein Recht im Grundbuch eingetragen war, werden von Amts wegen als Verfahrensbeteiligte behandelt, § 9 Nr. 1 ZVG. Hiermit sind alle Berechtigten gemeint, für die ein dingliches Recht in Abt. II oder III des Grundbuchs zeitlich **vor dem Zwangsversteigerungsvermerk** eingetragen wurde, die Berechtigten aus eingetragenen Widersprüchen, Verfügungsbeschränkungen oder Pfändungsvermerken und auch diejenigen, für die eine Vormerkung eingetragen ist. Bei der Zwangsversteigerung eines Erbbaurechts ist auch der Grundstückseigentümer von Amts wegen zu beteiligen.[8]

8 Bei der **Zwangsversteigerung eines Wohnungseigentums** sind auch die übrigen Miteigentümer Beteiligte des Verfahrens.[9] Gleiches gilt auch bei der **Vollstreckung in einen Grundstücksbruchteil**, hier sind die übrigen Miteigentümer Verfahrensbeteiligte.[10] Ist das Verfahren gegen den **Vorerben** angeordnet worden, ist auch der **Nacherbe** von Amts wegen Beteiligter.

IV. Beteiligte nach Anmeldung

9 Diejenigen Berechtigten, die ihre Ansprüche zum Verfahren anmelden müssen, um die Beteiligtenstellung zu erreichen, sind in § 9 Nr. 2 ZVG aufgeführt. Hierbei handelt es sich zunächst um Rechte oder Ansprüche, die zeitlich **nach dem Zwangsversteigerungsvermerk** im Grundbuch eingetragen werden.

---

6 Dassler/Schiffhauer/Hintzen, ZVG, § 26 Rn 5.
7 Dassler/Schiffhauer/Rellermeyer, ZVG, § 9 Rn 6.
8 Dassler/Schiffhauer/Rellermeyer, ZVG, § 9 Rn 8.
9 OLG Stuttgart vom 27.8.1965, 8 W 147/65, Rpfleger 1966, 113 = NJW 1966, 1036.
10 Dassler/Schiffhauer/Rellermeyer, ZVG, § 9 Rn 11; Steiner/Hagemann, ZVG, § 9 Rn 47; Böttcher, ZVG, § 9 Rn 6; a.A. Sievers, Rpfleger 1990, 335.

A. Verfahrensbeteiligte § 5

Weiterhin gehören hierzu die Eigentümer von Zubehörgegenständen, die sich auf dem zu versteigernden Grundstück befinden.[11]

Für eine Anmeldung nach § 9 Nr. 2 ZVG reicht die bloße Willensbekundung des Erklärenden, dass er eine Berücksichtigung seines – näher zu bezeichnenden – Rechts (hier: dingliches Wohnungsrecht) in den Zwangsversteigerungsverfahren wünscht.[12]

Im Fall von Vor- und Nacherbschaft kann der **Nacherbe** der Versteigerung widersprechen, § 773 ZPO. Das gleiche Recht hat ein Pfändungsgläubiger, z.b. der Erbteilspfändungsgläubiger.[13]

10

In § 9 Nr. 2 ZVG werden als Beteiligte ausdrücklich Mieter und Pächter genannt, die ein **Miet- oder Pachtrecht** anmelden, aufgrund dessen ihnen das Grundstück überlassen ist. Dazu gehört nicht der Untermieter, weil kein Rechtsverhältnis mit dem Schuldner besteht.[14] Auch nach Aufhebung der §§ 57c, 57d ZVG durch das 2. JuMoG können Mieter und Pächter Interesse am Erwerb der Beteiligtenstellung durch Anmeldung deshalb haben, weil sie dann gem. § 59 ZVG verlangen können, dass das Grundstück unter Ausschluss des Kündigungsrechts nach § 57a ZVG ausgeboten wird, oder ein Ablösungsrecht ausüben können. Ein solches Verlangen ist zugleich als Anmeldung anzusehen. Ein geleisteter **Baukostenzuschuss** gibt dem Mieter keinen Anspruch auf Befriedigung aus dem Grundstück.[15]

11

Hat jemand die **Rückgewähransprüche** des Schuldners gegenüber eingetragenen Grundschuldgläubigern **gepfändet**, wird er trotz Anmeldung nicht als Beteiligter des Verfahrens anerkannt.[16]

12

In dieselbe Richtung geht eine Entscheidung des LG Rostock,[17] nach der der Berechtigte eines Zurückbehaltungsrechts (hier: rückständige Liegeplatzgebühren) im Verfahren der Zwangsversteigerung eines Schiffes selbst dann nicht widerspruchsberechtigt gegen die Zuteilung an einen vorrangigen Hypothekengläubiger ist, wenn er Gläubiger einer nachrangigen Schiffshypothek ist, da sich der Widerspruch insoweit nur auf ein vertragliches und nicht auf ein dingliches Recht gründet.

13

---

11 Dassler/Schiffhauer/Rellermeyer, ZVG, § 9 Rn 15.
12 BGH vom 7.10.2010, V ZB 37/10, Rpfleger 2011, 171 = NJW-RR 2011, 233.
13 BayObLG, Rpfleger 1960, 157.
14 Dassler/Schiffhauer/Rellermeyer, ZVG, § 9 Rn 20; Steiner/Hagemann, ZVG, § 9 Rn 87; a.A. Stöber, ZVG, § 9 Rn 2.10; Böttcher, ZVG, § 9 Rn 15.
15 BGH vom 8.1.1971, V ZR 95/68, Rpfleger 1971, 102 = MDR 1971, 287; Steiner/Hagemann, § 9 Rn 88.
16 BGH vom 6.7.1989, IX ZR 277/88, Rpfleger 1990, 32 = NJW 1989, 2536; OLG Hamm vom 17.1.1992, 15 W 18/92, Rpfleger 1992, 308; OLG Köln vom 29.2.1988, 2 W 163/87, Rpfleger 1988, 324; Dassler/Schiffhauer/Rellermeyer, ZVG, § 9 Rn 16.
17 Vom 9.7.1998, 2 T 52/98, Rpfleger 1999, 35.

§ 5 Verfahrensgrundsätze

14 *Hinweis*
Die Anmeldung bedarf keiner besonderen Form, sie kann schriftlich erfolgen, aber sie muss rechtzeitig erfolgen. **Rechtzeitig** bedeutet: Anmeldung bis spätestens im Versteigerungstermin vor der Aufforderung zur Abgabe von Geboten, § 37 Nr. 4 ZVG. Nur die rechtzeitige Anmeldung sichert den Rang und führt zur Berücksichtigung im Versteigerungstermin. Selbstverständlich ist eine spätere Anmeldung jederzeit möglich, der Gläubiger erleidet jedoch einen Rangverlust, § 110 ZVG; er wird nach allen anderen Berechtigten berücksichtigt.

15

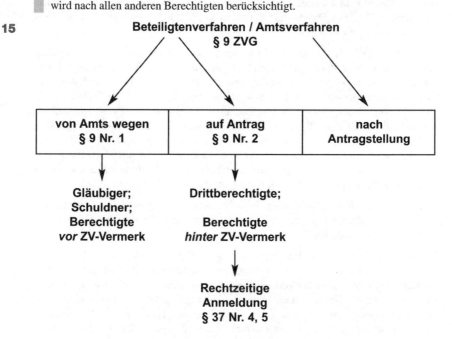

Schaubild 1: Beteiligtenverfahren / Amtsverfahren, § 9 ZVG

B. Einzel- und Gesamtzwangsvollstreckung

16 Die Zwangsversteigerung des Grundstücks wird auf Antrag eines Gläubigers angeordnet, weitere Gläubiger können dem Verfahren jederzeit beitreten, § 27 ZVG. Die Zwangsversteigerung ist insoweit ein **Gesamtverfahren**, als ein Versteigerungstermin für alle Gläubiger durchgeführt wird. Die Befriedigung der Gläubiger in der Erlösverteilung richtet sich nach der Rangfolge des § 10 Abs. 1 ZVG. Innerhalb des Gesamtverfahrens konkurrieren jedoch der Anordnungs- und die Beitrittsgläubiger, sie führen jeweils ihre Einzelzwangsvollstreckung durch. Evtl. laufende Fristen, eine einstweilige Einstellung des Verfahrens und die rechtzeitige Fortsetzung muss jeder Gläubiger für sich selbst beachten. Solange nur ein Gläubiger das Verfahren betreibt, wird das Gesamtverfahren von Amts wegen weiter durchgeführt.

> *Hinweis* 17
> Auch noch **nach Ende der Bietzeit**, aber **vor Zuschlagserteilung** kann die **Konkurrenz der Einzelverfahren** zu unliebsamen Ergebnissen führen, wenn z.B. einer der Gläubiger im Versteigerungstermin einen Zuschlagsversagungsantrag gem. § 74a Abs. 1 ZVG stellt und die anderen Gläubiger sich auf die Zuschlagsversagung verlassen. Zwar könnte der Antrag später nicht mehr gestellt werden (d.h. nicht in einem besonderen Verkündungstermin, § 87 ZVG), aber der Antrag kann bis dahin jederzeit noch zurückgenommen werden, und dann würde der Zuschlag evtl. erteilt. Jeder Gläubiger sollte daher auch hier **eigene Anträge** rechtzeitig im Versteigerungstermin stellen.

Der einzelne **Gläubiger** selbst kann wiederum **mehrere Einzelverfahren** führen, indem er aus verschiedenen Rangklassen das Verfahren betreibt, z.B. der Grundpfandrechtsgläubiger wegen des Kapitals und seiner laufenden und bis zu zwei Jahren rückständigen Zinsen in der Rangklasse 4, die älteren Zinsen in Rangklasse 5. Löst der betreibende Gläubiger z.B. die öffentlichen Grundstückslasten in der Rangklasse 3 ab, steht er mit diesem abgelösten Anspruch in der bevorrechtigten Rangklasse und nach wie vor mit seinem titulierten Anspruch als betreibender Gläubiger in der Rangklasse 4 oder 5 des § 10 Abs. 1 ZVG. 18

> *Hinweis* 19
> Für die Berechnung der in der jeweiligen Rangklasse zu berücksichtigenden laufenden und rückständigen Leistungen kommt es allerdings nur auf die Beschlagnahme durch den Anordnungsgläubiger an. Der Zeitpunkt der ersten Beschlagnahme[18] des Grundstücks ist für die Berechnung dieser Leistungen maßgebend, selbst wenn der Anordnungsgläubiger nachträglich aus dem Verfahren ausgeschieden ist, § 13 Abs. 4 Satz 1 ZVG.[19]

C. Deckungs- und Übernahmegrundsatz

Wird ein Grundstück rechtsgeschäftlich veräußert, handeln Veräußerer und Erwerber aus, ob die im Grundbuch eingetragenen Rechte vom Erwerber zu übernehmen oder zu löschen sind. Auch nach den gesetzlichen Regeln in der Zwangsversteigerung steht nicht immer fest, ob der Ersteher das Grundstück **lastenfrei** erwirbt. Alle dem bestrangig betreibenden Gläubiger in der Rangfolge des § 10 ZVG vorgehenden Rechte am Grundstück bleiben bestehen und sind vom Ersteher zu überneh- 20

---

18 Hierzu BGH vom 22.7.2010, V ZB 178/09, Rpfleger 2011, 40 = NJW 2010, 528.
19 Dassler/Schiffhauer/Rellermeyer, ZVG, § 13 Rn 10.

men, der bestrangig betreibende Gläubiger selbst und alle Rechte, die ihm nachgehen oder gleichstehen, erlöschen, § 44 Abs. 1, § 52 ZVG.

21 Neben den bestehen bleibenden Rechten am Grundstück kann der Ersteher das Grundstück auch nur **in Höhe eines bar zu zahlenden Teils** übernehmen, durch den die Verfahrenskosten und entsprechend der Rangklasse des § 10 Abs. 1 ZVG laufende und wiederkehrende Leistungen zu decken sind, sofern sie dem betreibenden Gläubiger vorgehen.

22 **Bestrangig betreibender Gläubiger** ist derjenige, der in der Rangfolge des § 10 Abs. 1 ZVG die beste Position einnimmt und dessen Anordnungs- oder Beitrittsbeschluss dem Schuldner mindestens vier Wochen vor dem Zwangsversteigerungstermin zugestellt wurde, § 44 Abs. 2 ZVG. Hatte der Gläubiger das Verfahren bereits einstweilen eingestellt, muss auch der Fortsetzungsbeschluss mindestens vier Wochen vor dem Termin zugestellt sein.[20]

23 *Hinweis*
Will ein Vollstreckungsgläubiger einem laufenden Verfahren beitreten, sollte er überlegen, ob sich ein **Beitritt** innerhalb vier Wochen vor dem Zwangsversteigerungstermin noch lohnen wird. Rechtliche Vorteile kann der Gläubiger nicht mehr erlangen, der Versteigerungstermin kann für ihn selbst nicht mehr durchgeführt werden. Andererseits ist der Beitritt für einen persönlichen Gläubiger die einzige Möglichkeit, eine **Beschlagnahme** des Grundstücks zu erwirken. Es besteht immerhin die Chance, dass der Versteigerungstermin ergebnislos durchgeführt und ein neuer Termin anberaumt wird.

24 *Hinweis*
Der starre Ranggrundsatz des § 10 ZVG kann jederzeit durch **abweichende Versteigerungsbedingungen** durchbrochen werden, § 59 ZVG. Auf der anderen Seite gibt es immer wieder Rechte, die zwar aus dem Grundbuch ersichtlich sind und, selbst wenn sie dem bestrangig betreibenden Gläubiger nachgehen, nach **gesetzlichen Vorschriften bestehen bleiben**; oder es bleiben Rechte bestehen, die überhaupt **nicht im Grundbuch eingetragen** sind.

25 Zu achten ist hierbei auf das **Altenteil**, das nach landesrechtlichen Vorschriften bestehen bleiben kann, § 9 EGZVG.[21]

26 Zur **Erbbauzinsreallast** nach § 9 Abs. 3 ErbbauRG vgl. § 2 Rn 79 ff.

27 Als Inhalt eines **Dauerwohn- und Dauernutzungsrechts** kann nach § 39 WEG vereinbart werden, dass es auch dann bestehen bleiben soll, wenn ein Gläubiger vorrangig die Zwangsversteigerung betreibt. Zu beachten ist ferner, dass dies nur dann

---

[20] Dassler/Schiffhauer/Hintzen, ZVG, § 44 Rn 109, 110; Steiner/Eickmann, ZVG, § 44 Rn 17.
[21] BGH vom 4.7.2007, VII ZB 86/06, Rpfleger 2007, 614 = NJW-RR 2007, 1390; BGH vom 3.2.1994, V ZB 31/93, Rpfleger 1994, 347 = NJW 1994, 1158 = FamRZ 1994, 626; BayObLG vom 26.4.1993, 1 Z RR 397/92, Rpfleger 1993, 443.

C. Deckungs- und Übernahmegrundsatz §5

gilt, wenn der Berechtigte seinen fälligen Zahlungsverpflichtungen gegenüber dem Eigentümer stets nachgekommen ist, § 33 Abs. 3 WEG. Bei Ungewissheit ist ggf. das Dauerwohnrecht als bedingtes Recht in das geringste Gebot aufzunehmen.[22]

Ein **Reichsheimstättenvermerk** ist zu löschen bzw. unbeachtlich, da das RHeimStG mit Wirkung zum 1.10.1993 aufgehoben wurde (BGBl I, S. 912). 28

Ebenfalls bleibt eine **Überbaurente** immer bestehen, § 52 Abs. 2 ZVG. 29

Bietinteressenten sollten weiterhin darauf achten, ob der Schuldner spätestens im Versteigerungstermin die gegen ihn bestehende Forderung aus einer Grundschuld unter Angabe ihres Betrags und des Grundes **angemeldet** hat. In diesem Fall ist der Ersteher zur Schuldübernahme verpflichtet, § 53 Abs. 2 ZVG.[23] 30

Eine wesentliche Beeinflussung des Zwangsversteigerungsergebnisses kann auch eine nach der Landesbauordnung eingetragene **öffentliche Baulast** sein. Die öffentliche Baulast ist ein eigenständiges Rechtsinstitut des jeweiligen Landesrechts. Nur das Landesrecht bestimmt, unter welchen formellen und materiellen Voraussetzungen eine öffentliche Baulast erlischt. Der Zuschlag in der Zwangsversteigerung bringt die Baulast jedenfalls nicht zum Erlöschen.[24] Nicht richtig ist die Auffassung, dass die Baulast seitens der Behörde rechtzeitig zum Zwangsversteigerungsverfahren angemeldet werden müsse, damit sie gegenüber dem Ersteher wirke.[25] Ebenfalls abzulehnen ist die Auffassung, das Bestehenbleiben der Baulast hänge entscheidend davon ab, ob sie zeitlich vor oder nach Eintragung des Rechts des betreibenden Gläubigers zur Entstehung gelangt sei.[26] 31

Da die Baulast **nicht grundbuchersichtlich** ist, kann sie in das Ranggefüge des § 10 Abs. 1 ZVG nicht übernommen werden.[27] 32

Aber: Nach Sinn und Zweck der §§ 20, 23 ZVG ist die Übernahme einer Baulast durch den Grundstückseigentümer gegenüber dem späteren Ersteher des Grundstücks in der Zwangsversteigerung dann nicht wirksam, wenn schon vor der Bewilligung der Baulast der Zwangsversteigerungsvermerk im Grundbuch eingetragen war, da dies als „unwirksame Verfügung" gegenüber der Beschlagnahme anzusehen ist.[28] 33

---

22 Vgl. Steiner/Eickmann, ZVG, § 52 Rn 31.
23 Vgl. hierzu: Dassler/Schiffhauer/Hintzen, ZVG, § 53 Rn 19 ff.; Steiner/Eickmann, ZVG, § 53 Rn 43 ff.
24 BVerwG vom 29.10.1992, 4 B 218.92, NJW 1993, 480 = MDR 1993, 539 = Rpfleger 1993, 208; OVG Hamburg vom 12.11.1992, OVG Bf II 29/91, NJW 1993, 1877 = MDR 1993, 762 = Rpfleger 1993, 209 m. Anm. Alff, Rpfleger 1993, 361; OVG Berlin vom 29.10.1993, 2 B 35/92, NJW 1994, 2971 = MDR 1994, 481; OVG Nordrhein-Westfalen vom 26.4.1994, 11 A 2345/92, NJW 1994, 3370.
25 Drischler, Rpfleger 1986, 289.
26 Stöber, ZVG, § 66 Rn 6.5.
27 Dassler/Schiffhauer/Hintzen, ZVG, § 52 Rn 27.
28 OVG Nordrhein-Westfalen vom 18.7.1995, 11 A 11/94, NJW 1996, 1362.

34 Bietinteressenten müssen sich daher rechtzeitig bei der **Landesbaubehörde** erkundigen, ob solche öffentlichen Baulasten bestehen.

35

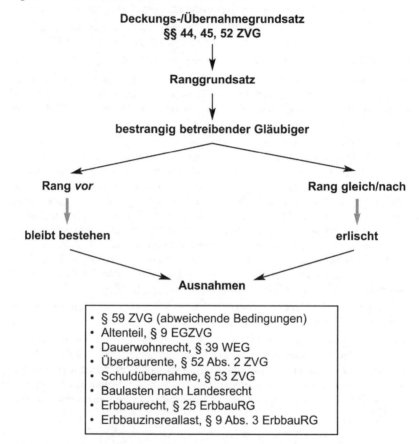

Schaubild 2: Deckungs-/Übernahmegrundsatz, §§ 44, 45, 52 ZVG

D. Ranggrundsatz

36 In der Zwangsversteigerung werden die Ansprüche der betreibenden Gläubiger, aber auch die Ansprüche anderer Beteiligter, die ihre Forderungen nur anmelden müssen, in neun Rangklassen unterteilt, § 10 Abs. 1 ZVG. Neben diesen Rangklassen sind vorweg aus dem Versteigerungserlös die Verfahrenskosten des Gerichts zu entnehmen, § 109 ZVG, und hinter alle Ansprüche fallen diejenigen zurück, die verspätet angemeldet wurden, § 110 ZVG.

D. Ranggrundsatz § 5

■ **Rangklasse 0:** 37

Die **gerichtlichen Kosten des Zwangsversteigerungsverfahrens** werden vorweg aus dem Versteigerungserlös entnommen, § 109 Abs. 1 ZVG. Sie stehen außerhalb der Rangordnung vor den übrigen Ansprüchen. Aufgrund landesrechtlicher Bestimmungen, die auch heute noch Gültigkeit haben, sind vorweg auch solche Aufwendungen zu berücksichtigen, die der Staat zur Abwendung dringender Gefahr aufgewandt hat, weil der Eigentümer eines Gebäudes seine Pflichten zur Unterhaltung und Wiederherstellung versäumt hat und ein Einsturz oder eine Gefahr für das Publikum bestanden hat, Art. 111 EGBGB, § 2 EGZVG, Art. 30 PrAGZVG i.V.m. §§ 38, 40, 43 PreußALR. Nicht zu diesen bevorrechtigten Ansprüchen gehören die Aufwendungen des Staates für Sanierungskosten, z.B. beim Bodenaustausch eines ölverseuchten Geländes.[29]

■ **Rangklasse 1:** 38

Hat eine parallel laufende **Zwangsverwaltung** bis zum Zuschlag in der Zwangsversteigerung fortgedauert, können **Ausgaben, die zur Erhaltung oder notwendigen Verbesserung des Grundstücks dienen** und aus den Nutzungen der Zwangsverwaltung nicht gedeckt werden können, zum Zwangsversteigerungsverfahren angemeldet werden. Hierzu gehört auch ein Verfahrensvorschuss, den der Gläubiger in der Zwangsverwaltung auf Aufforderung durch den Verwalter oder das Gericht zur Fortsetzung des Verfahrens leisten musste, § 161 Abs. 3 ZVG.

Dabei reicht es nicht aus, dass die Ausgaben zur Erhaltung oder Verbesserung des Grundstücks **bestimmt** sind; sie müssen auch **zweckentsprechend verwendet** worden sein.[30] Ist eine angemessene Wertsteigerung nicht erfolgt, so besteht das Vorrecht nicht.[31] Dass eine Wertsteigerung nicht erfolgt sei, muss derjenige beweisen, der das Vorrecht bestreitet.[32] 39

Zu den Ausgaben zur Erhaltung oder nötigen Verbesserung des Grundstücks gehören **Ausgaben für** notwendige Gebäudereparaturen, Ergänzungs- und Umbauarbeiten, die Vollendung stecken gebliebener Bauten,[33] Vorschüsse zur Bezahlung von Versicherungen, die beschlagnahmte Gegenstände betreffen,[34] Zinsaufwendungen des Gläubigers für die Beschaffung des Vorschusses.[35] Vorschüsse für Hausgeld 40

---

29 LG Berlin vom 14.8.1991, 81 T 568/91, Rpfleger 1991, 518.
30 BGH vom 10.4.2003, IX ZR 106/02, Rpfleger 2003, 454 = NJW 2003, 2162 = ZIP 2003, 1172; OLG Köln vom 28.5.1998, 18 U 243/97, Rpfleger 1998, 482; LG Bochum vom 30.6.1994, 7 T 506/94, Rpfleger 1994, 517; Steiner/Hagemann, ZVG, § 10 Rn 25; Stöber, ZVG, § 10 Rn 2.2.
31 Dassler/Schiffhauer/Rellermeyer, ZVG, § 10 Rn 6; Steiner/Hagemann, § 10 Rn 25.
32 Dassler/Schiffhauer/Rellermeyer, ZVG, § 10 Rn 7; Steiner/Hagemann, § 10 Rn 25; Böttcher, ZVG, § 10 Rn 8.
33 Steiner/Hagemann, § 10 Rn 26; Hintzen/Wolf, Rn 11.84.
34 Steiner/Hagemann, § 10 Rn 26.
35 Steiner/Hagemann, § 10 Rn 26.

bei Wohnungs- oder Teileigentum haben nur Vorrang, soweit sie der Erhaltung oder Verbesserung des Wohnungs- oder Teileigentums dienen; die Vergütung des Zwangsverwalters kann hier nur berücksichtigt werden, soweit er in Bezug auf das Sondereigentum, nicht das Gemeinschaftseigentum, tätig geworden ist.[36] Vorschüsse für Instandsetzungs-, Ergänzungs- und Umbauarbeiten an Gebäuden sind mit 0,5 % über dem Zinssatz der Spitzenrefinanzierungsfazilität der Europäischen Zentralbank (SFR-Zinssatz) zu verzinsen, § 155 Abs. 3 ZVG.

41 Das Vorrecht der Rangklasse 1 kann in der Zwangsversteigerung nur beansprucht werden, wenn die Zwangsverwaltung (auch durch einen anderen Gläubiger betrieben) **bis zum Zuschlag angedauert** hat. Soweit das Vorrecht nicht besteht, können die Auslagen als **Kosten der Rechtsverfolgung** im Range des Hauptanspruchs berücksichtigt werden, § 10 Abs. 2, § 12 Nr. 1 ZVG.[37]

42 Die Ansprüche müssen, da sie nicht aus dem Grundbuch ersichtlich sind, rechtzeitig angemeldet und auf Verlangen glaubhaft gemacht werden (§ 37 Nr. 4, § 45 Abs. 1, §§ 110, 114 Abs. 1, § 156 Abs. 2 Satz 4 ZVG). Einwendungen sind von den Beteiligten durch Widerspruch geltend zu machen, § 115 ZVG.

43 ■ **Rangklasse 1a:**

Mit Inkrafttreten der InsO am 1.1.1999 wurde § 10 Abs. 1 ZVG um die Rangklasse Nr. 1a erweitert:

„im Falle einer Zwangsversteigerung, bei der das Insolvenzverfahren über das Vermögen des Schuldners eröffnet ist, die zur Insolvenzmasse gehörenden Ansprüche auf Ersatz der Kosten der Feststellung der beweglichen Gegenstände, auf die sich die Versteigerung erstreckt; diese Kosten sind nur zu erheben, wenn ein Insolvenzverwalter bestellt ist, und pauschal mit vier vom Hundert des Wertes anzusetzen, der nach § 74a Abs. 5 Satz 2 ZVG festgesetzt worden ist."

44 Mit dieser Regelung werden der Insolvenzmasse die Kosten erstattet, die durch die Feststellung des mithaftenden Grundstückszubehörs entstehen, §§ 20, 21 ZVG i.V.m. §§ 1120 bis 1122 BGB. Hierdurch werden auch die ungesicherten Gläubiger geschützt, die nicht die Vorteile der absonderungsberechtigten Gläubiger genießen.

45 *Hinweis*
Durch Einfügung von § 174a ZVG wird dem Insolvenzverwalter das Recht eingeräumt, bis zum Schluss der Verhandlung im Versteigerungstermin zu verlangen, dass bei der Feststellung des geringsten Gebots nur die Ansprüche berücksichtigt werden, die dem Anspruch aus § 10 Abs. 1 Nr. 1a ZVG vorgehen. In diesem Fall

---

36 BGH vom 10.4.2003, IX ZR 106/02, Rpfleger 2003, 454 = NJW 2003, 2162 = ZIP 2003, 1172; OLG Braunschweig vom 15.4.2002, 7 U 113/01, Rpfleger 2002, 580 = ZInsO 2002, 976; Hintzen/Wolf, Rn 11.86.
37 Dassler/Schiffhauer/Rellermeyer, ZVG, § 10 Rn 10; Steiner/Hagemann, § 10 Rn 38.

D. Ranggrundsatz § 5

kommt es zu einem **Doppelausgebot**, da das Grundstück dann **auch** mit dieser Abweichung auszubieten ist.

■ **Rangklasse 2:** 46
Bei Vollstreckung in ein **Wohnungs- oder Teileigentum** werden hier berücksichtigt die fälligen Ansprüche der anderen Wohnungseigentümer auf Zahlung der Beiträge zu den Lasten und Kosten des gemeinschaftlichen Eigentums oder des Sondereigentums, die nach § 16 Abs. 2, § 28 Abs. 2 und 5 WEG geschuldet werden, einschließlich der Vorschüsse und Rückstellungen sowie der Rückgriffsansprüche einzelner Wohnungseigentümer. Bei diesen Ansprüchen der Rangklasse 2 handelt es sich – im Gegensatz zu den persönlichen Ansprüchen der Rangklasse 5 – um **dingliche** Befriedigungsansprüche.[38]

Das Vorrecht erfasst die laufenden und die rückständigen Beträge aus dem Jahr der Beschlagnahme und den letzten zwei Jahren davor. 47

Das Vorrecht einschließlich aller Nebenleistungen ist **begrenzt** auf Beträge i.H.v. nicht mehr als 5 % des nach § 74a Abs. 5 ZVG festgesetzten Wertes. 48

Die **Anmeldung** erfolgt durch die Gemeinschaft der Wohnungseigentümer. Rückgriffsansprüche einzelner Wohnungseigentümer werden von diesen angemeldet. 49

Hinweis 50
Zur Vollstreckung in dieser Rangklasse nach § 10 Abs. 3 ZVG müssen die Beträge die Höhe des Verzugsbetrags nach § 18 Abs. 2 Nr. 2 WEG übersteigen (3 % vom Einheitswert). Das Überschreiten der Wertgrenze des § 10 Abs. 3 Satz 1 ZVG muss der Gläubiger durch Vorlage des **Einheitswertbescheides** nachweisen.[39] Seit der Einfügung des § 10 Abs. 3 Satz 1 Halbs. 2 ZVG steht das Steuergeheimnis (§ 30 AO) einer Mitteilung des Einheitswerts an einen Gläubiger von titulierten Ansprüchen der Rangklasse 2 nicht mehr entgegen.[40]

Hinweis 51
Für die Vollstreckung genügt ein Titel, aus dem die Verpflichtung des Schuldners zur Zahlung, die Art und der Bezugszeitraum des Anspruchs sowie seine Fälligkeit

---

38 BGH vom 12.2.2009, IX ZB 112/06, Rpfleger 2009, 407 = NJW-RR 2009, 923; AG Koblenz vom 10.12.2009, 133 C 1461/09, Rpfleger 2010, 282; Alff/Hintzen, Rpfleger 2008, 165, 167; Suilmann, NotBZ 2010, 365, 367; ausführlich zu den Konsequenzen dieser Qualifizierung Schneider, ZMR 2009, 165; Alff, ZWE 2010, 105 f., 111 ff.; vgl. auch Stöber, ZVG § 10 Rn 4.7, § 56 Rn 5; a.A. offenbar Kesseler, NJW 2009, 121, 122.
39 BGH vom 17.4.2008, V ZB 13/08, Rpfleger 2008, 375 m. Anm. Hintzen/Alff = ZWE 2008, 297 m. Anm. Demharter; BGH vom 7.5.2009, V ZB 142/08, Rpfleger 2009, 518 = ZWE 2009, 312 m. Anm. Bornemann; die vor der Neuregelung des § 10 Abs. 1 Satz 3 ergangenen Entscheidungen gingen noch davon aus, das Finanzamt habe dem Vollstreckungsgericht den Einheitswert auf Ersuchen gemäß § 54 Abs. 1 Satz 4 GKG mitzuteilen, verkannten jedoch die nur gerichtskostenrechtliche Bedeutung des § 54 GKG.
40 Zum früheren Recht noch FG Düsseldorf vom 12.11.2008, 4 K 170/08, Rpfleger 2009, 258.

zu erkennen sind. Soweit die Art und der Bezugszeitraum des Anspruchs sowie seine Fälligkeit nicht aus dem Titel zu erkennen sind, sind sie in sonst geeigneter Weise glaubhaft zu machen.

52 *Hinweis*
Vollstreckt die Gemeinschaft aus der Rangklasse 2, erlischt eine Auflassungsvormerkung (für den Käufer), da die Vormerkung im Zwangsversteigerungsverfahren wie ein Recht der Rangklasse 4 des § 10 Abs. 1 ZVG zu behandeln ist. Ansprüche der Wohnungseigentümergemeinschaft, die die Zwangsversteigerung aus der Rangklasse 2 des § 10 Abs. 1 ZVG betreibt, sind gegenüber einer Auflassungsvormerkung stets vorrangig. Diese ist nicht im geringsten Gebot zu berücksichtigen und erlischt mit dem Zuschlag; erwirbt der Vormerkungsberechtigte nach der Beschlagnahme das Eigentum, ist das Verfahren fortzusetzen und nicht gemäß § 28 Abs. 1 Satz 1 ZVG einzustellen.[41]

53 ■ **Rangklasse 3:**
In diese Rangklasse, die in der Praxis nahezu in jedem Zwangsversteigerungsverfahren vorkommt, fallen alle **öffentlichen Grundstückslasten**.

54 Für **wiederkehrende** Leistungen, insbes. die im Gesetz beispielhaft genannten Grundsteuern, Zinsen, Zuschläge oder Rentenleistungen, ist das Vorrecht auf die laufenden und aus den letzten zwei Jahren rückständigen Beträge begrenzt. Maßgeblich für die Abgrenzung ist § 13 ZVG. Danach sind laufende Beträge der letzte vor der Beschlagnahme fällig gewordene Betrag und die später fällig werdenden Beträge; die früher fällig gewordenen Beträge sind Rückstände. Ältere Rückstände werden, soweit das Verfahren ihretwegen betrieben wird, in Rangklasse 5, sonst in Rangklasse 7 berücksichtigt.

55 **Einmalige** Leistungen genießen das Vorrecht wegen der aus den letzten vier Jahren rückständigen Beträge. Der Zeitpunkt wird aber nicht ab dem Datum der ersten Beschlagnahme gerechnet. Nach BGH[42] gilt: bei der Grundstücksversteigerung gehören Ansprüche auf einmalige Entrichtung öffentlicher Lasten in die Rangklasse 3, wenn der Gläubiger innerhalb von vier Jahren nach dem Eintritt der Fälligkeit wegen dieses Anspruchs die Anordnung der Zwangsversteigerung bzw. Zulassung des Beitritts zu einem bereits anhängigen Verfahren beantragt oder seinen Anspruch angemeldet hat.

---

41 BGH vom 9.5.2014, V ZB 123/13, NJW 2014, 2445 = Rpfleger 2014, 613.
42 BGH vom 20.12.2007, V ZB 89/07, Rpfleger 2008, 213.

D. Ranggrundsatz   § 5

Die dingliche Haftung solcher Ansprüche ergibt sich entweder aus Bundes- oder Landesrecht, aber auch aus Bestimmungen nach dem Kommunalabgabengesetz oder in den Gemeindesatzungen.[43]

56

Eine kommunale Abgabensatzung kann eine Kommunalabgabe aber nur dann wirksam als öffentliche Grundstückslast ausgestalten, wenn hierzu eine entsprechende gesetzliche Ermächtigung vorhanden ist.[44] Müllabfuhr- und Kanalbenutzungsgebühren stellen nur dann eine öffentliche Last dar, wenn eine ausdrückliche Regelung besteht.[45]

57

Zu den in der Praxis am häufigsten vorkommenden öffentlichen Lasten gehören insbes. die nach dem Grundsteuergesetz (GrStG) zu zahlenden **Grundsteuern**, **Erschließungs-** oder **Anliegerbeiträge** nach dem BauGB.[46] Weiterhin gehören auch einmalige öffentliche Lasten hierzu, z.B. Erschließungskosten, nicht aber Kosten für Erneuerung solcher bereits errichteter Maßnahmen. Seit dem 1.1.2013 sind die für die Tätigkeiten der bevollmächtigten Bezirksschornsteinfeger nach § 14 Abs. 1 bis 3, § 15 Satz 1, § 16 SchfHwG (Feuerstättenschau mit Feuerstättenbescheid, Durchführung vorläufiger Sicherungsmaßnahmen, anlassbezogene Kontrolle und Ausstellung von Bescheinigungen für Bauabnahmen) nach Landesrecht zur Deckung des Verwaltungsaufwands erhobenen Kosten öffentliche Lasten nach § 20 Abs. 2 Satz 1 SchfHwG, die von den Grundstückseigentümern, im Fall von Wohnungseigentum von der Gemeinschaft der Wohnungseigentümer oder, falls die Anlage zum Sondereigentum gehört, von dem Wohnungseigentümer zu tragen sind.

58

Ob neben dem Hauptsachebetrag auch die steuer- bzw. abgaberechtlichen Nebenleistungen in dieser Rangklasse geltend gemacht werden, insbes. Zinsen, Stundungszinsen oder Säumniszuschläge, war umstritten. **Zinsen** auf Ansprüche, die der Abgabenordnung unterliegen, nehmen als Nebenleistungen (§ 3 Abs. 4 AO) am Vorrang des Hauptanspruchs teil,[47] weil auf sie die für die Steuern geltenden Vorschriften – somit auch die Ausgestaltung als öffentliche Last – entsprechend anzuwenden sind, § 239 Abs. 1 Satz 1 AO. Für **Säumniszuschläge**, § 240 AO gilt dies so

59

---

43 BGH vom 30.3.2012, V ZB 185/11, Rpfleger 2012, 560 = ZfIR 2012, 504 (kommunale Abgaben für die Wasserversorgung im Land Baden-Württemberg); BGH vom 22.3.2012, VII ZR 102/11, Rpfleger 2012, 561 = ZfIR 2012, 469 (kommunale Abgaben für Straßenreinigung und Abfallentsorgung im Land Berlin); BGH vom 30.6.1988, IX ZR 141/87, Rpfleger 1988, 541 = NJW 1989, 107; hierzu insgesamt auch Becker, ZfIR 2012, 403.
44 BGH vom 30.6.1988, IX ZR 141/87, Rpfleger 1988, 541 = NJW 1989, 107.
45 BGH vom 30.3.2012, V ZB 185/11, Rpfleger 2012, 560 = ZfIR 2012, 504 (kommunale Abgaben für die Wasserversorgung im Land Baden-Württemberg); BGH vom 22.3.2012, VII ZR 102/11, Rpfleger 2012, 561 = ZfIR 2012, 469 (kommunale Abgaben für Straßenreinigung und Abfallentsorgung im Land Berlin); PfälzOLG Zweibrücken vom 27.11.2007, 8 U 60/07, Rpfleger 2008, 218.
46 Vgl. Dassler/Schiffhauer/Rellermeyer, ZVG, § 10 Rn 32 ff.
47 Steiner/Hagemann, § 10 Rn 90; Stöber, ZVG, § 10 Rn 6.14, § 15 Rn 34.9.

nicht. Nach Ansicht des BGH[48] allerdings genießen auch diese Nebenleistungen das Vorrecht der Rangklasse 3.

60 *Hinweis*
Die öffentliche **Baulast** ist ein eigenständiges Rechtsinstitut des Landesrechts. Die öffentliche Baulast erlischt regelmäßig nicht durch Zuschlag in der Zwangsversteigerung, vgl. hierzu Rn 31 ff. Sie kann daher auch nicht in der Rangklasse 3 als bevorrechtigte Forderung angemeldet werden.

61 *Hinweis*
Der **Ausgleichsbetrag** nach dem **Bundesbodenschutzgesetz**[49] ruht als öffentliche Last auf dem Grundstück. Es kann aber auch die Eintragung eines **Bodenschutzlastvermerks** im Grundbuch in Abt. II erfolgen, §§ 93a, b GBV. Der Wertausgleich ist als öffentliche Last in Rangklasse 3 des § 10 Abs. 1 ZVG zu berücksichtigen.

62 ■ **Rangklasse 4:**
In dieser Rangklasse werden alle **dinglichen Rechte am Grundstück** sowohl aus Abt. II als auch die **Grundpfandrechte** aus Abt. III des Grundbuchs berücksichtigt. Für die Rechte der Abt. II ist ein Zuzahlungsbetrag festzustellen, §§ 50, 51 ZVG, Grundpfandrechte werden mit ihrem Kapitalanspruch, aber auch mit den Zinsen aus bis zu zwei Jahren vor Beschlagnahme berücksichtigt.[50] Die Unterscheidung in laufende und rückständige Leistungen ergibt sich aus § 13 ZVG.

63 Nach § 13 ZVG sind laufende Leistungen die vor der ersten Beschlagnahme letztmalig fällig gewordenen und die dann später fällig werdenden Beträge. Gerechnet werden diese bis zwei Wochen nach dem Zwangsversteigerungstermin, § 47 ZVG. Die älteren Beträge sind Rückstände. Fehlt es innerhalb der letzten zwei Jahre an einem Fälligkeitstermin (z.B. bei der Zwangssicherungshypothek), so entscheidet der Zeitpunkt der Beschlagnahme zwischen laufenden und rückständigen Leistungen. Liegen mehrere Beschlagnahmedaten vor (bei mehreren betreibenden Gläubigern), so ist für alle Ansprüche immer die erste Beschlagnahme maßgebend. Diese erste Beschlagnahme gilt auch dann, wenn der Gläubiger, der das Verfahren beantragt hat, aus dem Kreis der betreibenden Gläubiger ausscheidet (Beispiel hierzu siehe § 7 Rn 3, 4).

64 Andere Leistungen, die nicht wiederkehrend fällig werden, also z.B. eine **Vorfälligkeitsentschädigung**, eine vereinbarte Vertragsstrafe oder Geldbeschaffungskos-

---

48 BGH vom 19.11.2009, IX ZR 24/09, Rpfleger 2010, 225 = ZMR 2010, 143; so auch LG Ansbach vom 1.10.1998, 1 S 526/98, Rpfleger 1999, 141.
49 Gesetz zum Schutz des Bodens vom 17.3.1998, Bundesbodenschutzgesetz – BBodSchG – BGBl I, S. 502.
50 Zur Verjährung der Grundschuldzinsen vgl. BGH vom 28.9.1999, XI ZR 90/98, NJW 1999, 3705 = ZIP 1999, 1883 = WM 1999, 2253 = Rpfleger 2000, 60.

D. Ranggrundsatz § 5

ten unterliegen keiner zeitlichen Beschränkung und können jederzeit berücksichtigt werden. Da der Kapitalbetrag als einmalige Leistung nicht angemeldet werden muss, sondern von Amts wegen berücksichtigt wird, trifft dies auch für solche einmaligen Nebenleistungen zu. Angemeldet werden müssen nur wiederkehrende Leistungen, § 45 Abs. 2 ZVG.

Ebenfalls an dieser Rangstelle können auf Anmeldung die **Kosten der dinglichen Rechtsverfolgung** berücksichtigt werden, § 10 Abs. 2 ZVG (z.B. die Anordnungs-/Beitrittsgebühr, Reise- und Terminsteilnahmekosten). 65

Der Eigentümer selbst kann aus einer **Eigentümergrundschuld** keine Zinsen in der Zwangsversteigerung verlangen, § 1197 Abs. 2 BGB. 66

Der Eigentümer kann jedoch sein Recht nebst Zinsen mit rückwirkendem Beginn abtreten.[51] Der **Zessionar** einer solchen Grundschuld kann daher zum Zwangsversteigerungsverfahren auch Zinsen seit Eintragung des Rechts anmelden, sofern ihm diese mitabgetreten wurden. Gleichermaßen dürfte dies auch für den **Pfändungsgläubiger** einer Eigentümergrundschuld zutreffen. Auch hier muss die Pfändung der Zinsen aus dem Zeitraum vor Wirksamwerden der Pfändung zulässig sein.[52] 67

■ **Rangklasse 5:** 68
In diese Rangklasse fallen alle das Verfahren betreibenden Gläubiger, sofern sie nicht in einer vorhergehenden Rangklasse berücksichtigt werden können, also z.B. die Gemeinde wegen öffentlicher Abgaben, die wiederkehrend fällig werden und älter sind als die Rückstände aus den letzten zwei Jahren vor der Beschlagnahme, oder rückständige Zinsen eines Grundpfandrechts, die älter sind als zwei Jahre vor der Beschlagnahme.

Die größte Gruppe der betreibenden Gläubiger sind in dieser Rangklasse jedoch die **persönlichen Gläubiger**. Eine zeitliche Begrenzung gibt es in der Rangklasse 5 nicht, hier können also neben dem Hauptanspruch auch sämtliche laufenden, rückständigen und einmaligen Leistungen und auch die Kosten der Rechtsverfolgung berücksichtigt werden. Die Reihenfolge der Ansprüche richtet sich ausschließlich nach dem Datum der Beschlagnahme. 69

■ **Rangklasse 6:** 70
Hierunter fallen die Ansprüche aus den im Grundbuch eingetragenen Rechten der Abt. II und Abt. III, sofern sie einem betreibenden Gläubiger gegenüber unwirksam sind, d.h. sie wurden erst dann ins Grundbuch eingetragen, als bereits ein Gläubiger die Beschlagnahme in der Zwangsversteigerung erwirkt hatte.

---

51 BGH vom 3.10.1985, V ZB 18/84, NJW 1986, 314 = Rpfleger 1986, 9; BayObLG vom 2.7.1987, 2 Z 143/86, Rpfleger 1987, 364; OLG Celle vom 17.2.1989, 4 U 187/87, Rpfleger 1989, 323 = NJW-RR 1989, 1244; OLG Düsseldorf vom 14.8.1989, 3 Wx 279/89, Rpfleger 1989, 498 = NJW-RR 1990, 22.
52 Dassler/Schiffhauer/Hintzen, ZVG, § 114 Rn 53; MüKo/Eickmann, BGB, § 1197 Rn 7.

71 *Hinweis*
Da ein solches Recht regelmäßig hinter dem Zwangsversteigerungsvermerk eingetragen wird, muss der Gläubiger sein Recht, damit es überhaupt berücksichtigt wird, rechtzeitig zum Zwangsversteigerungsverfahren anmelden, § 37 Nr. 4 ZVG, d.h. spätestens im Versteigerungstermin vor der Aufforderung zur Abgabe von Geboten.

72 ■ **Rangklasse 7:**
Hierunter fallen die älteren Rückstände öffentlicher Abgaben, die nicht in der Rangklasse 3 berücksichtigt werden können und von der Stadt/Gemeinde zum Verfahren nur angemeldet werden. Wird deswegen das Verfahren betrieben, werden sie in der Rangklasse 5 berücksichtigt.

73 ■ **Rangklasse 8:**
Hierunter fallen die älteren rückständigen wiederkehrenden Leistungen der dinglichen Rechte aus der Rangklasse 4, die lediglich zum Zwangsversteigerungsverfahren angemeldet werden. Auch hier gilt: Sofern wegen dieser Ansprüche das Verfahren betrieben wird, fallen sie in die Rangklasse 5.

74 *Hinweis*
Auch Zinsen aus Sicherungsgrundschulden verjähren nach § 197 BGB. Die Verjährung ist nicht bis zum Eintritt des Sicherungsfalls gehemmt.[53]

75 Da die wiederkehrenden Leistungen regelmäßig nach drei Jahren verjähren, § 195 BGB, dürften die Ansprüche in der Rangklasse 8 regelmäßig bereits verjährt sein, dennoch werden sie auf Anmeldung durch das Versteigerungsgericht berücksichtigt, da der schuldnerische Eigentümer sich ausdrücklich auf die Verjährung berufen muss, § 214 BGB.

76 ■ **Rangklasse „9":**
Ansprüche, die nicht von Amts wegen berücksichtigt werden, müssen rechtzeitig zum Zwangsversteigerungsverfahren angemeldet werden, letzter Zeitpunkt ist im Versteigerungstermin vor der Aufforderung zur Abgabe von Geboten, § 37 Nr. 4 ZVG. Erfolgt eine Anmeldung später, wird der Gläubiger mit seinem Anspruch hinter allen anderen Ansprüchen berücksichtigt, § 110 ZVG.

77 ■ **Rang untereinander:**
In den **Rangklassen 1, 1a, 2, 3 und 7** des § 10 Abs. 1 ZVG sind mehrere zu berücksichtigende Ansprüche untereinander gleichrangig.

---

53 Aufgabe der bisherigen Rechtsprechung: BGH vom 28.9.1999, XI ZR 90/98, NJW 1999, 3705 = Rpfleger 2000, 60 = BB 1999, 2322 = ZIP 1999, 1883 = WM 1999, 2253 = ZfIR 1999, 836 = ZNotP 1999, 475.

In den **Rangklassen 4, 6 und 8** des § 10 Abs. 1 ZVG richtet sich die Rangfolge nach der Eintragung der dinglichen Rechte im Grundbuch, § 879 BGB.

In der **Rangklasse 5** des § 10 Abs. 1 ZVG richtet sich die Reihenfolge ausschließlich nach dem jeweiligen Datum der Beschlagnahme.

Innerhalb eines einzelnen zu berücksichtigenden Anspruchs werden in der Reihenfolge berücksichtigt: Kosten der dinglichen Rechtsverfolgung, dann die wiederkehrenden und einmaligen Nebenleistungen, danach der Hauptanspruch, § 12 ZVG. **78**

Hinweis **79**
Weist der Vollstreckungstitel im Fall eines **Verbraucherdarlehensvertrags** eine Tilgungsreihenfolge gem. § 497 Abs. 3 BGB aus (zunächst Kosten, dann Hauptforderung, zuletzt Zinsen), so ist diese Abweichung von § 12 ZVG auch im Vollstreckungsverfahren zu beachten (ebenso für die vor dem 1.1.2002 entstandenen Schuldverhältnisse gem. § 11 Abs. 3 VerbrKrG; vgl. Art. 229 § 5 EGBGB).

Wenn das Versteigerungsgericht keine Möglichkeit hat, die Abweichung von § 367 BGB aus dem Titel heraus zu erkennen, muss der Schuldner durch Widerspruch gegen den Teilungsplan (§ 115 Abs. 3 ZVG) vorgehen oder sich prozessual wehren.

E. Geringstes Gebot – Beispiel

Das geringste Gebot stellt während der ganzen Versteigerung bis zu deren Abschluss durch den rechtskräftigen Zuschlag die wichtigste Grundlage der Versteigerung dar. Es gliedert sich in: **80**

(eventuell) bestehen bleibende Rechte, § 52 ZVG	Bar-Gebot, § 49 Abs. 1 ZVG

Der **Deckungsgrundsatz** besagt, dass alle dem bestrangig betreibenden Gläubiger vorgehenden Rechte in das geringste Gebot aufgenommen werden müssen, und es wird auch nur ein Gebot zugelassen, das dem Anspruch des bestrangig betreibenden Gläubiger vorgehenden Rechte deckt, § 44 ZVG. Der **Übernahmegrundsatz** besagt, dass der Ersteher die bestehenden Rechte aus Abteilung II und III des Grundbuches mit allen Nebenrechten, Belastungen und wiederkehrenden Leistungen zu übernehmen hat, §§ 44, 52 ZVG. Die Übernahme erfolgt ab Zuschlagserteilung (§ 56 ZVG). Persönlicher Schuldner der gesicherten Forderung wird der Ersteher aber nur dann, wenn der Grundstückseigentümer, der zugleich persönlicher Schuldner ist, deren Übernahme durch rechtzeitige Anmeldung nach § 53 Abs. 2 ZVG veranlasst hat. **81**

§ 5 Verfahrensgrundsätze

Geringstes Gebot

Grundbuchinhalt:

Abteilung II:

Sp. 1	Sp. 2	Sp. 3
1	1	Beschränkte persönliche Dienstbarkeit (Gasfernleitungsrecht) für die Energie Gas AG in Essen. Mit Bezug auf die Bewilligung vom 13.5.1986 eingetragen am 17.7.1986.
2	1	Die Zwangsversteigerung ist angeordnet (AG Berlin-Mitte – 17 K 12/14). Eingetragen am 2.2.2014.

Abteilung III:

1	1	100.000,-	Einhunderttausend EUR Grundschuld mit 10 v.H. Jahreszinsen für die A-Bank. (Die Zinsen sind kalenderjährlich nachträglich fällig) Vollstreckbar nach § 800 ZPO. Eingetragen mit Bezug auf die Bewilligung vom 17.1.2003 ...... am 2.2.2003.
2	1	50.000,-	Fünfzigtausend EUR Grundschuld mit 10 v.H. Jahreszinsen für die B-Bank. Die Zinsen sind kalenderjährlich nachträglich fällig. Vollstreckbar nach § 800 ZPO. Eingetragen mit Bezug auf die Bewilligung vom 18.7.2003 ...... am 30.9.2003.

Verkehrswert	400.000,- EUR
Versteigerungstermin	17.3.2015
Betreibende Gläubiger	a) P persönlich wegen einer titulierten Forderung von 5.000,- EUR **Beschlagnahme am 1.2.2014** b) B-Bank aus dem Recht III/2 wegen Kapital und Zinsen seit dem 1.1.2011. **Beitritt 6.1.2015**
bestbetreibender Gläubiger	B-Bank aus dem Recht III/2

Anmeldungen zum Termin:

A-Bank: Kapital und Zinsen seit dem 1.1.2011
Terminswahrnehmungskosten pauschal 500,- EUR
B-Bank: Terminswahrnehmungskosten pauschal 400,- EUR
Stadt: Grundsteuern 500,- EUR

E. Geringstes Gebot – Beispiel § 5

Geringstes Gebot:

Bestehen bleibende Rechte:

II/1	Beschränkte persönliche Dienstbarkeit für die Energie Gas AG vom 17.7.1986.	
III/1	100.000,- EUR nebst 10 % Zinsen für die A-Bank	

Beschluss:

Der Wert für das Recht II/1 wird nach Anhörung der Beteiligten auf 100,- EUR festgesetzt, § 51 Abs. 2 ZVG.

Summe der bestehen bleibenden Rechte insgesamt   **100.100,- EUR.**

Bar zu zahlender Teil:

1. Verfahrenskosten – fiktiv –   5.500,- EUR
2. Grundsteuern (Rangkl. 3) – angenommen –   500,- EUR
3. Recht III/1:
   a) Kosten   500,- EUR
   b) Zinsen
   laufende: 1.1.2013 – 31.3.2015
   rückst.: 1.1.2011 – 31.12.2012 gesamt   42.500,- EUR
   insgesamt   43.000,- EUR
   Gesamtsumme   **49.000,- EUR**

Hinweis
Geboten wird immer auf das Bargebot.
Bei einem Gebot von 49.000,00 EUR hat ein Bieter wirtschaftlich somit 49.000,00 EUR + 100.100,00 EUR = 149.100,00 EUR geboten.

82

§ 6 Antragstellung

A. Vollstreckungsvoraussetzungen

Bevor der Gläubiger die Zwangsversteigerung beantragt oder einem laufenden Verfahren beitritt, muss er prüfen, ob die Voraussetzungen der Zwangsvollstreckung gegeben sind. Fehlt eine Zwangsvollstreckungsvoraussetzung, kann das Gericht den Antrag nach Ablauf einer angemessenen Frist zurückweisen.[1] Die damit verbundenen Kosten fallen als nicht notwendige Kosten dem Gläubiger zur Last.[2]

Die allgemeinen Zwangsvollstreckungsvoraussetzungen, das sind **Titel** nebst **Zustellung** und die **Klausel**, müssen grundsätzlich immer erfüllt sein, § 750 Abs. 1 ZPO.[3]

Der **Vollstreckungstitel** bildet Inhalt und Grundlage des Vollstreckungsantrags. Grundlage der Eintragung können daher alle Vollstreckungstitel sein, die auf eine Geldforderung lauten. Der Titel kann entweder rechtskräftig oder zumindest für vorläufig vollstreckbar erklärt sein. Neben den Endurteilen, § 704 ZPO, sind weitere Vollstreckungstitel die in § 794 ZPO genannten.

Da die Zwangsvollstreckung aus einem Vollstreckungstitel betrieben werden soll, müssen sich aus diesem die Parteien, Inhalt und Umfang der Vollstreckung zweifelsfrei ergeben. Gläubiger und Schuldner müssen so genau bezeichnet sein, dass ihre Identität anhand der Angaben wie Vorname, Nachname, Anschrift, Geburtsdatum etc. ermittelt werden kann.[4]

Zur Zwangsvollstreckung in das Gesellschaftsvermögen einer **GbR** (§ 705 BGB) ist entweder ein gegen die Gesellschaft als solche oder ein gem. § 736 ZPO gegen alle namentlich bezeichneten Gesellschafter ergangener Titel erforderlich.[5] Es reicht aus, dass gegen alle Personen, die zum Zeitpunkt der Vollstreckung Gesellschafter sind, jeweils ein Titel vorliegt. Hierbei muss nicht ein einziger Titel gegen alle Gesellschafter vorliegen, sondern es genügen mehrere, von der Art her auch unterschiedliche Titel (Vergleich/Urteil/ Vollstreckungsbescheid), wenn nur bei Beginn der Zwangsvollstreckung gegen jeden Gesellschafter ein inhaltsgleicher Titel vorliegt. Vollstreckt werden kann sowohl in das gesamte Gesellschaftsvermögen

---

1 OLG Düsseldorf vom 10.2.1971, 10 W 7/71, Rpfleger 1971, 175; LG Oldenburg vom 15.5.1975, 6 T 113/75, Rpfleger 1976, 109.
2 Steiner/Hagemann, ZVG, §§ 15, 16 Rn 211.
3 OLG Hamm vom 29.11.1999, 15 W 290/99, Rpfleger 2000, 171; allgemein zu diesen Voraussetzungen und den Ausnahmen vgl. Dassler/Schiffhauer/Hintzen, ZVG, vor § 15 Rn 26 ff.
4 Vgl. § 750 Abs. 1 ZPO; BGH vom 12.5.1977, VII ZR 167/76, NJW 1977, 1686; zum Ausnahmefall eines Titels gegen eine unbekannte Person: LG Berlin vom 21.4.1997, 51 S 551/96, NJW-RR 1998, 713.
5 BGH vom 16.7.2004, IXa ZB 288/03, NJW 2004, 3632 = Rpfleger 2004, 718 = DNotZ 2005, 121 = NZM 2005, 36 = MDR 2005, 113 = WM 2004, 1827 = ZIP 2004, 1775.

wie auch in das Privatvermögen jedes einzelnen Gesellschafters. Hingegen kann aus einem auf einen einzelnen Gesellschafter lautenden Titel nur in dessen Privatvermögen (einschließlich des Gesellschaftsanteils, § 859 Abs. 1 Satz 1 ZPO), nicht aber in das Gesellschaftsvermögen vollstreckt werden. Nach der Rechtsprechung des BGH[6] ist die **Außen-GbR** rechtsfähig, sodass in das Gesellschaftsvermögen auch aufgrund eines gegen die GbR als solche gerichteten Titels vollstreckt werden kann. Aufgrund eines Titels gegen die GbR kann allerdings nicht in das Vermögen eines einzelnen Gesellschafters vollstreckt werden. Liegt ein Titel gegen die Gesellschaft als solche vor und tritt ein **neuer Gesellschafter** in die Gesellschaft ein, ist zur Vollstreckung in das Gesellschaftsvermögen kein neuer Titel gegen den neuen Gesellschafter notwendig. Nach einer weiteren Entscheidung des BGH[7] haftet der in eine GbR neu eintretende Gesellschafter für bereits bestehende Verbindlichkeiten (Altverbindlichkeiten) der Gesellschaft auch persönlich, d.h. mit seinem Privatvermögen. Die Zwangsversteigerung bzw. Zwangsverwaltung des Grundstücks einer GbR darf nur angeordnet werden, wenn deren Gesellschafter sämtlich aus dem Titel hervorgehen und mit den im Grundbuch eingetragenen Gesellschaftern übereinstimmen. Hinsichtlich der Gesellschafter gilt § 1148 Satz 1 BGB entsprechend, so der BGH.[8] Veränderungen im Gesellschafterbestand sind durch eine Rechtsnachfolgeklausel analog § 727 ZPO nachzuweisen. Der erweiterte öffentliche Glaube des Grundbuchs nach § 899a BGB bezieht sich nur auf die Gesellschafterstellung, nicht auf die Geschäftsführungsbefugnis. Diese Rechtsauffassung bestätigt der BGH[9] kurze Zeit später erneut. § 1148 Satz 1 BGB ist auf die eingetragenen Gesellschafter einer GbR auch dann entsprechend anwendbar, wenn einer davon verstorben ist. Einer Rechtsnachfolgeklausel analog § 727 ZPO bedarf es nicht, wenn die aus dem Titel ausgewiesenen Gesellschafter einer GbR bei Anordnung der Zwangsversteigerung mit den im Grundbuch eingetragenen übereinstimmen.

6 Auch eine **Wohnungseigentumsgemeinschaft** ist rechtsfähig, soweit sie bei der Verwaltung des gemeinschaftlichen Eigentums am Rechtsverkehr teilnimmt.[10]

7 Grundsätzlich bedarf jeder Titel einer **Klausel**, damit vollstreckt werden kann, §§ 724 ff. ZPO. Die vollstreckbare Ausfertigung ist das amtliche Zeugnis des Bestehens sowie der Vollstreckungsreife des Titels. Damit werden die Vollstreckungsorgane von der Verpflichtung entbunden, diese Tatsachen bei Beginn der Zwangs-

---

6 Vom 29.1.2001, II ZR 331/00, NJW 2001, 1056 = Rpfleger 2001, 246 = InVo 2001, 171 = JurBüro 2001, 319 = ZIP 2001, 330 = MDR 2001, 459.
7 Vom 7.4.2003, II ZR 56/02, Rpfleger 2003, 442 = NJW 2003, 1803.
8 BGH vom 2.12.2010, V ZB 84/10, Rpfleger 2011, 285 = NJW 2011, 615 = ZfIR 2011, 147 = ZInsO 2011, 149.
9 BGH vom 24.2.2011, V ZB 253/10, Rpfleger 2011, 337 = NJW 2011, 1449 = ZfIR 2011, 338.
10 BGH vom 2.6.2005, V ZB 32/05, NJW 2005, 2061 = Rpfleger 2005, 521 m. Anm. Dümig = DNotZ 2005, 776 = MDR 2005, 1156 = WM 2005, 1423; Schmidt, JuS 2005, 946; Lüke, ZfIR 2005, 506.

vollstreckung jeweils selbst nachzuprüfen. Ihre Überprüfung erstreckt sich daher nur noch darauf, ob der Titel bzw. die Klausel vorhanden und nicht nichtig sind und ob die sonstigen Vollstreckungsvoraussetzungen vorliegen. Das Vollstreckungsorgan hat nicht die Rechtmäßigkeit oder die Richtigkeit des Titels bzw. der Klauselerteilung (**Grundsatz der Formalisierung der Zwangsvollstreckung**[11]) zu prüfen. Nach § 750 Abs. 1 ZPO darf die Zwangsvollstreckung aus einer notariellen Urkunde aber auch nur beginnen, wenn die Personen, für und gegen die sie stattfinden soll, in der Urkunde oder in der ihr beigefügten **Vollstreckungsklausel** namentlich bezeichnet sind. Der Rechtsnachfolger des in der Urkunde genannten Gläubigers benötigt deshalb eine vollstreckbare Ausfertigung, deren Vollstreckungsklausel ihn als neuen Gläubiger ausweist. Erteilt werden darf diese Ausfertigung von dem Notar nur, wenn die Rechtsnachfolge bei ihm offenkundig (§ 291 ZPO) ist oder durch öffentliche oder durch öffentlich beglaubigte Urkunden nachgewiesen wird (§ 727 Abs. 1 ZPO). Die Offenkundigkeit ist in der Vollstreckungsklausel zu erwähnen (§ 727 Abs. 2 ZPO). Diese Klausel und – bei fehlender Offenkundigkeit – die ihrer Erteilung zugrundeliegenden Urkunden müssen dem Schuldner zusammen mit der notariellen Urkunde zugestellt werden (§ 750 Abs. 2 ZPO). Das Zustellungserfordernis sichert seinen Anspruch auf Gewährung rechtlichen Gehörs; durch die Zustellung wird er vollständig über die Grundlagen der Zwangsvollstreckung unterrichtet und in die Lage versetzt, deren Voraussetzungen zu prüfen. Auf der Basis dieser Grundlagen entschied der BGH[12] am 8.11.2012, dass, wenn aufgrund einer Eintragung im Genossenschaftsregister dem Rechtsnachfolger des in einem Vollstreckungstitel bezeichneten Gläubigers eine vollstreckbare Ausfertigung des Titels erteilt worden ist, die Zwangsvollstreckung nur erfolgen darf, wenn dem Schuldner zusammen mit dem Titel neben der Vollstreckungsklausel ein Auszug aus dem Register zugestellt wird, welcher den aktuellen Registerinhalt im Zeitpunkt der Klauselerteilung wiedergibt.

Zur Vollstreckung aus einer **Sicherungsgrundschuld** nach § 1193 BGB (n.F.) bedarf es nicht der qualifizierten Klausel gemäß § 726 Abs. 1 ZPO, der Schuldner kann für die Klauselerteilung wirksam auf den Nachweis der Fälligkeit des Grundschuldkapitals verzichten. Zur (bestehenden) Bindung des Vollstreckungsorgans an die erteilte (einfache, § 724 ZPO) Vollstreckungsklausel.[13]

Die Zwangsvollstreckung in Immobilien darf nur beginnen, wenn zuvor der Vollstreckungstitel **zugestellt** ist, § 750 Abs. 1 Satz 1 ZPO. Die Zustellung erfolgt

---

11 Vgl. OLG Frankfurt vom 15.7.1993, 3 WF 78/93, FamRZ 1994, 453.
12 BGH vom 8.11.2012, V ZB 124/12, Rpfleger 2013, 225; hierzu auch Alff, Rpfleger 2013, 183 und erneut BGH vom 21.11.2013, V ZB 109/13, Rpfleger 2014, 215 = NJW-RR 2014, 400.
13 LG Meiningen vom 9.7.2013, 4 T 80/13, Rpfleger 2013, 691; streitig: für Nachweisverzicht LG Lübeck vom 4.12.2008, Rpfleger 2009, 451, mit zust. Anm. Schulz; Schmid/Voss, DNotZ 2008, 740, 756; MüKo/Eickmann, BGB, § 1193 Rn 8; Palandt/Bassenge, BGB, § 1193 Rn 3; a.A. Zöller/Stöber, ZPO, § 797 Rn 12.

§ 6 Antragstellung

grundsätzlich von Amts wegen, für die Zwangsvollstreckung genügend ist jedoch auch die Zustellung im Parteibetrieb. Handelt es sich um die Vollstreckung eines Urteils, dessen vollstreckbare Ausfertigung nach § 726 Abs. 1 ZPO erteilt worden ist, oder ist ein Rechtsnachfolgezeugnis, §§ 727 ff. ZPO, erforderlich, muss neben dem Titel auch die beigefügte Klausel und, sofern die Klausel aufgrund öffentlicher oder öffentlich beglaubigter Urkunden erteilt ist, eine Abschrift dieser Urkunden vor der Vollstreckung zugestellt werden, § 750 Abs. 2 ZPO.

9 Kann der Gläubiger aus dem Titel nur gegen Sicherheitsleistung vollstrecken, muss diese vor Anordnung des Verfahrens nachgewiesen werden.[14]

10 Nach Umwandlung einer Hypothek in eine Grundschuld bedarf es keiner neuen Unterwerfungserklärung i.S.v. § 800 ZPO. Es bedarf auch keiner erneuten Zustellung der Klausel und der Urkunden i.S.v. § 750 Abs. 2 ZPO, wenn der wesentliche Inhalt der Urkunden in der Klausel enthalten ist.[15]

11 Hat ein Vertreter die Unterwerfung des Schuldners unter die sofortige Zwangsvollstreckung aus einer Urkunde erklärt, ist die Zwangsvollstreckung nur zulässig, wenn die Vollmacht des Vertreters oder – bei vollmachtlosem Handeln – die Genehmigung von dessen Erklärungen seitens des Vertretenen durch öffentlich oder öffentlich beglaubigte Urkunden dem Schuldner zugestellt worden sind oder mit dem Beginn der Vollstreckung zugestellt werden.[16]

12 Hat der Schuldner bei der Unterwerfungserklärung einer Personenmehrheit **Zustellungsvollmacht** erteilt, z.B. dem Vorstand einer Bank, ist diese wirksam. Die Zustellung des Titels vor der Zwangsvollstreckung muss dann jedoch an den Vorstand der Bank erfolgen. Hier empfiehlt es sich, in der Zustellungsvollmacht aufzunehmen, dass der Vorstand der Bank wiederum berechtigt ist, einen Angestellten als Zustellungsempfänger zu benennen.[17]

13 Ferner ist auch die **Wartefrist** nach § 798 ZPO einzuhalten.

B. Zeitpunkt des Antrags

14 Der Zeitpunkt, wann der Antrag gestellt werden soll, kann durchaus eine größere Rolle spielen:

- Für den **erstrangig dinglich gesicherten Grundpfandrechtsgläubiger** empfiehlt es sich u.U., den Versteigerungsantrag vor Ende des laufenden Kalender-

---

14 Dassler/Schiffhauer/Hintzen, ZVG, vor § 15 Rn 55; Steiner/Hagemann, ZVG, §§ 15, 16 Rn 114.
15 LG Bonn vom 29.7.1997, 4 T 500 u. 502/97, Rpfleger 1998, 34.
16 BGH vom 21.9.2006, V ZB 76/06, Rpfleger 2007, 37 m. abl. Anm. Alff = NJW-RR 2007, 358 = DNotZ 2007, 33 = MDR 2007, 297 = WM 2006, 2266 = ZNotP 2007, 75 und erneut BGH vom 17.4.2008, V ZB 146/07, Rpfleger 2008, 505; krit. Dassler/Schiffhauer/Hintzen, ZVG, vor § 15 Rn 50; a.A. LG Freiburg vom 31.8.2004, 13 T 204/04, Rpfleger 2005, 100.
17 LG Kaiserslautern vom 6.11.1992, 1 T 137/92, Rpfleger 1993, 256.

B. Zeitpunkt des Antrags §6

jahres zu stellen, damit die Beschlagnahme noch in dem laufenden Kalenderjahr eintritt. In diesem Fall kann er die Zinsen, die regelmäßig jährlich nachträglich fällig werden, wegen der Berechnung nach § 13 ZVG auch noch aus dem vorangegangenen Jahr als laufende Zinsen sichern (vgl. § 7 Rn 4).

- Für einen **nachrangigen Gläubiger** spielt dieser Gesichtspunkt eine umgekehrte Rolle. Damit vorrangige Gläubiger die Zinsen aus dem vorausgegangenen Jahr nicht als laufende Zinsen geltend machen können, dürfte seine Überlegung dahin gehen, den Versteigerungsantrag erst zu Beginn des nächsten Jahres zu stellen.

Siehe dazu das folgende Beispiel: **15**

Beschlagnahme vor/nach Wechsel des Kalenderjahres:

Abt. III /1	100.000,00 EUR Grundschuld nebst 15 % (kalenderjährlich nachträglich jeweils am 31.12. fällig)
Abt. III /2	20.000,00 EUR Zwangssicherungshypothek nebst 4 %

Beschlagnahme **am 28.12.2013**
Lösung:
III/1:	lfd. Zinsen	ab 1.1.2012	bis	§ 47 ZVG
III/2:	lfd. Zinsen	ab 28.12.2013	bis	§ 47 ZVG

Beschlagnahme **am 4.1.2014**
Lösung:
III/1:	lfd. Zinsen	ab 1.1.2013	bis	§ 47 ZVG
III/2:	lfd. Zinsen	ab 4.1.2013	bis	§ 47 ZVG

Unterschied:
III/1:	verliert Zinsen für 1 Jahr	= 15.000,00 EUR
III/2:	verliert Zinsen für 1 Woche	= 15,50 EUR

Das weitere Problem ist die Frage der **Verjährung** der Zinsen (vgl. hierzu § 5 Rn 74). Zinsen verjähren drei Jahre nach Fälligkeit, § 195 BGB. Die Verjährung wird nur dann unterbrochen bzw. beginnt neu, wenn die Zwangsversteigerung betrieben wird, § 212 Abs. 1 Nr. 2 BGB. Auch hier könnte eine Antragstellung noch vor Ende des laufenden Kalenderjahres die drohende Verjährung rechtzeitig unterbrechen. **16**

Hinweis **17**
Da auch bei den Gerichten regelmäßig zu Ende des Jahres relativ viel zu tun und üblicherweise auch noch Urlaub abzuwickeln ist, empfiehlt es sich, den Versteigerungsantrag **spätestens sechs Wochen** vor Jahresende zu stellen, damit noch genügend Zeit bleibt, die Voraussetzungen der Anordnung zu prüfen, den Anordnungs- bzw. Beitrittsbeschluss zu erlassen und dem Schuldner rechtzeitig zustellen zu lassen; der Eingang des Antrags beim Versteigerungsgericht ist in keinem Falle fristwahrend.

§ 6 Antragstellung

C. Inhalt des Antrags

I. Objektbezeichnung

18 Im Antrag sollte das Grundstück, das Wohnungseigentum oder das Erbbaurecht entsprechend den Angaben im Grundbuch genau bezeichnet sein. Bei einem Wohnungseigentum sollte der Miteigentumsanteil i.V.m. der Bezeichnung des Sondereigentums und evtl. Sondernutzungsrechten angegeben werden.[18]

19 Ist in einer **vollstreckbaren Urkunde** als Haftungsgegenstand ein Grundstück genannt, so kann in das daraus gem. §§ 3, 8 WEG entstandene Wohnungseigentum ohne Umschreibung der Vollstreckungsklausel vollstreckt werden.[19]

II. Hauptanspruch zuzüglich Vollstreckungskosten

20 Die notwendigen Kosten der Zwangsvollstreckung, § 788 ZPO, können jederzeit mit dem vollstreckbaren Titel beigetrieben werden. Dingliche Gläubiger können die Kosten der dinglichen Rechtsverfolgung bei ihrem Hauptanspruch in der Rangklasse 4 des § 10 Abs. 1 ZVG mit anmelden. Sofern auch wegen persönlicher Zwangsvollstreckungskosten das Verfahren durchgeführt werden soll, muss wegen dieser Beträge das Verfahren betrieben werden, § 10 Abs. 1 Nr. 5 ZVG (persönliche Kosten sind z.B.: Kosten des Gläubigers für den Gerichtsvollzieherauftrag, die Gerichtsvollzieherkosten, Verfahren zur Abgabe der Vermögensauskunft, Forderungspfändung).

21 Grundsätzlich hat der Gläubiger die Forderung nach Kosten, Zinsen und Hauptanspruch zu bezeichnen. Bereits geleistete Zahlungen des Schuldners sind zu verrechnen, § 367 BGB oder § 497 Abs. 3 BGB. Das Vollstreckungsgericht prüft hierbei auch die Notwendigkeit der bisherigen Vollstreckungskosten, § 788 ZPO.

22 Das Vollstreckungsgericht ist nicht gehalten, Forderungsaufstellungen unter Zuhilfenahme von Spezialkontoauszügen zu entschlüsseln, Zinsberechnungen bei Abschlagszahlungen vorzunehmen oder den Umfang des titulierten Anspruchs unter Hinzuziehung von Dritt-Unterlagen selbstständig zu ermitteln.[20]

23 Macht der Gläubiger eine **Restforderung** geltend, so hat er auch diese durch eine nachvollziehbare und verständliche Berechnung darzutun. Auch hierbei genügt eine maschinell hergestellte Berechnung nur dann, wenn sie nicht mit einer Vielzahl von Schlüsselzahlungen und Abkürzungen zu lesen ist.[21]

---

18 Vgl. Dassler/Schiffhauer/Hintzen, ZVG, § 16 Rn 3.
19 LG Berlin vom 16.5.1984, 84 AR 23/84, Rpfleger 1985, 159; LG Essen vom 23.10.1985, 7 T 813/85, Rpfleger 1986, 101; a.A. LG Weiden vom 9.2.1984, 3 T 79/84, Rpfleger 1984, 280.
20 LG Kaiserslautern vom 9.6.1992, 1 T 73/92, Rpfleger 1993, 29; Stöber, Forderungspfändung, Rn 465 m.w.N.
21 LG Tübingen vom 15.11.1988, 5 T 243/88, DGVZ 1990, 43.

C. Inhalt des Antrags § 6

Weiterhin ist das jeweilige Vollstreckungsorgan verpflichtet, die nicht titulierten bisherigen Vollstreckungskosten auf ihre Höhe und Notwendigkeit zu überprüfen und dazu befugt, eine spezifizierte Forderungsberechnung vom Gläubiger anzufordern.[22]   24

Diese Auffassung ist jedoch als zu weitgehend und vom Gesetz auch nicht legitimiert abzulehnen. Der Schuldner muss die Einwendungen gegen die nach seiner Ansicht zu hohe Restforderung im Wege der **Vollstreckungsgegenklage** geltend machen.[23]   25

Nicht überzeugend ist daher auch das Argument, der Schuldner müsse davor geschützt werden, dass unberechtigte Beträge gegen ihn vollstreckt würden. Prädestiniert und berufen zu einer solchen Überprüfung solle in erster Linie das jeweilige Vollstreckungsorgan sein, da insoweit ein staatlicher Anspruch auf Gewährung von Rechtsschutz gegeben sein müsse.   26

Richtig ist jedoch, dass der Schuldner erstens Rechtsschutz grundsätzlich nur auf Antrag erhält und zweitens die Einwendungen gegen die vollstreckbare Forderung als solche und auch die angeblich fehlerhafte Verrechnung von bereits geleisteten Teilzahlungen ausschließlich im Wege der Vollstreckungsgegenklage zu verfolgen sind, da es nicht Aufgabe des Vollstreckungsorgans ist, diese Prüfung im **formalisierten** Zwangsvollstreckungsverfahren vorzunehmen. Selbst wenn der Schuldner im Rahmen der Vollstreckung Zahlungsbelege vorlegt, ist die Vollstreckung bei Bestreiten des Gläubigers fortzusetzen, § 775 Nr. 4, 5 ZPO.[24]   27

> *Hinweis*   28
> Der Gläubiger kann das Verfahren auch nur wegen eines **Teils** seines Vollstreckungsanspruchs anordnen lassen. Auch insoweit muss er angeben, was er an Hauptsache und Nebenforderungen geltend macht und ob dinglich und/oder persönlich vollstreckt werden soll. Eine Gesamtabrechnung des Gläubigers kann anders als bei der Vollstreckung in Sachen oder Forderungen nicht gefordert werden.[25]

> *Hinweis*   29
> Will der Gläubiger die Vorlage der möglicherweise zahlreichen Nachweisurkunden über Zwangsvollstreckungskosten vermeiden, kann er diese Kosten auch festsetzen lassen; zuständig ist das Vollstreckungsgericht, § 788 Abs. 2 ZPO.

---

22 OLG Stuttgart vom 28.7.1987, 8 W 341/87, JurBüro 1987, 1813; LG Tübingen vom 15.11.1988, 5 T 243/88, DGVZ 1990, 43; vgl. auch die zahlreichen Nachweise bei Stöber, Forderungspfändung, Rn 464 Fn 6.
23 Zöller/Stöber, ZPO, § 753 Rn 6 m.w.N.; Behr, NJW 1992, 2738, 2739.
24 Hierzu mit überzeugender Begründung Stöber, Forderungspfändung, Rn 464; Zöller/Stöber, ZPO, § 775 Rn 12.
25 LG Oldenburg vom 14.2.1980, 5 T 19/80, Rpfleger 1980, 236; Steiner/Hagemann, §§ 15, 16 Rn 39; Böttcher, ZVG, §§ 15, 16 Rn 14.

III. Rechtsnatur des Anspruchs

30 Unbedingt ist im Antrag die Rechtsnatur des Anspruchs anzugeben, d.h. der Gläubiger muss unter Vorlage des entsprechenden Vollstreckungstitels mitteilen, ob er wegen eines dinglichen Anspruchs in der Rangklasse 4 oder wegen eines persönlichen Anspruchs in der Rangklasse 5 des § 10 Abs. 1 ZVG das Verfahren betreiben will. Richtig ist daher auch die Entscheidung des LG Passau:[26] „Bei der Vollstreckung in Wohnungseigentum genügt ein Zahlungstitel über die Gesamtsumme von Hausgeldrückständen für mehrere Wohnungseigentumseinheiten desselben Schuldners zur Einordnung in Rangklasse 2 von § 10 Abs. 1 ZVG nur, wenn sich die anteilige Höhe des Verzugsbetrags für das konkrete vom Zwangsversteigerungsverfahren betroffene Wohnungseigentum aus der Begründung des Titels ergibt oder sich wenigstens durch Auslegung mit Hilfe der dazu gehörigen Antragsschrift ermitteln lässt. Eine Glaubhaftmachung des Verzugsbetrags für das einzelne Wohnungseigentum erst im Zwangsversteigerungsverfahren ist nicht zulässig". Das Vollstreckungsgericht ist an die falsche Bezeichnung einer Wohngeldforderung der WE-Gemeinschaft im Vollstreckungsbescheid gebunden. Eine anderweitige Glaubhaftmachung zur Korrektur ist nicht möglich. Ein Antrag auf Anordnung der Zwangsversteigerung aus der Rangklasse 2 des § 10 Abs. 1 ZVG ist daher nicht möglich. Der Antrag ist jedoch regelmäßig auf Anordnung der Zwangsversteigerung aus der Rangklasse 5 umzudeuten.[27] Steht dem Gläubiger ein dinglich gesicherter Anspruch auf Naturalleistungen zu, z.B. im Rahmen eines Altenteils, muss der Gläubiger zunächst durch das Prozessgericht einen auf die Naturalleistungen gerichteten Duldungstitel in einen Zahlungstitel umwandeln lassen.[28]

31 Hat der Gläubiger für seine persönliche Forderung am Grundstück des Schuldners eine **Zwangssicherungshypothek** im Grundbuch eintragen lassen, kann er seit dem 1.1.1999 aus dem Rang dieses Rechts die Zwangsversteigerung in Rangklasse 4 betreiben. Zum Nachweis genügt die Vorlage des Titels, auf dem die Eintragung des Rechts im Grundbuch vermerkt ist, § 867 Abs. 3 ZPO.[29]

32 *Hinweis*
- Ob es sinnvoll ist, dass ein Gläubiger sowohl aus der Rangklasse 4 wegen eines dinglichen Anspruchs als auch aus der Rangklasse 5 wegen eines persönlichen Anspruchs das Verfahren betreibt, muss im Einzelfall geklärt werden. Hat der Gläubiger sowohl einen dinglichen als auch einen persönlichen Titel gegen den Schuldner, sollte er regelmäßig wegen beider Ansprüche betreiben. Da er wegen beider Ansprüche auch getrennte Vollstreckungsverfahren durchführt,

---

26 LG Passau vom 4.3.2008, 2 T 22/08, Rpfleger 2008, 381.
27 LG Mönchengladbach vom 4.11.2008, 5 T 239/08, Rpfleger 2009, 257.
28 LG Deggendorf vom 22.1.1990, 1 T 3/90, Rpfleger 1990, 308.
29 Ausführlich hierzu Hintzen, Pfändung und Vollstreckung im Grundbuch, § 5 Rn 112.

kann er z.b. durch eine einstweilige Einstellung auf den dinglichen Anspruch die Höhe des geringsten Gebots beeinflussen, sein Verfahren läuft aber wegen des persönlichen Anspruchs weiter.

- Stehen einem dinglichen Gläubiger mehrere Grundpfandrechte in unmittelbarem Rang hintereinander zu, muss auch hier im Einzelfall abgeklärt werden, ob aus allen Rechten gemeinsam, aus dem letztrangigen, dem erstrangigen oder einem mittelrangigen Grundpfandrecht die Zwangsversteigerung betrieben werden soll.

IV. Rechtsschutzinteresse

Wie bei jeder anderen Zwangsvollstreckungsmaßnahme ist auch stets das Rechtsschutzinteresse des Gläubigers an der Vollstreckung in das grundgesetzlich geschützte Eigentum zu prüfen.[30]

33

Das Rechtsschutzinteresse an einer Zwangsversteigerung fehlt z.b. dann, wenn dieses Verfahren zweckentfremdet und missbraucht wird, um einen sonst wegen eines Vorkaufsrechts gescheiterten Erwerb des Grundstücks zu ermöglichen.[31] Die Problematik wird jedoch insbes. diskutiert bei:

34

- der Vollstreckung wegen einer **Bagatellforderung** und
- bei hohen **vorrangigen Belastungen**.

Es gibt keine Grenzen, bis zu deren Höhe man sagen kann, eine Zwangsvollstreckung sei unzulässig (evtl. bei Forderungen bis 10,00 oder 30,00 EUR). Auch der Gläubiger hat das Recht, eine geringfügige Forderung mit allen staatlichen Mitteln gegen den Schuldner durchzusetzen.[32] Von einigen Gerichten wird jedoch bei der Zwangsversteigerung wegen einer geringen Forderung verlangt, dass der Gläubiger zuvor erfolglos in das bewegliche Vermögen des Schuldners vollstreckt hat.[33]

35

Die Frage, ob und wann eine Zwangsversteigerung **aussichtslos** ist, wird in der Rechtsprechung ebenfalls uneinheitlich beantwortet. Es wird die Auffassung vertreten, wenn dem Anordnungs- oder Beitrittsgläubiger **hohe Vorbelastungen** aus dem Grundbuch vorgehen, und er nach aller Erfahrung voraussichtlich keine Befriedigung erlangen wird, dürfe das Verfahren nicht angeordnet werden, § 803 Abs. 2 ZPO analog.[34]

36

---

30 BVerfG vom 7.12.1977, 1 BvR 734/77, NJW 1978, 368 = Rpfleger 1978, 206.
31 LG Koblenz vom 27.11.1996, 2 T 753/96, Rpfleger 1997, 269.
32 BGH vom 26.3.1973, III ZR 43/71, NJW 1973, 894 m.w.N. Steiner/Hagemann, ZVG, §§ 15, 16, Rn 134; Schiffhauer, ZIP 1981, 832.
33 LG Frankenthal vom 4.9.1979, 1 T 235/79, Rpfleger 1979, 433; AG Mainz vom 14.3.1989, 12 K 14/80, Rpfleger 1981, 26; LG Oldenburg vom 31.8.1981, 5 T 247/81, Rpfleger 1981, 492 = ZIP 1981, 1139; vgl. hierzu insgesamt: Schiffhauer, ZIP 1981, 832.
34 LG Regensburg vom 27.8.1987, 2 T 294/87, NJW-RR 1988, 447; LG Bielefeld vom 11.8.1987, 3 T 719/87, Rpfleger 1987, 424; OLG Düsseldorf vom 26.4.1989, 3 W 515/88, Rpfleger 1989, 470.

37 Sowohl die analoge Anwendung des § 803 Abs. 2 ZPO als auch die Prognosen zur Aussichtslosigkeit der Zwangsversteigerung sind abzulehnen. Der **BGH**[35] hat zur Versteigerung (in Fortführung seines Grundsatzbeschlusses vom 18.7.2002[36] zur Zwangsverwaltung) entschieden: Das **Verbot der zwecklosen Pfändung nach § 803 Abs. 2 ZPO findet auch in der Zwangsversteigerung keine Anwendung.** Dass die Zwangsversteigerung auch bei hohen Vorbelastungen Platz greift, verdeutlicht bereits § 77 ZVG. Der Gesetzgeber hat den Fall einer ergebnislosen Versteigerung ausdrücklich geregelt. Entweder wird das Verfahren aufgehoben, § 77 Abs. 2 Satz 1 ZVG, oder es kann die Fortsetzung der Zwangsversteigerung als Zwangsverwaltung bestimmt werden, § 77 Abs. 2 Satz 2 ZVG. Außerdem liegt eine vollkommen andere Konstellation vor. Bei der Immobiliarvollstreckung hat der Gegenstand unzweifelhaft so viel Wert, dass zumindest die Verwertungskosten gedeckt werden könnten. Die Vollstreckung ist nicht wegen des noch nicht feststehenden Grundstückswerts aussichtslos, sondern infolge des Deckungs- und Übernahmeprinzips, wonach vorrangige Belastungen vor dem bestrangig betreibenden Gläubiger bestehen bleiben. Aber auch die maßgebenden Grundstücksbelastungen können sich nach der Verfahrensanordnung im laufenden Verfahren vielfach ändern, indem z.B. Löschungsverpflichtungen erfüllt werden. Im formalisierten Anordnungsverfahren – wie auch im Verfahren über einen Beitrittsantrag – besteht für das Vollstreckungsgericht nicht die Möglichkeit, sich hierüber Gewissheit zu verschaffen. Auch deshalb kann § 803 Abs. 2 ZPO auf die Immobiliarvollstreckung nicht entsprechend angewendet werden. Das Vollstreckungsgericht darf daher das Verfahren nicht mit der Begründung aufheben, ein Versteigerungserlös sei zugunsten des Gläubigers nicht zu erwarten.

38 Die Anordnung der Zwangsversteigerung bzw. die Zulassung des Beitritts kann nicht **mangels Rechtsschutzinteresses** des Gläubigers abgelehnt werden, weil überhaupt nicht abgeschätzt werden kann, inwieweit die dem Gläubiger vorgehenden Ansprüche in der Zwangsversteigerung angemeldet oder realisiert werden. Insbesondere kann das Fehlen eines Rechtsschutzbedürfnisses des Gläubigers dann nicht angenommen werden, wenn der Verkehrswert des Grundstücks überhaupt noch nicht festgesetzt wurde.[37] Allerdings hat der BGH aktuell gegen einen Gläubigerantrag entschieden und dem Gläubiger die „unnützen" Kosten auferlegt. Kann ein Zwangsversteigerungsverfahren die Befriedigung des betreibenden Gläubigers aus dem Versteigerungserlös von vornehrein erkennbar nicht einmal teilweise er-

---

35 Vom 30.1.2004, IXa ZB 233/03, Rpfleger 2004, 302 = NZM 2004, 347 = WM 2004, 646 = ZfIR 2004, 440.
36 Vom 18.7.2002, IX ZB 26/02, Rpfleger 2002, 578 = BGHZ 151, 384; BGH vom 18.7.2002 – IX ZR 294/00 = KTS 2003, 166 = MDR 2002, 1213 = WM 2002, 1809 = ZIP 2002, 1595 = InVo 2003, 41 = ZfIR 2002, 753.
37 OLG Hamm vom 22.4.1988, 15 W 75/88, Rpfleger 1989, 34; OLG Koblenz vom 4.9.1985, 4 W 454/85, Rpfleger 1986, 25 = MDR 1986, 65.

reichen, sind die Kosten der Zwangsvollstreckung nicht als notwendig im Sinne von § 788 Abs. 1 ZPO anzusehen. Dass der Versteigerungsantrag des Gläubigers aufgrund der ihm bleibenden Chance freiwilliger Leistungen des Schuldners zulässig ist, ändert daran nichts.[38]

Die **andere Auffassung**, die Aussichtslosigkeit der Zwangsversteigerung sei von Amts wegen zu prüfen, läuft auf einen Vollstreckungsschutz nach § 765a ZPO hinaus, der jedoch ausschließlich nur auf Antrag des Schuldners zu berücksichtigen ist. 39

Etwas anderes gilt erst dann, wenn das **geringste Gebot** errechnet ist und feststeht, dass dieses **höher** ist als der festgestellte Verkehrswert des Grundbesitzes.[39] 40

V. Zahlungstitel in ausländischer Währung

Zahlungstitel in **ausländischer Währung** können dann vollstreckt werden, wenn die Zulässigkeit durch ein deutsches Vollstreckungsurteil ausgesprochen wurde, § 722 ZPO. Nach § 28 Satz 2 GBO sind im Grundbuch einzutragende Geldbeträge in inländischer Währung anzugeben; durch Rechtsverordnung des BMJ im Einvernehmen mit dem BMF kann die Angabe in einer einheitlichen europäischen Währung, in der Währung eines Mitgliedstaates der EU oder des Europäischen Wirtschaftsraums oder einer anderen Währung, gegen die währungspolitische Bedenken nicht zu erheben sind, zugelassen und, wenn gegen die Fortdauer dieser Zulassung währungspolitische Bedenken bestehen, wieder eingeschränkt werden. Dies gilt nicht nur für Grundpfandrechte, sondern auch für Reallasten. Nach der Verordnung über Grundpfandrechte in ausländischer Währung und in EUR (GBEuroVO v. 30.10.1997 (BGBl I, S. 2683)) können Grundpfandrechte und Reallasten (und Rentenschulden) neben dem EUR auch eingetragen werden in US-Dollar, Schweizer Franken und allen Währungen der EU-Länder (sofern dort nicht auch der EUR gilt).[40] 41

Für die Zwangsversteigerung bestimmt der durch das SachRÄndG (v. 21.9.1994, BGBl I, S. 2457, 2489) neu geschaffene § 145a ZVG, dass vor der Aufforderung zur Abgabe von Geboten im Versteigerungstermin die Feststellung der Umrechnung in EUR zu erfolgen hat; der **Teilungsplan** ist in EUR aufzustellen (dies gilt gleichermaßen für die Zwangsverwaltung, § 158a ZVG). 42

---

38   BGH vom 9.10.2014, V ZB 25/14, Rpfleger 2015, 159.
39   LG Augsburg vom 16.12.1985, 4 T 4888/85, Rpfleger 1986, 146; LG Berlin vom 5.1.1987, 81 T 989/86, Rpfleger 1987, 209; LG Bielefeld vom 11.8.1987, 3 T 719/87, Rpfleger 1987, 424; LG Düsseldorf vom 8.1.1987, 25 T 1049/86, Rpfleger 1987, 210.
40   Vgl. Demharter, GBO § 28 Rn 26–29; Rellermeyer, Rpfleger 1999, 45 und 1999, 522; Bestelmeyer, Rpfleger 1999, 368 und 1999, 524.

§ 6 Antragstellung

43 Die Umrechnung erfolgt nach dem **Kurswert** am Tage des Versteigerungstermins; dieser Kurswert bleibt für das gesamte weitere Verfahren maßgebend. Der bar zu zahlende Teil des geringsten Gebots ist in EUR festzustellen, denn auch die Gebote sind in EUR abzugeben. Gebote in ausländischer Währung sind nicht unwirksam, sondern in EUR umzurechnen (der Bieter sollte den so errechneten Betrag bestätigen).

§ 7 Beschlagnahme

A. Formelle Wirkung

Die Beschlagnahme in der Zwangsversteigerung wird nach Anordnung des Verfahrens **wirksam** entweder mit Zustellung des Beschlusses an den Schuldner oder mit Eingang des Ersuchens um Eintragung des Zwangsversteigerungsvermerks im Grundbuch; der frühere Zeitpunkt ist maßgebend, § 22 Abs. 1 ZVG.

Nach dem Prinzip des Einzelverfahrens erwirkt jeder betreibende Gläubiger seine eigene Beschlagnahme (vgl. hierzu § 5 Rn 16 ff.).

Formell ist jedoch für die Unterscheidung in laufende und rückständige wiederkehrende Leistungen (vgl. § 10 Abs. 1 Nr. 2, 3, 4 ZVG) ausschließlich die erste Beschlagnahme des Verfahrens maßgebend, § 13 Abs. 4 Satz 1 ZVG. Hierbei ist es unerheblich, ob der Anordnungsgläubiger später noch Verfahrensbeteiligter bleibt, oder bereits durch Antragsrücknahme aus dem Verfahren ausgeschieden ist.[1]

Beispiel
- Laufende ./. rückständige Leistungen, § 13 i.V.m. § 45 Abs. 2 ZVG
- 100.000,00 EUR Grundschuld nebst 15 % Zinsen (kalenderjährlich nachträglich am 31.12. fällig)
- Beschlagnahme in der Zwangsversteigerung erfolgte am 2.4.2014

Lösung:

lfd. Leistung	ab 1.1.2013 bis	......	§ 47 ZVG von Amts wegen
rückst. Leistung	ab 1.1.2011 bis	31.12.2012	§ 10 Abs. 1 Nr. 4 ZVG nur auf Anmeldung

- angenommen der Zwangsversteigerungstermin ist am 16.6.2015:

Zinsen in Rangklasse 4 somit max. vom 1.1.2011 bis 30.6.2015 über insgesamt   = **67.500,00 EUR**

Hinweis
- Hat ein Gläubiger zuerst die **Zwangsverwaltung** betrieben, kann er jedoch aus den Nutzungen des Grundstücks keine volle Befriedigung erlangen und beabsichtigt er nunmehr die Zwangsversteigerung anordnen zu lassen, besteht unter Umständen die Gefahr eines Zinsverlusts. Für die Berechnung der laufenden bzw. rückständigen Beträge wiederkehrender Leistungen in der Zwangsverstei-

---

[1] Dassler/Schiffhauer/Rellermeyer, ZVG, § 13 Rn 10; Steiner/Hagemann, ZVG, § 13 Rn 6.

gerung gilt, dass, wenn bis zur Beschlagnahme eine Zwangsverwaltung fortgedauert hat, das dort erwirkte Beschlagnahmedatum auch für die Zwangsversteigerung maßgebend ist, § 13 Abs. 4 Satz 2 ZVG. Der Gläubiger sollte daher den Antrag auf Durchführung des Zwangsverwaltungsverfahrens erst zurücknehmen, wenn die Beschlagnahme in der Zwangsversteigerung wirksam geworden ist.

- Hat der Gläubiger in der Zwangsverwaltung einen Vorschuss geleistet, steht ihm hierfür die Rangklasse 1 des § 10 Abs. 1 ZVG zur Verfügung. Dann allerdings muss die Zwangsverwaltung bis zum Zuschlag in der Versteigerung fortgedauert haben; in diesem Fall sollte eine Antragsrücknahme in der Zwangsverwaltung nicht erfolgen.
- Hat der Gläubiger die Zwangsversteigerung zuerst beantragt, kann diese als Zwangsverwaltung fortgesetzt werden, wenn bereits ein zweiter Versteigerungstermin ergebnislos beendet wurde und der Gläubiger einen entsprechenden Fortsetzungsantrag stellt, § 77 Abs. 2 ZVG. In diesem Fall bleiben die Wirkungen der für die Zwangsversteigerung erfolgten Beschlagnahme bestehen, insbesondere bleibt damit der Tag der ersten Beschlagnahme aus der Versteigerung erhalten.[2]

B. Materielle Wirkung

6 Die wirksame Beschlagnahme hat die Wirkung eines Verfügungsverbots, Veräußerung des Grundstücks und sonstige Verfügungen über das Grundstück sind dem betreibenden Gläubiger gegenüber unwirksam.[3] Das Veräußerungsverbot schützt nicht nur vor rechtsgeschäftlichen Verfügungen, sondern auch solchen durch Zwangsvollstreckung oder Arrestvollziehung, § 135 Abs. 1 Satz 2 BGB. Verfügungen sind allgemein Rechtsgeschäfte, die unmittelbar darauf gerichtet sind, auf ein bestehendes Recht einzuwirken, es zu verändern, zu übertragen oder aufzuheben. Voraussetzung ist immer, dass der Gegenstand selbst beschlagnahmt ist.

7 Das **Verfügungsverbot** hat jedoch nur eine **relative Wirkung**, d.h. nur im Verhältnis zu dem betreibenden Gläubiger, §§ 136, 135 Abs. 1 BGB. Eine gegen das Verbot verstoßende Verfügung des Schuldners wird wirksam, wenn der betreibende Gläubiger diese genehmigt oder mit dessen Einwilligung, § 185 BGB.[4] Gleiches gilt auch, wenn die Voraussetzungen des § 878 BGB vorliegen (bindende Einigungserklärung, § 873 Abs. 2 BGB und Antragstellung beim Grundbuchamt vor Wirksamwerden der Beschlagnahme).[5]

---

2 Dassler/Schiffhauer/Hintzen, ZVG, § 77 Rn 19.
3 BGH vom 31.5.1988, IX ZR 103/87, ZIP 1988, 1612 = Rpfleger 1988, 543.
4 BGH vom 5.6.2014, V ZB 16/14, Rpfleger 2014, 689.
5 BGH vom 31.5.1988, IX ZR 103/87, Rpfleger 1988, 543 = ZIP 1988, 1612.

Dies **gilt** jedoch dann **nicht**, wenn z.b. der Eigentümer als Grundschuldbesteller nach rechtmäßiger Zurückweisung des Antrags auf Eintragung der Grundschuld in der Verfügung beschränkt wird und die spätere Aufhebung der Zurückweisung und die Eintragung der Grundschuld auf neuen Tatsachen beruhen.[6] Der Schuldner ist auch nicht gehindert, eine im Grundbuch eingetragene Eigentümergrundschuld abzutreten bzw. kann diese auch nach Beschlagnahme wirksam gepfändet werden. Solche Eigentümerrechte werden nicht von der Beschlagnahme erfasst, Verfügungen hierüber sind wirksam.[7]

8

Veräußert der Schuldner während des Zwangsversteigerungsverfahrens das Grundstück an einen Dritten, läuft das Verfahren gegen ihn jedoch weiter. Wird dem Versteigerungsgericht allerdings die Grundbucheintragung eines Erwerbers bekannt, die nach der Beschlagnahme erfolgt ist, der aber eine vor der Beschlagnahme eingetragene **Auflassungsvormerkung** vorausgegangen war, ist die Eigentumsumschreibung dem betreibenden Gläubiger gegenüber wirksam. Betreibt ein dinglicher Gläubiger das Verfahren, ist dieses zunächst einstweilen einzustellen, um dem Gläubiger die Möglichkeit der Titelumschreibung und Zustellung zu geben.[8]

9

Das bereits angeordnete Verfahren eines persönlich betreibenden Gläubigers ist im vorgenannten Fall jedoch aufzuheben, der neue Eigentümer ist kein Rechtsnachfolger in die **persönliche Schuld**.

10

Geht der Schuldner nach Wirksamwerden der Beschlagnahme hin und teilt das Grundstück in Wohnungs- und/oder Teileigentum auf, ist diese **Teilung** für das laufende Versteigerungsverfahren unerheblich. Das ursprüngliche Grundstück wird versteigert und ggf. auch zugeschlagen, es liegt kein Fall von Einzel- oder Gesamtausgeboten vor, § 63 ZVG. Die Teilung oder Vereinigung von Grundstücken ist eine Verfügung im Sinne von § 23 ZVG, die dem Gläubiger gegenüber unwirksam ist, solange dieser die Verfügung nicht genehmigt; auch wenn sie im Grundbuch vollzogen wird, muss das Zwangsversteigerungsverfahren so fortgeführt werden, als wäre die Verfügung nicht erfolgt.[9]

11

Sofern der Beschlagnahmegläubiger der Aufteilung zustimmt, werden die rechtlich selbstständigen Wohnungs- bzw. Teileigentumsrechte versteigert. Dann sind neue Verkehrswerte festzusetzen, der Termin ist neu zu bestimmen und es sind bei ent-

12

---

6 BGH vom 18.7.1997, XI ZR 119/96, BGHZ 136, 87 = NJW 1997, 2751 = Rpfleger 1998, 16.
7 Dassler/Schiffhauer/Hintzen, ZVG, § 23 Rn 6; Böttcher, ZVG, § 23 Rn 10.
8 OLG Hamm vom 4.5.1984, 15 W 136, 137/84, Rpfleger 1984, 426; LG Frankenthal v. 30.5.1985, 1 T 138/85, Rpfleger 1985, 371; hierzu auch LG Trier vom 22.11.1999, 6 T 100/99, Rpfleger 2000, 286.
9 BGH vom 5.6.2014, V ZB 16/14, Rpfleger 2014, 689; LG Würzburg vom 21.7.1988, 3 T 1554/88, Rpfleger 1989, 117; a.A. LG Essen vom 29.3.1988, 7 T 97/88, Rpfleger 1989, 116, aber jetzt wohl überholt.

sprechender Antragstellung die geringsten Gebote nach §§ 63, 64 ZVG aufzustellen.[10]

C. Rechte und Pflichten des Schuldners

13 Nach der Beschlagnahme verbleibt die **Verwaltung und Benutzung des Grundstücks** nach wie vor dem Schuldner, § 24 ZVG. Ist jedoch die ordnungsgemäße Bewirtschaftung und Verwaltung des Grundstücks gefährdet, kann das Vollstreckungsgericht auf Antrag des Gläubigers einschreiten, § 25 ZVG. Verstößt der Schuldner hiergegen, könnte ein Grundpfandrechtsgläubiger auf Unterlassung klagen oder eine einstweilige Verfügung erwirken, ihm verblieben dann jedoch nur Schadensersatzansprüche.[11]

14 Um die ordnungsgemäße Verwaltung sicherzustellen, bleibt dem Gläubiger auch die Möglichkeit der Anordnung des Zwangsverwaltungsverfahrens. Dies ist jedoch mit weiteren Kosten für den Gläubiger verbunden, die möglicherweise nachträglich uneinbringlich sind, auch wenn sie in der Versteigerung das Vorrecht der Rangklasse 1 des § 10 Abs. 1 ZVG genießen. **Auf Antrag des Gläubigers** kann daher das Versteigerungsgericht **geeignete Maßnahmen** treffen. Vor der Entscheidung ist der Schuldner **nicht** zu hören.[12]

15 Schließt der Schuldner z.B. nach der Beschlagnahme des Grundstücks entgegen den Regeln ordnungsgemäßer Wirtschaft einen **Mietvertrag** ab, ist dieser dem Ersteher gegenüber unwirksam.[13] Die Vermietung mit Verlust führt auch gegenüber dem Erwerber zu relativer Unwirksamkeit des Mietvertrags; aus einem solchen Vertrag kann der Mieter kein Recht zum Besitz gegenüber dem Erwerber herleiten.[14] Nach anderer Auffassung sind Miet- und Pachtverträge jederzeit für den Schuldner frei abschließbar.[15]

16 Die **Betriebsstilllegung** und die damit verbundene Aufhebung der Zubehöreigenschaft der Betriebseinrichtung gehen über die Grenzen einer ordnungsmäßigen Wirtschaft hinaus. Die Zubehörstücke werden in einem solchen Fall auch dann nicht von der Haftung frei, wenn der einzige Grundpfandgläubiger ihrem Verkauf – ohne Entfernung vom Grundstück – zustimmt und der Erlös zu seiner Befriedigung verwendet wird.[16]

---

10 BGH vom 5.6.2014, V ZB 16/14, Rpfleger 2014, 689; vgl. hierzu Dassler/Schiffhauer/Hintzen, ZVG, § 63 Rn 7.
11 Vgl. hierzu BGH vom 10.10.1984, VIII ZR 244/83, NJW 1985, 376.
12 BGH vom 3.5.1984, IX ARZ 5/84, NJW 1984, 2166 = Rpfleger 1984, 363 = ZIP 1984, 886.
13 LG Kassel vom 6.7.1989, 1 S 283/89, NJW-RR 1990, 976.
14 LG Kiel vom 26.2.1998, 1 S 169/97, WuM 1999, 570.
15 Dassler/Schiffhauer/Hintzen, ZVG, § 24 Rn 2; Stöber, ZVG, § 24 Rn 2.4.
16 BGH vom 30.11.1995, IX ZR 181/94, NJW 1996, 835 = Rpfleger 1996, 256 = DNotZ 1996, 551 = BB 1996, 397 = DB 1996, 1566 = MDR 1996, 739 = WM 1996, 293 = ZIP 1996, 223.

C. Rechte und Pflichten des Schuldners § 7

Die **Milchquotenverordnung** – (MilchQuotV[17]) dient der Durchführung der Rechtsakte der Europäischen Gemeinschaft oder der Europäischen Union über das Quotensystem für Milch und andere Milcherzeugnisse (EU-Milchquotenregelung). Als Betriebssitz im Sinne der MilchQuotV gilt der Ort der Person, an dem diese die Milchkühe hält und die sächlichen Produktionsmittel vorhanden sind (Produktionsstätte), § 3 MilchQuotV. Ist in der EU-Milchquotenregelung oder in der MilchQuotV die Einziehung einer Quote vorgesehen, wird die betreffende Quote im Falle einer einzelbetrieblichen Quote für Lieferungen (Anlieferungsquote) in die jeweilige Landesreserve und im Falle einer einzelbetrieblichen Quote für Direktverkäufe (Direktverkaufsquote) in die Bundesreserve eingezogen, soweit in dieser Verordnung nichts anderes bestimmt ist, § 6 Abs. 1 MilchQuotV. **17**

Regelmäßig obliegt die Zuteilung und Einziehung von Anlieferungsquoten sowie die Einziehung von Direktverkaufsquoten den zuständigen Landesstellen und die Zuteilung von Direktverkaufsquoten den Hauptzollämtern. Eine eingezogene Direktverkaufsquote überweist das Land der Bundesreserve, § 6 Abs. 3 MilchQuotV. Milchquoten können nur im Rahmen und nach Maßgabe der in der MilchQuotV vorgesehenen Möglichkeiten **übertragen** werden, § 8 Abs. 1 MilchQuotV. Regelmäßig hat eine Übertragung flächenungebunden und betriebsungebunden, dauerhaft sowie schriftlich zu erfolgen. Das Übertragungsstellenverfahren für Anlieferungsquoten ist im Einzelnen geregelt in §§ 11–20 MilchQuotV. **18**

Quoten können auch im Wege gesetzlicher oder gewillkürter Erbfolge oder bei der Übergabe eines Betriebes im Wege der vorweggenommenen Erbfolge übertragen werden, § 21 MilchQuotV. Wird ein Betrieb, der als selbstständige Produktionseinheit zur Milcherzeugung in Höhe von mindestens 50 vom Hundert seiner Quote bewirtschaftet wird, auf eine natürliche oder juristische Person dauerhaft übertragen oder einer solchen Person durch Verpachtung oder in anderer Weise zeitweilig überlassen, kann eine Quote, die dem Betriebsinhaber zur Verfügung steht, ganz oder teilweise mit übertragen werden. Die Übertragung der Quote muss als Bestandteil einer schriftlichen Betriebsübertragung oder -überlassung vereinbart werden, § 22 Abs. 1 MilchQuotV. Dies würde, wenn überhaupt, in den Aufgabenbereich des Zwangsverwalters oder Insolvenzverwalters fallen. **19**

Die Milchquote gehört in keinem Falle zu den mit dem Eigentum am Grundstück verbundenen Rechten i.S.v. § 96 BGB. Die Milchquote ist personenbezogen, d.h. einer bestimmten Person zugeteilt, und **nicht grundstücksbezogen**, sodass die Beschlagnahme sich hierauf nicht erstreckt.[18] **20**

---

17 Verordnung zur Durchführung der EU-Milchquotenregelung (Milchquotenverordnung – MilchQuotV) – Milchquotenverordnung in der Fassung der Bekanntmachung vom 3.5.2011 (BGBl I S. 775), geändert durch Art. 2 Abs. 98 des Gesetzes vom 22.12.2011 (BGBl I S. 3044).
18 BGH vom 25.4.1997, LwZR 4/96, NJW 1997, 2316 = WM 1997, 1991; BGH vom 26.4.1991, V ZR 53/90, NJW 1991, 3280 = Rpfleger 1991, 429.

§ 7 Beschlagnahme

21 Die zwangsweise Übertragung einer Milchquote zur wirtschaftlichen Verwertung insbesondere im Rahmen einer Zwangsvollstreckung oder eines Insolvenzverfahrens ist nach Maßgabe der in der MilchQuotV vorgesehenen Übertragungsarten möglich, soweit der Inhaber der Quote seine Quote **nicht mehr zur Milcherzeugung benötigt.** Die Quote wird insbesondere nicht mehr zur Milcherzeugung benötigt, wenn der Inhaber der Quote über keinen Milcherzeugungsbetrieb verfügt oder sein Milcherzeugungsbetrieb im Rahmen der wirtschaftlichen Verwertung aufgelöst oder zusammen mit der Quote nach § 22 Abs. 1 Satz 1 MilchQuotV übertragen wird, § 26 MilchQuotV.

D. Zubehör

I. Zubehöreigenschaft

22 Die wirksame Beschlagnahme erfasst auch diejenigen Gegenstände, die der **Hypothekenhaftung** unterliegen, §§ 1120 ff. BGB. Hierunter fallen neben den wesentlichen Bestandteilen und Erzeugnissen auch die subjektiv-dinglichen Rechte, die zugunsten des schuldnerischen Grundstücks (herrschendes Grundstück) am dienenden Grundstück bestellt sind. Wichtig ist hierbei der im Bestandsverzeichnis eingetragene „Herrschvermerk", § 9 GBO, der verhindert, dass das Recht bei der Verkehrswertfestsetzung übersehen wird.

23 Weiterhin unterliegen dem Haftungsverband das **Grundstückszubehör** sowie **Versicherungs- und Entschädigungsansprüche.** Hierunter fallen jedoch nicht Scheinbestandteile, d.h. bewegliche Sachen, die weder Bestandteil noch Zubehör des Grundstücks sind. Voraussetzung hierfür ist, dass sie nur zu einem vorübergehenden Zweck mit dem Grund und Boden verbunden sind, z.B. Gegenstände eines Mieters oder Pächters, die nur zeitlich begrenzt auf dem Grundstück gelagert werden.[19]

24 Die Abgrenzung zwischen Zubehöreigenschaften und wesentlichem Bestandteil ist nicht immer eindeutig zu ziehen. Gemäß § 97 BGB ist eine bewegliche Sache grundsätzlich dann Zubehör, wenn sie, ohne schon Bestandteil der Hauptsache zu sein, nicht nur vorübergehend deren wirtschaftlichem Zweck zu dienen bestimmt ist und zu ihr in einem dieser Bestimmung entsprechenden räumlichen Verhältnis steht.[20] Die danach erforderliche Zweckbestimmung erfolgt in der Regel durch schlüssige Handlung, für die die tatsächliche Benutzung der Sache für den wirtschaftlichen Zweck einer anderen Sache ein Indiz sein kann. Dazu genügt nicht, dass die Verbindung nur für einen von vornherein begrenzten Zeitraum oder lediglich zur Befriedigung der Bedürfnisse des derzeitigen Nutzers erfolgt. Die Zube-

---

19 BGH vom 20.5.1988, V ZR 269/86, NJW 1988, 2789 = ZIP 1988, 1283.
20 BGH vom 14.12.2005, IV ZR 45/05 in BGHZ 165, 261 = Rpfleger 2006, 213 = NJW 2006, 993.

höreigenschaft fehlt jedoch gleichwohl, wenn die Sache im Verkehr nicht als Zubehör angesehen wird, § 97 Abs. 1 Satz 2 BGB.[21] **Zubehör ist z.B.:**
- das Gaststätteninventar,[22]
- die Telekommunikationsanlage eines Hotels,[23]
- die Photovoltaikanlage kann Zubehör sein.[24]

Kein Zubehör ist z.B.:
- der Fuhrpark bei einem modernen Speditions- bzw. Transportunternehmen,[25]
- Maschinen und Geräte eines Bauunternehmens, die ausschließlich auf den Baustellen eingesetzt werden,[26]
- eine aus serienmäßigen Teilen hergestellte Schrankwand als Raumteiler zwischen Küche und Wohnküche.[27]

Als typisches Beispiel für die Uneinheitlichkeit kann die **Einbauküche** dienen: teilweise wird wesentlicher Bestandteil angenommen, teilweise wird die Zubehöreigenschaft bejaht, teilweise wird weder Zubehöreigenschaft noch wesentlicher Bestandteil angenommen.[28] Insgesamt lässt sich diese Frage nicht allgemeingültig beantworten, es muss immer auf den Einzelfall abgestellt werden. Wesentlich kommt es darauf an, ob nach der Verkehrsanschauung erst die Einfügung der Einbauküche dem Gebäude eine besondere Eigenart, ein bestimmtes Gepräge gibt, ohne dass das Gebäude nicht als fertiggestellt gilt, oder ob sie dem Baukörper besonders angepasst ist und deswegen mit ihm eine Einheit bildet.[29]

25

Misslich für das Vollstreckungsverfahren ist, dass das Prozessgericht und nicht das Vollstreckungsgericht über die zutreffende Einordnung entscheidet.[30] Der Gläubiger bzw. der Bieter ist deswegen in der Versteigerung auf sich selbst gestellt. Weder das Gericht noch die Beteiligten und Interessenten können sich auf die Angaben in dem Verkehrswertgutachten verlassen. Das Vollstreckungsgericht wird sich mangels Zuständigkeit zurückhalten, sodass Bietinteressenten nicht sicher beurteilen können, ob sie einen Gegenstand miterwerben oder nicht.[31]

26

---

21 BGH vom 20.11.2008, IX ZR 180/07, NJW 2009, 1078 = Rpfleger 2009, 253.
22 OLG Schleswig vom 21.8.1987, 14 U 77/84, Rpfleger 1988, 76; a.A. LG Kiel vom 26.6.1980, 300.183/79, Rpfleger 1983, 167.
23 LG Flensburg vom 3.6.1999, 5 O 26/98, Rpfleger 2000, 345.
24 LG Passau vom 28.2.2012, 2 T 22/12, Rpfleger 2012, 401.
25 BGH vom 2.11.1982, VI ZR 131/81, Rpfleger 1983, 167 = NJW 1983, 746.
26 BGH vom 13.1.1994, IX ZR 79/93, NJW 1994, 864 = Rpfleger 1994, 266 = DB 1994, 1282 = MDR 1994, 771 = WM 1994, 414 = ZIP 1994, 305.
27 OLG Düsseldorf vom 18.6.1986, 9 U 14/86, DNotZ 1987, 108.
28 Insgesamt hierzu BGH vom 20.11.2008, IX ZR 180/07, NJW 2009, 1078 = Rpfleger 2009, 253 m.w.N.; auch LG Düsseldorf vom 11.8.2010, 23 S 40/10, VersR 2011, 525.
29 So BGH vom 12.12.1989, VI ZR 311/88, Rpfleger 1990, 218. vgl. auch Dorn, Rpfleger 1987, 143.
30 LG Leipzig vom 9.7.2001, 12 T 3764/01, Rpfleger 2001, 610.
31 Zur Problematik auch Dorn, Rpfleger 1987,143, 145.

27 *Hinweis*
Werden Inventargegenstände im Versteigerungstermin aus der Versteigerung ausgenommen und der Verkehrswert insgesamt herabgesetzt, ist der anberaumte Termin abzusetzen, es ist zuvor eine erneute Terminsbekanntgabe notwendig.[32]

II. Dritteigentum

28 Unabhängig von der Frage, ob es sich bei dem Gegenstand um einen wesentlichen Bestandteil oder um Zubehör handelt, wird er in jedem Fall mitversteigert, da er der Beschlagnahme unterliegt. Dies gilt nur dann nicht, wenn es sich um einen **Scheinbestandteil** handelt oder eindeutig feststeht, dass der Gegenstand **keine Zubehöreigenschaft** hat.

29 Steht der Zubehörgegenstand im Eigentum eines Dritten, erstreckt sich die Versteigerung auch grundsätzlich hierauf, der Ersteher wird Eigentümer dieses Dritteigentums, § 55 Abs. 2 ZVG.[33]

30 Da letztlich die Tatsache der Zubehöreigenschaft nicht von dem Versteigerungsgericht, sondern durch das Prozessgericht entschieden wird, wird sich das Versteigerungsgericht bei Aussagen zu diesen Fragen zurückhalten. Der Dritteigentümer muss seine Rechte rechtzeitig, d.h. **spätestens im Versteigerungstermin** vor der Aufforderung zur Abgabe von Geboten, § 37 Nr. 5 ZVG, geltend machen.

Dies bedeutet alternativ:

- Vorlage einer Entscheidung des Prozessgerichts, §§ 771, 769 ZPO,
- Einstellungs- bzw. Aufhebungserklärungen aller betreibenden Gläubiger, § 29 ZVG,
- ggf. einstweilige Einstellung in dringenden Fällen durch das Versteigerungsgericht, §§ 771, 769 Abs. 2 ZPO (dann allerdings muss das Versteigerungsgericht die Zubehöreigenschaft prüfen).

31 Wird ein Aufhebungs- oder Einstellungsbeschluss des Prozessgerichts erst nach Schluss der Versteigerung, aber vor Verkündung des Zuschlags dem Versteigerungsgericht vorgelegt, bewirkt die gegenständlich beschränkte Einstellung insgesamt eine **Versagung des Zuschlags**.[34] Da von einer solchen Zuschlagsversagung in erster Linie der Meistbietende betroffen ist, sollte er zu Protokoll des Gerichts seine Zustimmung erklären, dann kann der Zuschlag u.U. doch erteilt werden. Weitere Beteiligte sind hiervon nicht betroffen.[35]

---

32 LG Rostock v. 24.3.2011, 3 T 343/10, Rpfleger 2011, 625.
33 BGH vom 15.11.1984, IX ZR 157/83, NJW 1986, 59 = Rpfleger 1985, 161.
34 Dassler/Schiffhauer/Hintzen, ZVG, § 33 Rn 4; Stöber, ZVG, § 33 Rn 5.2; Steiner/Storz, ZVG, § 37 Rn 28.
35 Vgl. Dassler/Schiffhauer/Hintzen, ZVG, § 33 Rn 4.

D. Zubehör § 7

Hinweis 32
Geht das Eigentum an einem Zubehörgegenstand durch den Zuschlag in der Zwangsversteigerung verloren, kann der (Dritt-)Eigentümer im Verteilungstermin Widerspruch gegen die Erlösauszahlung erheben. Der Widerspruch und die sich anschließende Widerspruchsklage nach §§ 876 ff. ZPO richtet sich gegen den Beteiligten, dem zuletzt aus dem Versteigerungserlös ein Betrag zugeteilt wurde.[36]

33

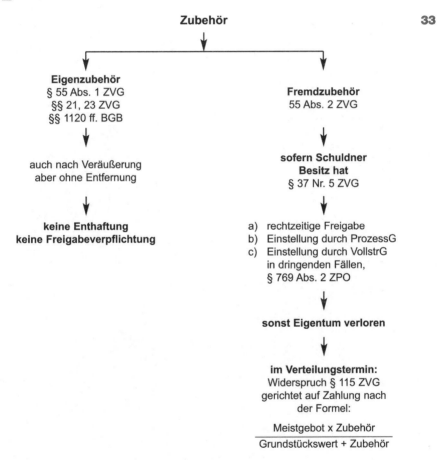

Schaubild 3: Zubehör

---

36 OLG Celle vom 8.12.1992, 4 U 194/91, Rpfleger 1993, 363.

§ 8 Vollstreckungsschutz

A. Schuldnerantrag

I. § 30a ZVG

Auf Antrag des Schuldners kann das Zwangsversteigerungsverfahren einmal, und nach Fortsetzung ein weiteres Mal einstweilen auf die Dauer von jeweils höchstens sechs Monaten eingestellt werden, §§ 30a, 30c ZVG. Wegen des Prinzips der Einzelverfahren muss der Schuldner **gegenüber jedem** betreibenden Gläubiger einen Einstellungsantrag stellen.

Nur unter **Zahlungsauflagen** darf das Versteigerungsgericht die einstweilige Einstellung bewilligen, wenn die Versteigerung aus einem Grundpfandrecht betrieben wird, das innerhalb von $7/10$ des Grundstückwerts steht, § 30a Abs. 3 Satz 2 ZVG. Allerdings besteht hierbei die praktische Schwierigkeit, dass in diesem Zeitpunkt der Verkehrswert noch nicht feststeht.

Die Gründe für eine einstweilige Einstellung (Sanierungsfähigkeit, besondere persönliche und wirtschaftliche Verhältnisse, Art der Schuld, Zumutbarkeit für den Gläubiger)[1] werden regelmäßig nicht vorliegen. Nur in den seltensten Fällen wird einem Schuldnerantrag stattgegeben werden können. Die durchaus öfter vorgetragene Problematik der **Sittenwidrigkeit des Vollstreckungsantrags** ist nach objektiven Gesichtspunkten zu beurteilen, nicht nach dem subjektiven Empfinden des Schuldners. Nach Auffassung des AG Hannover[2] kann einem querulatorischen Verhalten mit der Folge körperlicher und psychischer Belastungen sowie einem lebensbedrohenden psychischen Druck infolge jahrelanger Angst besser mit einer zügigen Durchführung und Beendigung der Vollstreckung entgegengewirkt werden als mit Verlängerung und Hinauszögerung durch Einstellung des Verfahrens. Verallgemeinerungsfähig dürfte diese Aussage jedoch nicht sein.

Überwiegend wird es dem Schuldner nur darauf ankommen, das Zwangsversteigerungsverfahren zu **verzögern**, einmal durch die Antragstellung selbst und dann durch Ausschöpfen des Rechtsmittelverfahrens. Einstellungsanträge und Rechtsmittel gegen die Zurückweisung sind jedoch dann unzulässig, wenn sich aus den Umständen häufiger Wiederholung, Fristverlängerungsgesuchen, Nichtvorlage der zugesandten Begründung usw. ergibt, dass nicht Rechtsschutz gesucht wird, sondern das Verfahren **verschleppt** werden soll.[3]

---

1 Vgl. hierzu Dassler/Schiffhauer/Hintzen, ZVG, § 30a Rn 6 ff.
2 Vom 18.11.1989, 732 a K 88–89/88, Rpfleger 1990, 174.
3 LG Trier vom 18.10.1990, 4 T 66/90, Rpfleger 1991, 70.

II. § 765a ZPO

5 Da die Zwangsversteigerung eine Art der Zwangsvollstreckung i.S.d. 8. Buchs der ZPO ist, gilt auch für dieses Vollstreckungsverfahren die Vollstreckungsschutzvorschrift des § 765a ZPO. Auf Antrag des Schuldners kann das Vollstreckungsgericht jede Maßnahme der Zwangsvollstreckung ganz oder teilweise einstellen, untersagen oder einstweilen einstellen, wenn die Maßnahme unter voller Würdigung des Schutzbedürfnisses des Gläubigers wegen ganz besonderer Umstände eine Härte bedeutet, die für den Schuldner mit den guten Sitten nicht zu vereinbaren ist, § 765a ZPO. Zweck der Vorschrift ist, dem Schuldner in ganz besonders gelagerten Fällen zur Vermeidung oder Milderung besonderer, dem allgemeinen Rechtsempfinden nach unzumutbarer Härte Schutz vor der Vollstreckung zu gewähren. Andererseits stellt § 765a ZPO als „ultima ratio" eine **Ausnahmevorschrift** dar und ist daher eng auszulegen.[4] Die grundgesetzlich geschützten Rechte des Schuldners sind immer zu berücksichtigen.[5] Allerdings dürfte die geforderte **sittenwidrige Härte** einer Zwangsvollstreckungsmaßnahme nur in ganz seltenen Ausnahmefällen zutreffen.

6 In jedem Fall sollten die berechtigten Belange des Gläubigers ebenfalls nicht aus dem Auge verloren werden. Es genügt nicht, die Interessen von Schuldner und Gläubiger gegeneinander abzuwägen.[6] Der Gläubiger hat vielmehr grundsätzlich ein **schutzwürdiges Interesse an der Vollstreckung**, sobald er einen Vollstreckungstitel erwirkt hat. Das Verfahren ist daher nur dann einzustellen, wenn die für und gegen die Vollstreckung sprechenden Interessen von Gläubiger und Schuldner sich krass missverhalten. Dabei müssen die Umstände **eindeutig** zugunsten des Schuldners sprechen, den auch die Beweislast für das Vorliegen der Voraussetzungen trifft. Hierzu führt der BGH[7] wie folgt aus: *„Das durch die Grundrechte auf Schutz des Eigentums (Art. 14 Abs. 1 GG) und auf effektiven Rechtsschutz (Art. 19 Abs. 4 GG) geschützte Interesse des Gläubigers an der Fortsetzung der Räumungsvollstreckung verbietet eine unbefristete Einstellung der Zwangsvollstreckung auch, wenn sich derzeit nicht prognostizieren lässt, wann es zu einer veränderten Situation hinsichtlich der für den Schuldner bestehenden Suizidgefahr im Fall der Durchführung einer Zwangsräumung kommen wird. Es obliegt dem Schuldner, nach Ablauf einer angemessen befristeten vorläufigen Einstellung der Räumungs-*

---

4 BVerfG vom 21.11.2012, 2 BvR 1858/12, NJW 2013, 290; BGH vom 13.7.1965, V ZR 269/62, BGHZ 44, 138, 143 = NJW 1965, 2107, 2108.
5 BVerfG vom 6.8.2014, 2 BvR 1340/14 und vom 29.7.2014, 2 BvR 1400/14; BVerfG vom 27.6.2005, 1 BvR 224/05, Rpfleger 2005, 614 = FamRZ 2005, 1972; BVerfG vom 3.10.1979, 1 BvR 614/79, NJW 1979, 2607 = Rpfleger 1979, 450; BGH vom 21.7.2011, V ZB 48/10, Rpfleger 2012, 38 = NJW-RR 2011, 1452; BGH vom 13.8.2009, I ZB 11/09, Rpfleger 2010, 32 = NJW 2009, 3440; BGH vom 20.11.2008, V ZB 31/08, Rpfleger 2009, 252 = NJW 2009, 444; BGH vom 6.12.2007, V ZB 67/07, Rpfleger 2008, 212.
6 Ulrich, Rpfleger 2012, 477; Bartels, Rpfleger 2008, 397; Scholz, ZMR 1986, 227.
7 BGH vom 9.10.2013, I ZB 15/13, NJW 2014, 2288 = NZM 2014, 512.

A. Schuldnerantrag § 8

vollstreckung darzulegen und zu beweisen, dass die Voraussetzungen für eine vorläufige Einstellung weiterhin vorliegen. Solange es angesichts der im Vollstreckungsverfahren ergangenen Sachverständigengutachten nicht gänzlich ausgeschlossen erscheint, eine mit der Räumung für den psychisch erkrankten Schuldner einhergehende suizidale Lebens- oder Gesundheitsgefahr dergestalt zu vermindern, dass die therapeutisch zur Verfügung stehenden – auch stationären – Maßnahmen strategisch ausgeschöpft werden, darf das Vollstreckungsgericht die Zwangsvollstreckung nicht unbefristet und ohne Auflagen einstellen, ohne damit die berechtigten Interessen des Gläubigers an einem effektiven staatlichen Rechtsschutzsystem zu verletzen. Denn andernfalls würde der Schuldner davon frei darzulegen und zu beweisen, dass die Voraussetzungen für eine vorläufige Einstellung weiterhin vorliegen, während der Gläubiger damit belastet würde, beim Vollstreckungsgericht eine Aufhebung der Einstellung wegen Änderung der Sachlage (§ 765a IV ZPO) zu beantragen und das Antragsrisiko zu tragen. Ziel des vorläufigen Vollstreckungsschutzes, aber auch Aufgabe des Schuldners bleibt es, selbst wenn die Aussichten gering sein mögen, die Gesundheit des Schuldners wiederherzustellen; er selbst hat daran mitzuwirken und dem Vollstreckungsgericht seinen Behandlungsstand nachzuweisen. Eine lange Verfahrensdauer – bisher schon und in Zukunft – ist in dieser Hinsicht ohne Belang, so dass eine auch auf Jahre befristete Einstellung der Räumungsvollstreckung einzelfalladäquat bemessen sein kann. Ein medizinisches Privatgutachten eines zuständigen Amtsarztes, der mit den Räumungsschuldnern oder einem von ihnen bekannt ist und der es, weil er sich befangen fühlt, ablehnt, einen gerichtlichen Gutachterauftrag zu übernehmen, kann ob dieser Umstände nicht bereits als bloßes Gefälligkeitsattest abgetan werden. Vielmehr kommt in Betracht, dass das Gutachten als Grundlage für das Gutachten des gerichtlich bestellten Gutachters dient, wenn es diesem Gutachter nicht gelingt, den suizidgefährdeten Schuldner zu einem Untersuchungsgespräch zu bewegen und das Gericht infolgedessen um eine Begutachtung nach Aktenlage bittet."

Eine sittenwidrige Härte i.S.d. § 765a ZPO stellt die Zwangsversteigerung nicht schon an sich dar. Da der Antrag nach dieser Vorschrift an keine Fristen gebunden ist, kann er im Laufe des Versteigerungsverfahrens jederzeit gestellt werden. Allerdings ist ein solcher Antrag erstmals im Rahmen einer Beschwerde gegen die Zuschlagserteilung nicht zulässig.[8] Ein rechtskräftiger Zuschlagsbeschluss kann ebenfalls nicht nach § 765a ZPO aufgehoben werden.[9]

7

Vielfach stellt der Schuldner einen solchen Schutzantrag mit der Begründung, das **Grundstück** werde **verschleudert**. Da im ersten Termin zur Zwangsversteigerung

8

---

[8] OLG Düsseldorf vom 20.5.1987, 3 W 171/87, Rpfleger 1987, 514; OLG Köln vom 14.10.1987, 2 W 150/87, MDR 1988, 152.
[9] BGH vom 1.10.2009, V ZB 37/09, Rpfleger 2010, 101 = NJW-RR 2010, 232.

des Grundstücks von Amts wegen eine ⁵/₁₀-Grenze zu beachten ist, § 85a Abs. 1 ZVG, kann oberhalb dieser Grenze keine Verschleuderung des Grundstücks vorliegen.[10]

9 Hieraus kann weiterhin geschlossen werden, dass der Gesetzgeber im zweiten Versteigerungstermin einen Zuschlag auch grundsätzlich für zulässig erklärt, wenn das Meistgebot weniger als 50 % des Verkehrswerts beträgt. Liegt das Meistgebot zwar unter 50 %, aber über 40 % des Grundstückswerts, ist noch keine Verschleuderung gegeben.[11]

10 Der Zuschlag zu einem Meistgebot von etwa 39 % des Verkehrswerts stellt dann jedoch eine Verschleuderung dar, wenn aus der Abgabe eines bei 60 % des Werts liegenden Meistgebots in einem früheren Termin zu ersehen ist, dass auch ein höheres Gebot möglich erscheint.[12] Liegt das Meistgebot jedoch unter einem Drittel des Grundstückswerts kann regelmäßig von einer Verschleuderung ausgegangen werden; in jedem Fall sollte vor Zuschlagserteilung der Schuldner unbedingt angehört werden.[13]

11 Ein in den letzten Jahren sehr häufig vorgetragener Einstellungsgrund ist die drohende oder bestehende **Suizidgefahr** des Schuldners. Sittenwidrig kann die Versteigerung sein, wenn Leid, Leben oder Gesundheit des Schuldners bzw. dessen Angehöriger gefährdet wird. Wenn ein schwerwiegender Eingriff in das Recht auf Leben und körperliche Unversehrtheit des Schuldners (Art. 2 Abs. 2 Satz 1 GG) zu besorgen ist, insbesondere bei konkret bestehender Selbstmordgefahr des Schuldners, muss die Zwangsvollstreckung des Gläubigers vorübergehend zurückstehen.[14] Diese kann in besonders gelagerten Einzelfällen auch dazu führen, dass die Vollstreckung für einen längeren Zeitraum und – in absoluten Ausnahmefällen – auf unbestimmte Zeit einzustellen ist.[15]

---

10 OLG Hamm vom 26.11.1991, 15 W 317/91, Rpfleger 1992, 211 (56 % des Verkehrswerts).
11 OLG Hamm vom 22.1.1976, 15 W 430/75, Rpfleger 1976, 146; OLG Frankfurt am Main vom 19.8.1975, 20 W 652/75, Rpfleger 1976, 25.
12 OLG Düsseldorf vom 6.5.1988, 3 W 92/88, Rpfleger 1989, 36; OLG Frankfurt am Main vom 19.8.1975, 20 W 652/75, Rpfleger 1976, 25.
13 BGH vom 5.11.2004, IXa ZB 27/04, Rpfleger 2005, 151.
14 BVerfG vom 6.8.2014, 2 BvR 1340/14 und vom 29.7.2014, 2 BvR 1400/14; BVerfG vom 27.6.2005, 1 BvR 224/05, Rpfleger 2005, 614 = FamRZ 2005, 1972; BVerfG vom 3.10.1979, 1 BvR 614/79, NJW 1979, 2607 = Rpfleger 1979, 450; BGH vom 21.7.2011, V ZB 48/10, Rpfleger 2012, 38 = NJW-RR 2011, 1452; BGH vom 13.8.2009, I ZB 11/09, Rpfleger 2010, 32 = NJW 2009, 3440; BGH vom 20.11.2008, V ZB 31/08, Rpfleger 2009, 252 = NJW 2009, 444; BGH vom 6.12.2007, V ZB 67/07, Rpfleger 2008, 212.
15 BVerfG vom 21.11.2012, 2 BvR 1858/12, NJW 2013, 290; BVerfG vom 27.6.2005, 1 BvR 224/05, Rpfleger 2005, 614 = FamRZ 2005, 1972; BGH vom 24.11.2005, V ZB 99/05, Rpfleger 2006, 147.

A. Schuldnerantrag §8

Die Gründe können in persönlichkeitsbedingten Ursachen liegen,[16] in altersbedingter Gebrechlichkeit, die bei Räumung nicht ausschließbar den Schuldner zum Pflegefall werden lassen kann,[17] in der Unfähigkeit, aus eigener Kraft oder mit zumutbarer fremder Hilfe eine Konfliktsituation situationsangemessen zu bewältigen (Risiko des Bilanzselbstmords)[18] oder auch im hohen Alter (z.B. 99 Jahre) mit dem Risiko, bald zum Pflegefall zu werden.[19]

12

In zahlreichen Entscheidungen wird aber auch die Situation naher **Angehöriger**, die mit dem Schuldner zusammen leben, in die Entscheidung eingebunden.[20] Wenn die Möglichkeit besteht, dass eine solche Person wegen der Anordnung der Zwangsversteigerung stirbt oder ernsthaft erkrankt, muss ebenfalls das Verfahren eingestellt werden.[21]

13

> *Beispiele*
> § 765a ZPO greift,
> - wenn die Zwangsräumung für die 97-jährige Mutter des Schuldners, die mit in seiner Wohnung lebt, lebensbedrohlich ist; auch ein $4^{1}/_{2}$ Jahre alter rechtskräftiger Räumungstitel verhilft in diesem Fall nicht zur Räumung,
> - wenn – im Einzelfall – das Verfahren selbst schwere Gesundheitsgefahren für die 85-jährige Mutter der Schuldnerin mit sich bringt, falls diese erfahren sollte, dass das seit Generationen im Familienbesitz befindliche Haus zwangsversteigert werden soll.

In letzter Zeit wird aber immer mehr heraus gestellt, dass die Zwangsvollstreckung nicht ohne Weiteres sofort, befristet oder sogar auf Dauer einstweilen eingestellt werden kann. Das Vollstreckungsgericht hat zu prüfen, ob der Gefahr nicht auch **auf andere Weise** als durch Einstellung der Zwangsvollstreckung wirksam begegnet werden kann. Zu beachten ist, dass in Betracht kommende Mitwirkungshandlungen des Schuldners oder Dritter nicht lediglich abstrakt erwogen werden dürfen, sondern dass das Vollstreckungsgericht, sofern sie noch nicht eingeleitet worden sind, durch Auflagen auf ihre Vornahme hinzuwirken hat,[22] z.B. Auflage zur Wohnungssuche, Einholung ärztlicher Gutachten, Inanspruchnahme fachärztlicher Hil-

14

---

16 BVerfG vom 16.8.2001, 1 BvR 1002/01, NJW-RR 2001, 1523; BVerfG vom 2.5.1994, 1 BvR 549/94, NJW 1994, 1719.
17 BVerfG vom 15.1.1992, 1 BvR 1466/91, NJW 1992, 1155; BVerfG vom 8.9.1997, 1 BvR 1147/97, NJW 1998, 295; OLG Köln vom 7.2.1994, 2 W 21/94, Rpfleger 1994, 267 = NJW 1994, 1743 = FamRZ 1994, 1046 = MDR 1994, 728.
18 BVerfG vom 16.8.2001, 1 BvR 1002/01, NJW-RR 2001, 1523; BGH vom 6.12.2012, V ZB 80/12, NJW-RR 2013, 628.
19 BVerfG vom 8.9.1997, 1 BvR 1147/97, NJW 1998, 295 = NZM 1998, 21.
20 BGH vom 6.12.2012, V ZB 80/12, NJW-RR 2013, 628; BGH vom 4.5.2005, I ZB 10/05, Rpfleger 2005, 454 = FamRZ 2005, 1170.
21 OLG Hamm vom 26.3.2001, 15 W 66/01, Rpfleger 2001, 508.
22 BGH vom 24.11.2005, V ZB 99/05, Rpfleger 2006, 147.

fe, stationärer Aufenthalt in einer Klinik, Wahrnehmung einer erfolgversprechenden Behandlungsmöglichkeit und die Notwendigkeit weiterer Behandlung in halbjährlichem Abstand durch eine Bescheinigung des Sozialpsychiatrischen Dienstes oder durch einen Facharzt nachzuweisen, Anordnung geeigneter konkreter Betreuungsmaßnahmen bis zur Unterbringung nach den einschlägigen Landesgesetzen (z.B. PsychKG NW).[23] Die Zwangsversteigerung eines Grundstücks kann nur unter **Auflagen auf Zeit** eingestellt werden, wenn der mit der Fortsetzung des Verfahrens verbundenen Gefahr der Selbsttötung des Schuldners nur durch dessen dauerhafte Unterbringung entgegengewirkt werden kann.[24] Der BGH betont auch in seinen weiteren Entscheidungen stets, dass eine Maßnahme der Zwangsvollstreckung nicht ohne weiteres (einstweilen) einzustellen ist, sondern dass ein ganz besonders gewichtiges Interesse der von der Vollstreckung Betroffenen (Lebensschutz) gegen das Vollstreckungsinteresse des Gläubigers (Gläubigerschutz, wirksamer Rechtsschutz) abzuwägen ist. Es ist daher sorgfältig zu prüfen, ob der Gefahr der Selbsttötung nicht auf andere Weise als durch Einstellung der Zwangsvollstreckung wirksam begegnet werden kann. Der BGH hat hierbei Hinweise auf mögliche Maßnahmen gegeben, wie die Zwangsvollstreckung dennoch durchgeführt werden kann: Beispielhaft durch die Ingewahrsamnahme des suizidgefährdeten Schuldners nach polizeirechtlichen Vorschriften oder dessen Unterbringung nach den einschlägigen Landesgesetzen. Das Vollstreckungsgericht hat die für die Maßnahmen zur Unterbringung des Schuldners zuständigen Behörden vor der Vollstreckung zu unterrichten und hierbei darauf hinzuweisen, dass die Vollstreckung fortzusetzen sein wird, wenn die für den Lebensschutz primär zuständigen Behörden und Vormundschaftsgerichte Maßnahmen zum Schutze des Lebens des Schuldners nicht für notwendig erachten. In seiner Entscheidung vom 15.7.2010 gibt der BGH[25] weitere Hinweise im Einzelfall. Erachtet das Vormundschaftsgericht Maßnahmen zum Schutz des Lebens des Schuldners nicht für geboten, solange die Zwangsvollstreckung nicht durchgeführt wird, so setzt die Fortsetzung der Vollstreckung gegen den suizidgefährdeten Schuldner voraus, dass das Vollstreckungsgericht flankierende Maßnahmen ergreift, die ein rechtzeitiges Tätigwerden des Vormundschaftsgerichts zur Abwendung der Suizidgefahr ermöglichen. Der BGH spricht mittlerweile selbst von einer „Blockadesituation". Trägt nämlich die Entscheidung des Vormundschaftsgerichts zur Behebung des **Dilemmas** nicht bei, weil die Ablehnung lebenssichernder Maßnahmen nicht auf eine Bewertung der Bedrohungslage bezogen auf den Zeitpunkt des endgültigen Eigentumsverlustes gestützt wird, hin-

---

23 BVerfG vom 25.9.2003, 1 BvR 1920/03, NJW 2004, 49; BGH vom 6.12.2007, V ZB 67/07, Rpfleger 2008, 212 = NJW 2008, 586; BGH vom 4.5.2005, I ZB 10/05, Rpfleger 2005, 454 = FamRZ 2005, 1170.
24 BGH vom 6.12.2007, V ZB 67/07, Rpfleger 2008, 212 = NJW 2008, 586.
25 BGH vom 15.7.2010, V ZB 1/10, Rpfleger 2010, 681 = NJW-RR 2010, 1649 = FamRZ 2010, 1652 = ZfIR 2010, 738 (Keller).

dert dieser Umstand nicht, den Zuschlag (bzw. die Zurückweisung des Antrages auf weitere Verfahrenseinstellung) zu bestätigen, sofern der drohenden Suizidgefahr effektiv durch flankierende Maßnahmen Rechnung getragen wird. Das kann dadurch geschehen, dass das Vollstreckungsgericht die Zuschlagsentscheidung zunächst nur dem Vormundschaftsgericht (sowie ggf. auch einem bestellten Betreuer) – unter deutlicher Hervorhebung der mit dem Bekanntwerden der abschlägigen Entscheidung mit hoher Wahrscheinlichkeit eintretenden akuten Lebensgefahr – zustellt, die Herausgabe des Beschlusses an die Verfahrensbeteiligten nach Ablauf einer bestimmten Frist ankündigt, sich des Eingangs dieser Ankündigung vergewissert, die Zustellung an die Verfahrensbeteiligten erst nach Fristablauf veranlasst und das Vormundschaftsgericht hiervon nochmals in geeigneter Weise unter erneuter Hervorhebung der Dringlichkeit und der Bedeutung der Sache informiert. Dann muss das – mit der Sache ohnehin schon vorbefasste – Vormundschaftsgericht im Rahmen der primär ihm zugewiesenen Verantwortung für den Lebensschutz darüber befinden, ob nunmehr eine akute Selbstgefährdung vorliegt oder nicht. Bejaht es eine solche Gefahr, obliegt es ihm, die erforderlichen (Eil-)Maßnahmen zu treffen. Mit Beschl. v. 21.7.2011[26] entschied der BGH weiterhin, dass das Vollstreckungsgericht bei der Durchführung des Zwangsversteigerungsverfahrens unter Abwägung der Interessen der Beteiligten dem Umstand Rechnung tragen muss, dass die Fortführung des Zwangsversteigerungsverfahrens den Erfolg der Behandlung einer lebensbedrohlichen Erkrankung des Schuldners gefährdet. Das Verfahren wurde kurz vor einer chemotherapeutischen Behandlung der Leukämieerkrankung des Schuldners betrieben und damit waren das Gelingen der Therapie und das Leben des Schuldners möglicherweise gefährdet.[27] Dass die vorgenannte Auffassung des BGH letztendlich gescheitert ist, hat 2014 das BVerfG[28] klargestellt.

Allein die Tatsache, dass der Schuldner bei einer früheren einstweiligen Einstellung gegen Auflagen diesen **nicht nachgekommen** ist, steht dem nicht zwingend entgegen.[29] In Fällen dieser Art wird regelmäßig die Einstellung der Zwangsvollstreckung für zunächst eine begrenzte Zeit ausreichen. Soweit die fraglichen Umstände ihrer Natur nach aber keiner Änderung zum Besseren zugänglich sind, kann in einem noch engeren Kreis von Ausnahmefällen auch die Gewährung von Räumungsschutz **auf Dauer** geboten sein.[30]

15

---

26 BGH vom 21.7.2011, V ZB 48/10, Rpfleger 2012, 38.
27 Zum Gesamtkomplex: Ulrich, Rpfleger 2012, 477.
28 BVerfG vom 29.7.2014, 2 BvR, 1400/14, Rpfleger 2014, 608.
29 BVerfG vom 25.9.2003, 1 BvR 1920/03, NJW 2004, 49.
30 BVerfG vom 27.6.2005, 1 BvR 224/05, Rpfleger 2005, 614 = FamRZ 2005, 1972; BVerfG vom 8.9.1997, 1 BvR 1147/97, NJW 1998, 295.

§ 8 Vollstreckungsschutz

16 *Hinweis*
Der Gläubiger sollte darauf hinwirken, dass das Gericht zugleich sowohl über den Antrag nach § 30a ZVG als auch über evtl. Gründe i.S.v. § 765a ZPO entscheidet. Dies führt dazu, dass der Schuldner bei einem erneuten Antrag nach § 765a ZPO nicht dieselben Gründe wie im Erstantrag vortragen kann.

B. Gläubigerantrag

17 Auf Antrag des Gläubigers kann das Verfahren einstweilen eingestellt werden und nach rechtzeitiger Fortsetzung ein weiteres Mal, § 30 Abs. 1 ZVG. Nach **Einstellungsbewilligung** scheidet der Gläubiger aus dem Kreis der betreibenden Gläubiger aus; seinem Antrag kann nur dann dem geringsten Gebot zugrunde gelegt werden, wenn er rechtzeitig einen Fortsetzungsantrag stellt. Der Fortsetzungsbeschluss muss spätestens vier Wochen vor dem Zwangsversteigerungstermin dem Schuldner zugestellt worden sein, § 43 Abs. 2 ZVG.

18 Die Einstellungsbewilligung ist bis zur Zuschlagsverkündung zulässig.[31] Wird sie nach Schluss der Versteigerung bewilligt, so kann nur noch durch Versagung des Zuschlags entschieden werden, § 33 ZVG.[32] Voraussetzung für die **Zuschlagsversagung** ist, dass die Einstellung von dem bestrangig betreibenden Gläubiger ausgeht, für andere Gläubiger wird deren Einzelverfahren lediglich eingestellt.

19 *Hinweis*
Wenn der Schuldner einen Einstellungsantrag stellt und der Gläubiger durchaus bereit ist, ebenfalls einer einstweiligen Einstellung zuzustimmen, sollte er selbst keinen Einstellungsantrag stellen, sondern dem Antrag des Schuldners mit Zahlungsauflagen zustimmen. Hierdurch hat der Gläubiger selbst keine Einstellungsbewilligung verbraucht, jedoch der Schuldner. Eine zeitliche Verzögerung tritt meistens auch nicht ein, zu denken ist hierbei nur an die Ausschöpfung des Rechtsmittelweges gegen einen zurückweisenden Beschluss.

20 Hat der Gläubiger das Verfahren bereits zweimal eingestellt, gilt eine **dritte** Einstellungsbewilligung als Verfahrensrücknahme, § 30 Abs. 1 Satz 2 ZVG. Im Hinblick auf das Prinzip des Einzelverfahrens setzt die gesetzliche **Rücknahmefiktion** voraus, dass der Gläubiger die dritte Einstellungsbewilligung

- in dem von ihm durchgängig betriebenen Verfahren,
- in dem Verfahren aufgrund desselben Beschlagnahmebeschlusses,
- wegen des einheitlichen Anspruchs aus derselben Rangposition abgibt.[33]

---

31 Dassler/Schiffhauer/Hintzen, ZVG, § 30 Rn 13.
32 LG Hanau vom 8.8.1977, 3 T 186/77, MDR 1977, 1028.
33 Dassler/Schiffhauer/Hintzen, ZVG, § 30 Rn 22.

B. Gläubigerantrag § 8

Nur bei Vorliegen dieser drei Voraussetzungen ist eine Verfahrensaufhebung gerechtfertigt.[34]

> *Hinweis* **21**
> Betreibt der Gläubiger das Verfahren wegen einer Teilforderung und bewilligt er zweimal die einstweilige Einstellung, und tritt er dann dem Verfahren wegen einer weiteren Teilforderung oder abgespaltenen Nebenleistung bei und bewilligt er erneut die einstweilige Einstellung, dann gilt dies als dritte Einstellungsbewilligung mit Antragsrücknahmefiktion.[35] Die wiederholte Bewilligung der vorläufigen Einstellung des Versteigerungsverfahrens nach § 30 ZVG ist rechtsmissbräuchlich, wenn damit allein der Zweck verfolgt wird, durch langfristige Verfahrensbetreibung Zahlungsdruck auf den Schuldner auszuüben.[36]

Nach Auffassung des LG Bonn[37] ist das Verfahren auch dann aufzuheben, wenn der betreibende Gläubiger seinen Versteigerungsantrag zurücknimmt, später aber dem von einem anderen Gläubiger weiterbetriebenen Verfahren erneut beitritt, da die vor der Antragsrücknahme erklärten Einstellungsbewilligungen mit denen nach dem erneuten Beitritt **zusammengerechnet** werden müssen. Diese Auffassung ist als zu weitgehend abzulehnen. Richtig ist daher die Auffassung des OLG Düsseldorf,[38] welches auf die Einstellungsbewilligungen **in den jeweiligen Einzelverfahren** abstellt. Konkret war der Gläubiger hier aus jeweils fälligen Zinsforderungen dem Verfahren mehrfach beigetreten und hatte jeweils Einstellungsbewilligungen abgegeben. **22**

Hier stellt sich jedoch die Frage, ob die Zinsen ohne die Hauptforderung fällig waren, da andernfalls eine **Aufsplittung** der Forderung in Hauptanspruch und Zinsen als **missbräuchliche Rechtsausübung** anzusehen ist.[39] **23**

Einem Gläubiger ist es aber grundsätzlich unbenommen, die Zwangsversteigerung wegen der dinglichen Zinsen in der Weise zu betreiben, dass er wegen **später** fällig werdender Zinsen **jeweils** den Beitritt zum Verfahren erklärt. Erst nach Eintritt der besonderen Zwangsvollstreckungsvoraussetzungen gem. § 751 Abs. 1 ZPO ist die Zwangsvollstreckung möglich, sodass es insoweit zu mehreren selbstständigen Einzelverfahren, die hinsichtlich der Einstellung und der Aufhebung gesondert zu betrachten sind, kommt. **24**

---

34 Hintzen, Rpfleger 1991, 69, 70.
35 LG Lüneburg vom 23.4.1987, 4 T 24/87, Rpfleger 1987, 469.
36 LG Koblenz vom 24.8.2012, 2 T 486/12, ZVI 2012, 426.
37 Vom 6.6.1990, 4 T 289/90, Rpfleger 1990, 433.
38 Vom 31.8.1990, 3 W 310/90, Rpfleger 1991, 28.
39 Stöber, ZVG, § 15 Rn 15.2; Steiner/Hagemann, ZVG, §§ 15, 16 Rn 41.

25 Der Gläubiger handelt nicht rechtsmissbräuchlich, wenn seine **ernsthafte Versteigerungsabsicht** erkennbar ist und er das Verfahren nicht nur zu dem Zweck betreibt, Druck auf den Schuldner auszuüben.[40] Nur wenn der Gläubiger rechtsmissbräuchlich handelt, ist das Verfahren aufzuheben.[41]

26 *Hinweis*
Für den Gläubiger ist bei dieser Verfahrensweise Vorsicht geboten. Benutzt der Gläubiger das Verfahrensinstrument der einstweiligen Einstellung als permanentes Druckmittel gegen den Schuldner, muss ihm die ernsthafte Versteigerungsabsicht abgesprochen werden. Wenn das Gesamtverhalten des Gläubigers als verwerflich zu betrachten ist, ist das Verfahren aufzuheben.[42]

C. Antrag des Insolvenzverwalters

I. Einstellungsgründe

27 Ist das Insolvenzverfahren eröffnet worden, kann der Insolvenzverwalter einen Einstellungsantrag bis zum Schluss der Zwangsversteigerung, also bis zur Verkündung des Zuschlags, stellen, § 30d ZVG. Der Insolvenzverwalter muss einen der nachfolgenden Gründe, oder auch mehrere kumulativ, glaubhaft machen, § 294 ZPO, § 30d Abs. 1 Satz 1 Nr. 1 bis 4 ZVG:

- der Berichtstermin im Insolvenzverfahren nach § 29 Abs. 1 Nr. 1 InsO steht noch bevor,
- das Grundstück wird nach dem Ergebnis des Berichtstermins nach § 29 Abs. 1 Nr. 1 InsO im Insolvenzverfahren für eine Fortführung des Unternehmens oder für die Vorbereitung der Veräußerung eines Betriebs oder einer anderen Gesamtheit von Gegenständen benötigt,
- durch die Versteigerung wird die Durchführung eines vorgelegten Insolvenzplans gefährdet,
- die Versteigerung erschwert die angemessene Verwertung der Insolvenzmasse in sonstiger Weise.

28 Ausnahmsweise hat der Schuldner ein eigenes Antragsrecht der einstweiligen Einstellung, sofern er im Insolvenzverfahren einen Insolvenzplan vorgelegt hat und dieser nach § 231 InsO nicht zurückgewiesen wurde, § 30d Abs. 2 ZVG.

---

40 LG Erfurt vom 28.1.2005, 7 T 90/02, Rpfleger 2005, 375, das dem Gläubiger rechtsmissbräuchliches Handeln vorwirft, wenn dieser ohne ernsthafte Versteigerungsabsicht über einen längeren Zeitraum (hier: zwei Jahre) aus mehreren Beitrittsbeschlüssen die Versteigerung betreibt.
41 LG Dessau vom 16.6.2004, 7 T 193/04, Rpfleger 2004, 724.
42 BGH vom 24.10.1978, VI ZR 67/77, NJW 1979, 162; LG Koblenz vom 24.8.2012, 2 T 486/12, ZVI 2012, 426.

Steht der **Berichtstermin** im Insolvenzverfahren, § 29 Abs. 1 Nr. 1, § 156 InsO, noch bevor, ist die laufende Zwangsversteigerung ohne jede weitere Bedingung einstweilen einzustellen.   **29**

Wird das Grundstück zur **Fortführung des Unternehmens** oder zur Teil- bzw. Gesamtveräußerung benötigt und ist hierzu ein Beschluss der Gläubigerversammlung im Berichtstermin erfolgt, muss das Versteigerungsgericht grundsätzlich das Verfahren einstweilen einstellen. Gleichermaßen können sich die Gründe aus einem Insolvenzplan ergeben.   **30**

Zur Vorlage eines **Insolvenzplans** an das Insolvenzgericht sind sowohl der Insolvenzverwalter als auch der Schuldner berechtigt (die Rechte des Schuldners regelt § 30d Abs. 2 ZVG). Erfasst der Insolvenzplan auch das zu versteigernde Grundstück, muss durch die Vorlage des Insolvenzplans glaubhaft gemacht werden, dass das Grundstück in die Planregelung einbezogen wurde und die Prognoseentscheidung ergibt, dass ohne das Grundstück der Plan nicht durchführbar bzw. die Durchführung gefährdet ist.[43]   **31**

Falls die Versteigerung die angemessene Verwertung der Insolvenzmasse in sonstiger Weise erschwert, ist das Verfahren ebenfalls einstweilen einzustellen. Dieser Auffangtatbestand greift insbesondere dann, wenn bei einer sofortigen Versteigerung ein erheblich geringerer Erlös zu erwarten ist als bei einer späteren Veräußerung.[44]   **32**

II. Verfahren

Vor der Entscheidung über die einstweilige Einstellung sind die betreibenden Gläubiger zu hören, § 30d Abs. 1 Satz 2 ZVG. Der Antrag des Insolvenzverwalters ist abzulehnen, wenn unter Berücksichtigung der wirtschaftlichen Verhältnisse des Gläubigers ihm die einstweilige Einstellung nicht zuzumuten ist. Die Unzumutbarkeit wird jedoch nur selten Anwendung finden, allenfalls dann, wenn sich der Gläubiger selbst in einer ernsten finanziellen Krise befindet; regelmäßig dürften die Interessen der Gesamtheit der Insolvenzgläubiger das größere Gewicht haben.[45]   **33**

III. Ausgleichsleistungen

Sind die Voraussetzungen für eine einstweilige Einstellung nach § 30d ZVG gegeben, hat das Versteigerungsgericht **von Amts wegen** die Auflage anzuordnen, dass den betreibenden Gläubiger für die Zeit nach dem Berichtstermin laufend die geschuldeten Zinsen binnen zwei Wochen nach Eintritt der Fälligkeit aus der Insolvenzmasse zu zahlen sind, § 30e Abs. 1 Satz 1 ZVG. Die **Zinszahlung** verfolgt den   **34**

---

[43] MüKo/Tetzlaff, InsO, § 165 Rn 96.
[44] Stöber, NZI 1999, 108; Hintzen, in: Kölner Schrift zur InsO, S. 1126, Rn 84.
[45] MüKo/Tetzlaff, InsO, § 165 Rn 100; Stöber, ZVG, § 30d Rn 3.

Zweck, dass dem betreibenden Gläubiger des Versteigerungsverfahrens kein wirtschaftlicher Nachteil dadurch entsteht, dass das Versteigerungsverfahren einstweilen eingestellt wird. Die Anordnung der Zinszahlung ist zwingend, ein Ermessen besteht nicht.[46]

35 Streitig ist, in welcher Höhe der **Zinsausgleich** zu zahlen ist: vertraglich vereinbarte[47] oder dingliche Zinsen.[48]

36 Gerade bei der Grundschuld in der Zwangsversteigerung können die vertraglichen Zinsvereinbarungen zwischen dem Schuldner und dem Gläubiger jedoch keine Berücksichtigung finden, da das Versteigerungsgericht nur die aus dem Grundbuch ersichtlichen dinglichen Zinsen zu beachten hat, § 10 Abs. 1 Nr. 4 ZVG. Das Wesen der Grundschuld ist die fehlende Akzessorietät der Forderung. Die Grundschuld gibt dem Gläubiger das Recht auf Zahlung einer bestimmten Geldsumme aus dem Grundstück, § 1191 Abs. 1 BGB. Die Grundschuld ist ein von der Forderung losgelöstes abstraktes Recht, auch wenn sie in der Praxis regelmäßig zu Sicherungszwecken bestellt wird. Die Grundschuld gibt dem Gläubiger weiter das Recht, das belastete Grundstück im Wege der Zwangsversteigerung bzw. Zwangsverwaltung zu verwerten und den auf die Grundschuld entfallenden Erlös im Rang seines grundbuchrechtlich gesicherten Rechts zu entnehmen, §§ 1192, 1147, 879 BGB, § 45 GBO, § 10 ZVG. Auch die im Grundbuch eingetragenen Grundschuldzinsen, die regelmäßig wesentlich höher liegen als die geschuldeten Darlehenszinsen, sind abstrakt und nicht von einer Forderung abhängig. Grundschuldzinsen können nicht nur für die Kreditzinsen herangezogen werden, sondern dienen auch der Sicherung aller bestehenden oder künftigen Ansprüche des Gläubigers, können mithin auch auf die Hauptforderung verrechnet werden.[49]

37 Das Gericht hat auch keine Möglichkeit und Handhabe, vom Gläubiger die Höhe der vertraglichen Zinsen zu erfragen. Das Gericht müsste deswegen eine **willkürliche Zinshöhe** als Ausgleich festlegen. Die Grundschuld kann auch zahlreiche Einzelforderungen absichern, wobei die einzelnen Forderungen selbstverständlich auch unterschiedlich verzinst werden können. Ein Abstellen auf die vertraglich vereinbarten Zinsen ist daher gar nicht möglich.[50]

---

46 Dassler/Schiffhauer/Hintzen, ZVG, § 30e Rn 2; Stöber, ZVG, § 30e Rn 2.1.
47 LG Göttingen vom 27.1.2000, 10 T 1/2000, Rpfleger 2000, 228 = NZI 2000,186; LG Stade vom 19.3.2002, 7 T 47/02, Rpfleger 2002, 472; Uhlenbruck/Brinkmann, InsO, § 165 Rn 19; MüKo/Tetzlaff, InsO, § 165 Rn 104; Wenzel, NZI 1999, 102; Tetzlaff, WM 1999, 2336 und ZInsO 2004, 521.
48 Dassler/Schiffhauer/Hintzen, ZVG, § 30e Rn 6, 7; Stöber, ZVG, § 30e Rn 2.2; Böttcher, ZVG, § 30e Rn 4; Hintzen, ZInsO 2004, 713 und ZInsO 2000, 205; Alff, Rpfleger 2000, 228; Eickmann, ZfIR 1999, 83; Schmidt, InVo 1999, 76.
49 BGH vom 13.5.1982, III ZR 164/80, NJW 1982, 2768; BGH vom 9.11.1995, IX ZR 179/94, NJW 1996, 253.
50 Dassler/Schiffhauer/Hintzen, ZVG, § 30e Rn 6 ff. m.w.N.

C. Antrag des Insolvenzverwalters § 8

Hinweis **38**
Die Zinszahlung aus der Insolvenzmasse ist jedoch **nur bei denjenigen betreibenden Gläubigern** des Versteigerungsverfahrens anzuordnen, die nach der Höhe ihrer Forderung sowie dem Wert und der sonstigen Belastungen des Grundstücks auch mit einer Befriedigung aus dem Versteigerungserlös rechnen können, § 30e Abs. 3 ZVG. Denjenigen Gläubigern, die nicht mit einer Erlöszuteilung rechnen können, darf von Amts wegen keine Zinsausgleichsleistung zugesprochen werden.

Die Schwierigkeiten in der praktischen Handhabung liegen auf der Hand. Ausgehend von dem in der Zwangsversteigerung festgesetzten Verkehrswert, § 74a Abs. 5 ZVG, ist die Prognose zu treffen, in welcher Höhe der oder die betreibenden Gläubiger in der Zwangsversteigerung einen Ausfall erleiden. Sofern der Verkehrswert noch nicht festgesetzt wurde, kann die Prognose praktisch überhaupt nicht getroffen werden. Hinweise, die Verkehrswertfestsetzung vorzuziehen,[51] sind eher theoretisch, das ZVG sieht diese Vorgehensweise auch nicht vor. Ungewiss ist dabei auch der Ausgang des Zwangsversteigerungstermins (das Meistgebot kann auch nicht „vorgezogen" werden).[52] **39**

Auf **Antrag** des betreibenden Gläubigers des Versteigerungsverfahrens ist weiter die Auflage anzuordnen, dass der entstehende **Wertverlust** von der Einstellung des Zwangsversteigerungsverfahrens an durch laufende Zahlungen aus der Insolvenzmasse an den oder die Gläubiger auszugleichen ist, § 30e Abs. 2 ZVG. Der Antrag ist an keine Frist gebunden, sollte jedoch bereits vor Anordnung der einstweiligen Einstellung gestellt werden. **40**

Die Ausgleichszahlung setzt voraus, dass das Grundstück einem direkten Wertverlust ausgesetzt ist, z.B. Abbau von Sand, Kies, Steinen auf dem Grundstück. Ein Wertverlust kann sich weiterhin auf die Gegenstände beziehen, die kraft Gesetzes mit versteigert werden, insbes. Zubehörgegenstände, § 55 ZVG. **41**

Der antragstellende Gläubiger hat die Tatsachen für einen Wertverlust vorzutragen und ggf. glaubhaft zu machen; eine Ermittlung von Amts wegen findet nicht statt, § 30d Abs. 3, § 30b Abs. 2 ZVG. **42**

Der Ausgleich für den Wertverlust wird durch laufende Zahlungen aus der Insolvenzmasse an den bzw. die betreibenden Gläubiger durch den Insolvenzverwalter geleistet. Die laufenden Zahlungen sind von der Einstellung des Zwangsversteigerungsverfahrens an zu leisten.[53] **43**

---

51 MüKo/Tetzlaff, InsO, § 165 Rn 109 m.w.N.
52 Vgl. hierzu Hintzen, ZInsO 1998, 318, 320; ders., Rpfleger 1999, 256 ff.
53 Vallender, Rpfleger 1997, 353, 355.

IV. Verfahrensfortführung

44 Die einstweilige Einstellung des Verfahrens dauert so lange an, bis sie auf Antrag eines **jeden** betreibenden Gläubigers wieder aufgehoben wird, § 30f Abs. 1 ZVG. Jeder betreibende Gläubiger muss darauf achten, dass er selbst die Fortsetzung des Verfahrens beantragt.

45 Die einstweilige Einstellung dauert fort, bis die Voraussetzungen für die Einstellung weggefallen sind, § 30f Abs. 1 Satz 1 ZVG. Beantragt ein Gläubiger somit die Fortsetzung des Verfahrens, muss er glaubhaft machen, dass keine der Einstellungsvoraussetzungen nach § 30d Abs. 1 ZVG mehr vorliegen. Es kommt hierbei nicht darauf an, dass nur ein einzelner Einstellungsgrund weggefallen ist, sondern es darf keiner der in § 30d Abs. 1 Nr. 1 bis 4 ZVG genannten Gründe mehr gegeben sein. Die Darlegungs- und Beweislast trifft den Gläubiger, § 30d Abs. 3, § 30b Abs. 2 ZVG.

46 Die einstweilige Einstellung ist in jedem Fall auch dann aufzuheben, wenn die **Auflage** nach § 30e ZVG durch den **Insolvenzverwalter** nicht beachtet wird oder wenn der Insolvenzverwalter bzw. der Schuldner der Aufhebung zustimmt, § 30f Abs. 1 Satz 1, § 30d Abs. 2 ZVG. Wird das Insolvenzverfahren insgesamt aufgehoben, kann dem Zwangsversteigerungsverfahren Fortgang gegeben werden, § 30f Abs. 1 Satz 2 ZVG.

47 *Hinweis*
Die Einstellungsmöglichkeiten nach § 30d ZVG sind auch bei der **Eigenverwaltung**, §§ 270 ff. InsO, entsprechend anzuwenden; anstelle des Insolvenzverwalters ist dann der Schuldner antragsberechtigt.

48 *Hinweis*
Gleichermaßen muss dies auch im **Verbraucherinsolvenzverfahren** gelten; an die Stelle des Insolvenzverwalters tritt der Treuhänder (Ausnahme gem. § 30d Abs. 2 ZVG: einen Insolvenzplan gibt es im Verbraucherinsolvenzverfahren nicht, § 312 Abs. 2 InsO).

D. Antrag des vorläufigen Insolvenzverwalters

I. Einstellungsgründe

49 Ist vor Eröffnung des Insolvenzverfahrens ein vorläufiger Insolvenzverwalter bestellt, kann auf dessen Antrag hin das laufende Zwangsversteigerungsverfahren einstweilen eingestellt werden, § 30d Abs. 4 ZVG. Der Antrag selbst ist an keine Frist gebunden. Der vorläufige Insolvenzverwalter muss die Einstellungsgründe glaubhaft machen.

50 Die einstweilige Einstellung muss zur Verhütung nachteiliger Veränderungen in der Vermögenslage des Schuldners erforderlich sein, § 30d Abs. 4 ZVG. Es erfolgt hier keine Unterscheidung in Betriebsgrundstück oder privates Vermögen des Schuldners (im Gegensatz zu § 30d Abs. 1 Satz 1 Nr. 2 ZVG). Es wird auch nicht gefordert, dass das Grundstück zur Fortführung des Unternehmens oder zur Vorbereitung der Veräußerung des Betriebes benötigt wird (im Gegensatz zu § 30d Abs. 1 Satz 1 Nr. 2 ZVG).

Allerdings sind die Belange der Gläubiger nicht ganz aus dem Auge zu verlieren. Wenn der Versteigerungstermin unmittelbar bevorsteht und er aufgrund einer einstweiligen Einstellung nicht durchgeführt wird, besteht die Gefahr, dass die wirtschaftlichen Nachteile für die betreibenden Gläubiger auch aus der **Insolvenzmasse** nicht ausgeglichen werden können. Dies gilt insbes. dann, wenn der Zwangsversteigerungstermin bereits durchgeführt wurde und ein günstiges Meistgebot vorliegt.[54]

51

II. Ausgleichsleistungen

Wird das Zwangsversteigerungsverfahren einstweilen eingestellt, hat das Versteigerungsgericht von Amts wegen anzuordnen, dass die **Zinsen** der betreibenden Gläubiger durch Zahlung aus der Insolvenzmasse auszugleichen sind, § 30e Abs. 1 Satz 2 ZVG (zur Zinshöhe vgl. Rn 35, 36). Die Zahlung der Zinsen erfolgt spätestens von dem Zeitpunkt an, der drei Monate nach der einstweiligen Einstellung liegt.

52

Bleibt die einstweilige Einstellung auch über den Zeitraum nach Eröffnung des Insolvenzverfahrens bestehen, sind die Zinsen jedoch spätestens ab dem Berichtstermin zu zahlen, sofern dieser vor Ablauf des 3-Monats-Zeitraums anberaumt ist, § 30e Abs. 1 Satz 1 ZVG. Auf Antrag des betreibenden Gläubigers ist weiter die Auflage anzuordnen, dass ein entstehender **Wertverlust** des Grundstücks oder der Zubehörgegenstände von der Einstellung des Zwangsversteigerungsverfahrens an durch laufende Zahlungen aus der Insolvenzmasse an den Gläubiger auszugleichen ist, § 30e Abs. 3 ZVG.

53

III. Verfahrensfortführung

Nach der einstweiligen Einstellung des Versteigerungsverfahrens muss jeder betreibende Gläubiger darauf achten, dass er selbst die Fortsetzung seines Verfahrens beantragt.

54

Nach § 30f Abs. 3 ZVG ist die einstweilige Einstellung nach § 30d Abs. 4 ZVG wieder aufzuheben, wenn der Antrag auf Eröffnung des Insolvenzverfahrens zurückgenommen oder abgewiesen wurde. Sie ist weiter wieder aufzuheben, wenn die Voraussetzungen für die einstweilige Einstellung fortgefallen sind oder wenn die

55

---

54 Vgl. Stöber, NZI 1998, 108; Hintzen, Rpfleger 1999, 256 ff.

§ 8 Vollstreckungsschutz

angeordneten Auflagen von dem vorläufigen bzw. endgültigen Insolvenzverwalter nicht beachtet wurden, § 30f Abs. 2 Satz 1, Abs. 1 ZVG.

56 *Hinweis*
Jeder Fortsetzungsantrag, § 31 Abs. 1 Satz 1 ZVG, muss binnen sechs Monaten gestellt werden, da anderenfalls das Zwangsversteigerungsverfahren für den jeweiligen Gläubiger aufzuheben ist, § 31 Abs. 1 Satz 2 ZVG. Den **Fristbeginn** im Einzelnen regelt § 31 Abs. 2 ZVG.

57 Das Versteigerungsgericht hat den betreibenden Gläubiger auf den Fristbeginn unter Bekanntgabe der Rechtsfolgen eines fruchtlosen Fristablaufes **hinzuweisen**, § 31 Abs. 3 ZVG. Ohne diese Belehrung beginnt die Frist **nicht zu laufen**.

§ 9 Verkehrswert des Grundstücks

A. Bedeutung des Verkehrswerts

In jedem Zwangsversteigerungsverfahren ist von Amts wegen der Verkehrswert des zu versteigernden Grundbesitzes festzusetzen, § 74a Abs. 5 ZVG. Der Verkehrswert wird durch den Preis bestimmt, der in dem Zeitpunkt, auf den sich die Ermittlung bezieht, im gewöhnlichen Geschäftsverkehr nach den rechtlichen Gegebenheiten und tatsächlichen Eigenschaften der sonstigen Beschaffenheit der Lage des Grundstücks oder des sonstigen Gegenstandes der Wertermittlung ohne Rücksicht auf ungewöhnliche oder persönliche Verhältnisse zu erzielen wäre, § 194 BauGB. Die Wertermittlung und -festsetzung soll einer Verschleuderung des beschlagnahmten Grundstücks entgegenwirken und den Bietinteressenten eine Orientierungshilfe für ihre Entscheidung geben.[1]   **1**

Der Verkehrswert wird nicht nur für bebaute und unbebaute Grundstücke ermittelt, sondern auch für Wohnungs- und Teileigentum oder grundstücksgleiche Rechte, die der Versteigerung unterliegen, z.b. Erbbaurecht etc.[2]   **2**

Bei der Versteigerung **mehrerer** rechtlich selbstständiger **Grundstücke** oder grundstücksgleicher Rechte ist jeweils ein gesonderter Verkehrswert festzusetzen. Gleiches gilt für ein Gesamtausgebot und für jedes Gruppenausgebot. Werden die Anträge zur Erstellung eines Gesamt- oder Gruppenausgebots erst im Versteigerungstermin gestellt, wird zweckmäßigerweise auch der Wert dann erst festgesetzt.   **3**

Aus der Sicht des **Gerichts** ist der Verkehrswert von Bedeutung: **4**
- für die Berechnung der Verfahrenskosten,
- für die Verteilung von Gesamtrechten, §§ 64, 112, 122 ZVG,
- für die Errechnung der $^5/_{10}$-Grenze, $^7/_{10}$-Grenze, §§ 85a, 74a ZVG.

Für den **Schuldner** erlangt der Verkehrswert Bedeutung: **5**
- bei Zahlungsauflagen im Rahmen eines Antrags auf einstweilige Einstellung, § 30a Abs. 3 ZVG;
- bei einem Antrag auf Zuschlagsversagung wegen möglicher Verschleuderung des Grundstücks, § 765a ZPO;
- hinsichtlich der Befriedigungsfiktion gem. § 114a ZVG.

Für den betreibenden **Gläubiger** des Verfahrens gelten ebenfalls die zuvor genannten Gründe, insbes. auch die Grenzen der Befriedigungsfiktion nach § 114a ZVG.   **6**

---

1 BGH vom 17.1.2013, V ZB 53/12, Rpfleger 2013, 403 = NJW-RR 2013, 915; BGH vom 29.9.2011, V ZB 65/11, Rpfleger 2012, 93 = NJW-RR 2012, 145; BGH vom 30.9.2010, V ZB 160/09, Rpfleger 2011, 173 = NJW 2010, 10; BGH vom 9.3.2006, III ZR 143/05, Rpfleger 2006, 551 m. Anm. Alff = WM 2006, 867 = NJW 2006, 1733; BGH vom 6.2.2003, III ZR 44/02, Rpfleger 2003, 310 = WM 2003, 2053.

2 Dassler/Schiffhauer/Hintzen, ZVG, § 74a Rn 35.

Der für das Zwangsversteigerungsverfahren festgesetzte Verkehrswert ist auch bei der Anwendung des § 114a ZVG für das Prozessgericht bindend.[3]

B. Festsetzungsverfahren

I. Sachverständiger

7 Regelmäßig wird der Verkehrswert durch einen **öffentlich bestellten Gutachter** geschätzt, möglich ist jedoch auch die Beauftragung eines Gutachterausschusses.[4]

8 Für die Richtigkeit des Wertgutachtens, das der Verkehrswertfestsetzung zugrunde gelegt wird, kann der Ersteher jedoch nicht gegen den Gutachterausschuss aus Amtspflichtverletzung vorgehen.[5] Die Festsetzung obliegt dem Gericht. Ist das Gutachten unvollständig, darf das Gericht dem Gutachten des Sachverständigen nicht folgen.[6] Bei der Bestimmung des Verkehrswerts des zu ersteigernden Grundstücks hat das Versteigerungsgericht aber nur zu prüfen, ob der Sachverständige sachkundig und frei von Widersprüchen nach allgemein gültigen Regeln den Wert ermittelt hat.[7]

9 Dies schließt Schadensersatzansprüche nach § 839 BGB regelmäßig aus. Eine **Haftung** für eine **unrichtige Wertfestsetzung** durch den Rechtspfleger aufgrund eines fehlerhaften Gutachtens eines gerichtlich bestellten Sachverständigen setzt daher voraus, dass die Fehlerhaftigkeit für den Rechtspfleger nur aufgrund Vorsatzes oder grober Fahrlässigkeit nicht erkennbar war.[8]

10 Stellt sich nach Abschluss des Verfahrens die Fehlerhaftigkeit der Verkehrswertfestsetzung heraus, fragt sich, ob der gerichtlich **beauftragte Sachverständige** gegenüber dem Ersteher haftet. Nach § 839a Abs. 1 BGB[9] gilt: Erstattet ein vom Gericht ernannter Sachverständiger vorsätzlich oder grob fahrlässig ein unrichtiges Gutachten, so ist er zum Ersatz des Schadens verpflichtet, der einem Verfahrensbeteiligten durch eine gerichtliche Entscheidung entsteht, die auf diesem Gutachten

---

3 BGH vom 13.11.1986, IX ZR 26/86, Rpfleger 1987, 31 = EWiR 1987, 201 m. Anm. Storz; BGH vom 9.1.1992, IX ZR 165/91, NJW 1992, 1702 = Rpfleger 1992, 264.
4 BGH vom 23.1.1974, IV ZR 92/72, NJW 1974, 701 = Rpfleger 1974, 185; die Auswahl ist nicht vom Schuldner anfechtbar, OLG Stuttgart vom 8.11.1999, 8 W 572/99, Rpfleger 2000, 227.
5 BGH vom 29.11.1990, Ill ZR 244/89, Rpfleger 1991, 119; OLG Frankfurt vom 21.7.1989, 25 U 96/88, NJW 1990, 1486 = Rpfleger 1990, 31; vgl. hierzu für die Mitglieder des hessischen Ortsgerichts: LG Kassel vom 3.2.1988, 6 O 312/87, Rpfleger 1988, 323.
6 BGH vom 15.4.1994, V ZR 286/92, Rpfleger 1995, 80.
7 LG Braunschweig vom 28.5.1997, 8 T 815/96, Rpfleger 1997, 448.
8 OLG Frankfurt vom 10.12.2004, 1 W 69/04, MDR 2005, 1051.
9 Eingefügt durch den am 1.8.2002 in Kraft getretenen Art. 2 Nr. 5 des Zweiten Gesetzes zur Änderung schadensersatzrechtlicher Vorschriften v. 19.7.2002 (BGBl I, S. 2674); hierzu krit. Wagner; Thole, VersR 2004, 275 ff.

beruht. Nach § 839a Abs. 2 i.V.m. § 839 Abs. 3 BGB tritt die Ersatzpflicht nicht ein, wenn der Verletzte vorsätzlich oder fahrlässig unterlassen hat, den Schaden durch Gebrauch eines Rechtsmittels abzuwenden.

Die **Amtspflichten**, die der im Rahmen eines Zwangsversteigerungsverfahrens vom Gericht mit der Wertermittlung beauftragte Gutachterausschuss wahrzunehmen hat, können zugunsten des Erstehers **drittgerichtet** sein.[10] Der Ersteher darf, selbst wenn ihm keine Mängelgewährleistungsansprüche zustehen, in schutzwürdiger Weise darauf vertrauen, dass das Gericht bei der Festsetzung des Grundstückswerts, die die Grundlage für die Höhe des Gebots bildet, mit der erforderlichen Sorgfalt verfahren ist.[11]

In einer auf dem neuem Recht basierenden Entscheidung des **BGH**[12] sieht dieser als schadensstiftende gerichtliche Entscheidung, die auf dem Gutachten beruht, den Zuschlagsbeschluss an. Zu dem ersatzfähigen Schaden gehört jeder durch das unrichtige Gutachten und die darauf beruhende gerichtliche Entscheidung adäquat verursachte und in den Schutzbereich der verletzten Sachverständigenpflicht fallende Vermögensschaden. Der zu leistende Schadensersatz soll die Vermögenslage herstellen, die bei pflichtgemäßem Verhalten des Sachverständigen eingetreten wäre, d.h. wenn der Grundstückswert korrekt ermittelt worden wäre. Dies bedeutet, dass der Geschädigte nicht lediglich einen Anspruch darauf hat, so gestellt zu werden, als hätte er das Objekt nicht ersteigert. Vielmehr bleibt es dem Geschädigten vom Ansatz her unbenommen, geltend zu machen, dass er bei korrekter Wertfestsetzung das Grundstück zu einem niedrigeren Meistgebot hätte ersteigern können. Den Differenzbetrag kann er als Schadensersatz beanspruchen. Dies gilt auch dann, wenn das tatsächliche Meistgebot unter dem Verkehrswert liegt. Der Umstand, dass der Geschädigte möglicherweise eine objektiv adäquate Gegenleistung erhalten hat, schließt es nicht aus, dass er bei korrekter Wertfestsetzung mit einem noch geringeren Gebot hätte zum Zuge kommen können und die Mehraufwendungen damit erspart hätte.[13]

In einer neuen Entscheidung vom 10.10.2013 nimmt der BGH[14] erneut zur Fragen der Haftung Stellung: *„Bei der Haftung des Sachverständigen für ein unrichtiges Verkehrswertgutachten im Zwangsversteigerungsverfahren ist zu berücksichtigen, dass dieses der Feststellung des Verkehrswerts des Versteigerungsobjekts dient und gerade auch in dieser Hinsicht, also bezüglich des festgestellten Verkehrswerts, „unrichtig" sein muss. Baumängel und Bauschäden haben in diesem Zusammen-*

---

10 BGH vom 6.2.2003, III ZR 44/02, Rpfleger 2003, 310 = MDR 2003, 628 = WM 2003, 2053.
11 BGH vom 20.5.2003, VI ZR 312/02, Rpfleger 2003, 520 = NJW 2003, 2825.
12 BGH vom 9.3.2006, III ZR 143/05, Rpfleger 2006, 551 m. Anm. Alff = WM 2006, 867 = NJW 2006, 1733.
13 Krit. hierzu Dassler/Schiffhauer/Hintzen, ZVG, § 74a Rn 70.
14 BGH vom 10.10.2013, III ZR 345/12, Rpfleger 2014, 146 = WM 2013, 2225.

hang insoweit Bedeutung, als sie sich auf den Verkehrswert auswirken. Anders als der speziell mit der Feststellung von Baumängeln beauftragte – und diesbezüglich besonders sachkundige – Gutachter darf sich der Verkehrswertgutachter im Allgemeinen mit der Inaugenscheinnahme des Versteigerungsobjekts begnügen und muss erst dann weitere Ermittlungen zu etwaigen Mängeln anstellen oder entsprechende Hinweise geben, wenn hierzu nach den Umständen des konkreten Falls Anlass besteht. Bei der Ermittlung des Verkehrswerts eines (bebauten) Grundstücks sind kleinere Diskrepanzen zwischen dem vom Regressgericht festgestellten und dem vom Sachverständigen ermittelten Verkehrswert unvermeidbar; sie dürfen nicht ohne weiteres zu Lasten des Sachverständigen gehen. Grobe Fahrlässigkeit erfordert, dass der Gutachter unbeachtet gelassen hat, was jedem Sachkundigen einleuchten muss, und dass seine Pflichtverletzung schlechthin unentschuldbar ist. Maßgebend ist hierbei nicht der Sorgfaltsmaßstab eines Bauschadenssachverständigen, sondern der Sorgfaltsmaßstab eines Verkehrswertgutachters."

II. Wertermittlung

14 Der Sachverständige hat von dem Besichtigungstermin Gläubiger und Schuldner rechtzeitig zu benachrichtigen. Den Zutritt zu dem Grundstück kann jedoch weder der Sachverständige selbst noch der Gläubiger, auch nicht mithilfe des Gerichts, erzwingen.[15] Verweigert der Schuldner dem gerichtlich bestellten Gutachter den Zutritt zu den Räumlichkeiten des Versteigerungsobjekts, kann die Festsetzung des Verkehrswerts dann jedoch nicht mit der Begründung der Unrichtigkeit des Werts angefochten werden.[16]

15 *Hinweis*
Wenn der Schuldner dem Sachverständigen und/oder dem anwesenden Gläubiger den Zutritt zu seinem Grundstück verweigert, erfolgt die Festsetzung des Verkehrswerts des zu versteigernden Objekts ausschließlich nach der Außenansicht und den vorhandenen Unterlagen, z.B. Bauplänen. Bei Teilnahme an der Ortsbesichtigung kann der Gläubiger den Schuldner jedoch darauf hinweisen, dass, wenn er den Zutritt nicht gestattet, auch eine Zwangsverwaltung angeordnet werden könnte. In diesem Fall hat der Schuldner u.U. auf Antrag das Grundstück zu räumen, § 149 Abs. 2 ZVG. Insbesondere hat auch der Zwangsverwalter die Pflicht, sich selbst den Besitz des Grundstücks zu verschaffen, § 150 Abs. 2 ZVG. Der Zwangsverwalter wird dem Gutachter daher regelmäßig den Zutritt zu dem Grundstück gestatten.

---

15 OLG Koblenz vom 5.12.1967, 4 W 476/67, NJW 1968, 897; Steiner/Storz, ZVG, § 74a Rn 86.
16 LG Dortmund vom 20.4.2000, 9 T 400/00, Rpfleger 2000, 466; LG Göttingen vom 13.1.1998, 10 T 4/98, Rpfleger 1998, 213.

B. Festsetzungsverfahren § 9

Der Verkehrswert kann nach **drei verschiedenen Wertermittlungsmethoden** festgestellt werden:
- dem **Sachwertverfahren**, z.b. bei Einfamilienhäusern, Industriegrundstücken, Eigentumswohnungen,
- dem **Ertragswertverfahren**, z.b. bei vermieteten Objekten, gewerblichen Objekten,
- dem **Vergleichswertverfahren**, z.b. bei unbebauten Grundstücken.[17]

Bei der Festsetzung ist **Grundstückszubehör** gesondert zu bewerten.[18]

Die **positive Beantwortung einer Bauvoranfrage** für das Grundstück kann sich werterhöhend auswirken,[19] wertmindernd wirken sich insbes. **Altlasten**, z.B. Ablagerungen, Versickerungen im Erdreich, aus.[20] **Bewirtschaftungskosten** spielen bei der Festsetzung des Verkehrswerts regelmäßig eine untergeordnete Rolle, sodass sie nicht als verkehrswesentliche Eigenschaften angesehen werden können.[21]

16

17

III. Rechtliches Gehör

Vor der Festsetzung des Verkehrswerts muss das Versteigerungsgericht allen Beteiligten rechtliches Gehör gewähren, Art. 103 Abs. 1 GG. **Beteiligte** sind hierbei neben dem Schuldner und den betreibenden Gläubigern auch der Insolvenzverwalter, die Gläubiger von nach den Versteigerungsbedingungen bestehen bleibenden Rechten und die übrigen Beteiligten, die ihre Rechte rechtzeitig angemeldet haben. Ist der Verkehrswert bereits festgesetzt und tritt dann ein weiterer Gläubiger dem Verfahren bei, ist er nicht mehr zum Verkehrswert zu hören, da er dem laufenden Verfahren in dem Stand beitritt, in dem es sich bei seiner Beschlagnahme befindet.[22]

Der Beschluss über die Festsetzung des Verkehrswerts des zu versteigernden Grundbesitzes ist sämtlichen Verfahrensbeteiligten zuzustellen; die Verkündung ersetzt nicht die Zustellung.[23]

18

19

IV. Zeitpunkt der Festsetzung

Wann genau das Versteigerungsgericht den Verkehrswert festsetzen soll, wird unterschiedlich beantwortet. In der Praxis erfolgt die Verkehrswertfestsetzung häufig **gleichzeitig mit der Terminsbestimmung**. Nach der Änderung seit dem 1.8.1998

20

---

17 Vgl. hierzu BGH vom 10.10.2013, III ZR 345/12, Rpfleger 2014, 16 = WM 2013, 2225; BGH vom 2.7.2004, V ZR 213/03, Rpfleger 2005, 40; Schulz, Rpfleger 1987, 441; Fischer/Lorenz/Biederbeck, Rpfleger 2002,337.
18 Dassler/Schiffhauer/Hintzen, ZVG, § 74a Rn 38; Steiner/Storz, ZVG, § 74a Rn 71.
19 OLG Köln vom 1.6.1983, 2 W 59/83, Rpfleger 1983, 362.
20 Vgl. Dorn, Rpfleger 1988, 298.
21 OLG Hamm vom 8.6.1998, 15 W 223/98, Rpfleger 1998, 438.
22 Stöber, ZVG, § 74a Rn 7.15.
23 OLG Hamm vom 18.9.1990,15 W 272/90, Rpfleger 1991, 73.

in § 38 Satz 1 ZVG soll die Terminsbestimmung u.a. auch den Verkehrswert des Grundstücks enthalten. Die Gesetzesänderung orientiert sich damit an der bereits vielfach geübten Rechtspraxis.[24] Dies dürfte regelmäßig ausreichen, um allen bis dahin Beteiligten die Möglichkeit zu eröffnen, zwischen der Festsetzung und dem Versteigerungstermin noch ein Rechtsmittel einlegen zu können, über das normalerweise auch noch entschieden werden kann.[25]

C. Rechtsmittel

21 Der Beschluss über die Festsetzung ist mit der **sofortigen Beschwerde** anfechtbar. Eine weitere Beschwerde ist unzulässig, § 74a Abs. 5 Satz 3 ZVG. Beschwerdeberechtigt sind grundsätzlich neben dem Schuldner sowohl Gläubiger als auch alle anderen Verfahrensbeteiligten. Das Beschwerderecht des Gläubigers ist hierbei unabhängig davon, ob er mit seinem eigenen Anspruch innerhalb oder außerhalb der $^7/_{10}$-Grenze des § 74a Abs. 1 ZVG liegt.[26] Mit der Beschwerde kann sowohl eine Herauf- als auch eine Herabsetzung begehrt werden.[27]

22 Mit dem Einwand, der vom Versteigerungsgericht festgestellte Verkehrswert sei wesentlich zu niedrig festgesetzt worden, kann der Schuldner später im Zuschlagsverfahren nicht mehr gehört werden.[28]

23 Verweigert der Schuldner dem gerichtlich bestellten Gutachter den Zutritt zu den Räumlichkeiten des Versteigerungsobjekts, kann die Festsetzung des Verkehrswerts nicht mit der Begründung der Unrichtigkeit des Werts angefochten werden.[29]

D. Anpassungspflicht

24 Werden dem Gericht **neue Tatsachen** bekannt, die sowohl eine Erhöhung als auch eine Ermäßigung des rechtskräftig festgesetzten Verkehrswerts rechtfertigen, besteht eine Anpassungspflicht.[30] Ist gerichtsbekannt, das seit der letzten Wertfestsetzung bis zum Versteigerungstermin auf dem Grundstücksmarkt der betreffenden Region eine Wertsteigerung von mindestens 10 % eingetreten ist, ist eine Anpassungspflicht regelmäßig gegeben.[31]

---

24 Hintzen, Rpfleger 1998, 148.
25 Dassler/Schiffhauer/Hintzen, ZVG, § 74a Rn 57.
26 Unrichtig insoweit: LG Lüneburg vom 25.2.1985, 4 T 41/85, Rpfleger 1985, 371.
27 OLG Hamm vom 15.9.1999, 15 W 283/99, Rpfleger 2000, 120; Steiner/Storz, ZVG, § 74a Rn 116; Schiffhauer, Rpfleger 1973, 81; ders., Rpfleger 1974, 324.
28 LG Kempten vom 4.5.1998, 4 T 19/98, Rpfleger 1998, 358; LG Lüneburg vom 26.11.1997, 4 T 173/97, Rpfleger 1998, 169.
29 LG Göttingen vom 13.1.1998, 10 T 4/98, Rpfleger 1998, 213.
30 OLG Köln vom 1.6.1983, 2 W 59/83, Rpfleger 1983, 362; OLG Koblenz vom 15.5.1985, 4 W 175/85, Rpfleger 1985, 410.
31 OLG Köln vom 24.9.1992, 2 W 151/92, Rpfleger 1993, 258.

Ändert das Gericht den Wert ab, ist wiederum allen Beteiligten rechtliches Gehör zu gewähren, der Änderungsbeschluss ist wiederum allen Beteiligten zuzustellen. Gegen den Änderungsbeschluss kann wiederum sofortige Beschwerde eingelegt werden.   25

Unterlässt das Gericht eine Anpassung, so liegt hierin ein **Zuschlagsversagungsgrund**, wenn der Zuschlag auf der Unterlassung beruht.[32]   26

Allerdings hat der **BGH**[33] entschieden, dass eine Anpassung des festgesetzten Grundstückswerts an veränderte Umstände dann nicht mehr erforderlich sei, wenn im ersten Versteigerungstermin das Meistgebot nicht $^7/_{10}$ des rechtskräftig festgesetzten Grundstückswerts erreicht und deshalb der Zuschlag gem. § 74a Abs. 1 Satz 1 versagt wird; im weiteren Zwangsversteigerungsverfahren fehle dann das Rechtsschutzinteresse für eine Anpassung des festgesetzten Grundstückswerts.[34] Aus dem „Grundsatz der Einmaligkeit" sowohl in § 85a als auch in § 74a folgert der BGH, dass in diesem Verfahrensstadium der Verkehrswert für das weitere Zwangsvollstreckungsverfahren keine rechtliche Bedeutung mehr habe und deshalb für eine Anpassung des Verkehrswerts an veränderte Umstände das Rechtsschutzinteresse fehle. Eine Neufestsetzung des Verkehrswerts bei nachträglich eingetretenen Wertveränderungen führe zu einer dem Gesetz widersprechenden zeitlichen Verzögerung der Versteigerung, die nicht hinnehmbar sei. Der Gefahr der sittenwidrigen Verschleuderung in einem späteren Versteigerungstermin infolge nachträglicher erheblicher Wertveränderungen könne der Schuldner mit einem Antrag gem. § 765a ZPO begegnen. Auch die Bieter seien nicht schützenswert.[35]   27

In dieser Allgemeinheit wird dem BGH **nicht zu folgen** sein. Hat sich der festgesetzte Verkehrswert in einem über mehrere Jahre laufenden Verfahren entscheidend geändert, gebietet bereits der Grundrechtsschutz nach Art. 14 GG[36] (sowohl für Schuldner als auch Gläubiger), den Verkehrswert zu überprüfen und ggf. erneut festzusetzen.[37]   28

---

32 OLG Hamm vom 15.9.1999, 15 W 283/99, Rpfleger 2000, 120; OLG Koblenz vom 15.5.1985, 4 W 175/85, Rpfleger 1985, 410; LG Osnabrück vom 30.10.1991, 8 T 46191, Rpfleger 1992, 209.
33 BGH vom 10.10.2003, IXa ZB 128/03, Rpfleger 2004,172 = NJW-RR 2004, 302 = MDR 2004, 294 = WM 2004, 98 = ZfIR 2004, 167.
34 Auch LG Mönchengladbach vom 20.2.2003, 5 T 404/02, Rpfleger 2003, 524.
35 Hierzu krit. Dassler/Schiffhauer/Hintzen, ZVG, § 74a Rn 62.
36 Hierzu auch Budde, Rpfleger 1991,189.
37 A.A. wohl Stöber, ZVG, § 74a Rn 7.20(e) im Hinblick auf BGH.

§ 10 Terminsbestimmung

A. Fristen

Der Versteigerungstermin ist **sechs Wochen** vorher bekanntzumachen. Er wird grundsätzlich entweder im amtlichen Bekanntmachungsblatt des Versteigerungsgerichts oder – heute regelmäßig – im Internet veröffentlicht, § 39 Abs. 1 ZVG.[1] Veröffentlichungen im Amtsblatt oder im Internet sind nicht kumulativ, sondern alternativ geregelt.

1

War das Verfahren **einstweilen eingestellt**, reicht eine zweiwöchige Frist aus, § 43 Abs. 1 ZVG. Ein Verstoß hiergegen ist unheilbar, der Versteigerungstermin ist aufzuheben bzw. der Zuschlag zu versagen oder aufzuheben, § 83 Nr. 7 ZVG.[2]

2

B. Inhalt der Bekanntmachung

Der Inhalt der Terminsbekanntmachung ergibt sich aus §§ 37, 38 ZVG.

3

In der Terminsbestimmung ist das Grundstück möglichst genau zu bezeichnen. Eine umfassende **Grundstücksbezeichnung** ist einerseits von Bedeutung für diejenigen, die ein der Versteigerung entgegenstehendes Recht geltend machen, andererseits aber auch für Gläubiger, Schuldner und Bietinteressenten, da das Ziel der Versteigerung immer ein höchstmöglicher Erlös sein sollte. Die Bezeichnung der **Nutzungsart** eines Grundstücks in der Terminsbestimmung als „bebaut mit einem Einfamilienhaus" genügt den Anforderungen des § 37 Nr. 1 ZVG auch dann, wenn einige Räume des Einfamilienhauses als Ingenieurbüro genutzt werden.[3] In einer weiteren Entscheidung bestätigt der BGH[4] zunächst, dass eine Bezeichnung des Grundstücks nach Gemarkung, Flur, Flurstücknummer sowie der Angabe von Straße und Hausnummer genügt, da sie die sichere Identifizierung des Grundstücks ermöglicht. Allerdings entspricht die Bezeichnung des Grundstücks in der Terminsbestimmung nur unter Angabe der Gemarkung den Anforderungen des § 37 Nr. 1 ZVG regelmäßig nicht, wenn die **Gemarkung** für eine ortsunkundige Person ohne Heranziehung weiterer Informationsquellen keine Rückschlüsse auf den Ortsnamen zulässt. Wird der Versteigerungstermin in beiden gemäß § 39 Abs. 1 ZVG zur Wahl gestellten Veröffentlichungsmedien bekannt gemacht, liegt eine ordnungsgemäße Bekanntmachung auch dann vor, wenn nur in einer der beiden Veröffentlichungen der Ortsname genannt ist.

4

---

1 BGH vom 16.10.2008, V ZB 94/08, Rpfleger 2009,99 = NJW 2008, 3708 zum Internet-Portal www.justiz.de bzw. www.zvg-portal.de in NRW.
2 Vgl. LG Göttingen vom 2.12.1997, 10 T 3/97, Rpfleger 1998, 211.
3 BGH vom 29.9.2011, V ZB 65/11, Rpfleger 2012, 93 = NJW-RR 2012, 145.
4 BGH vom 17.1.2013, V ZB 53/12, Rpfleger 2013, 403 = NJW-RR 2013, 915.

Eine unzureichende oder fehlerhafte Grundstücksbezeichnung führt auch zur Zuschlagsversagung, § 43 Abs. 1, § 83 Nr. 7 ZVG.

5   *Beispiele aus der Rechtsprechung*
- Befindet sich auf dem Grundstück mit zwei Wohnungen noch eine Reithalle mit eingebauten Pferdeställen und zwei Remisen, ist die Bezeichnung mit „Mehrere Flurstücke verschiedener Wirtschaftsart und Lage" zu unbestimmt.[5]
- Abzulehnen ist die Auffassung des OLG Oldenburg,[6] nach der die Bezeichnung des Grundstücks mit „Hof- und Gebäudefläche" auch dann genüge, wenn es sich tatsächlich um Fabrikgrundstücke handele, aus der Größe der Grundstücke i.V.m. dem Grundstückswert aber auf eine industrielle Nutzung geschlossen werden könne.[7] Dies gilt auch für die Entscheidung des LG Ellwangen[8] (gewerblich genutzte Halle).
- Unzureichend ist auch die Bezeichnung als „Ackerland", wenn es sich tatsächlich um ein bebautes Grundstück handelt.[9]
- Der Zuschlag ist zu versagen, wenn das Grundstück, auf dem ein Hotel betrieben wird, tatsächlich in der Bekanntmachung angegeben wurde mit „Gebäude- und Freifläche".[10]
- Wird das Grundstück gemischt genutzt – gewerblich und privat – oder handelt es sich um ein Objekt mit außergewöhnlichem Charakter, müssen auch die gewerbliche Nutzung bzw. die sonstigen Besonderheiten zumindest schlagwortartig in der Bekanntmachung bezeichnet werden.[11]
- Die Angabe „Mehrfamilienhaus" ist jedoch nicht notwendig; es reicht aus, wenn der Hinweis „Objektbeschreibung laut Gutachten" erfolgt.[12]
- Bei der Versteigerung einer Zahnarztpraxis, die in einem Teileigentum in einem mehrgeschossigen Haus untergebracht ist, müssen die Anzahl der Räume und die Geschossbezeichnung in der Terminsveröffentlichung angegeben werden.[13]

---

5   LG Oldenburg vom 29.11.1978, 5 T 254/78, Rpfleger 1979, 115.
6   OLG Oldenburg vom 7.9.1979, 2 W 72/79, Rpfleger 1980, 75.
7   Vgl. hierzu auch die abl. Anm. Schiffhauer, Rpfleger 1980, 75, 76.
8   LG Ellwangen vom 22.4.1996, 1 T 46/96, Rpfleger 1996, 361.
9   LG Frankenthal vom 7.3.1984, 1 T 49/84, Rpfleger 1984, 326.
10 OLG Hamm vom 22.11.1990, 15 W 355/90, Rpfleger 1991, 71 m. Anm. Meyer-Stolte = MDR 1991, 261.
11 OLG Hamm vom 26.11.1991, 15 W 317/91 und vom 5.12.1991, 15 W 319/91, Rpfleger 1992, 122; OLG Hamm vom 2.12.1996, 15 W 453/96, Rpfleger 1997, 226 m. Anm. Demharter; OLG Hamm vom 23.12.1999, 15 W 421/99, Rpfleger 2000, 172 (schlossähnliches Gebäude aus der Barockzeit).
12 OLG Düsseldorf vom 20.12.1996, 3 W 502/96, Rpfleger 1997, 225; OLG Hamm vom 23.12.1999, 15 W 421/99, Rpfleger 2000, 172.
13 LG Rostock vom 24.3.2011, 3 T 343/10, Rpfleger 2011, 625.

B. Inhalt der Bekanntmachung § 10

Auch wenn es sich um **Soll-Bestimmungen** handelt, § 38 ZVG, wie z.B. die Größe des Grundstücks, müssen diese richtig sein. Eine Terminsbestimmung mit unrichtigen Angaben, z.B. zur Wohnfläche einer Eigentumswohnung, führt dann ebenfalls zur Zuschlagsversagung.[14] Auch die Angabe eines falschen Stockwerks der zu versteigernden Wohnung in der veröffentlichten Terminsbestimmung stellt i.d.R. einen Versagungsgrund für den Zuschlag dar.[15]

6

Wird in der Veröffentlichung darauf hingewiesen, dass es sich bei den weiteren Angaben um eine Objektbeschreibung „laut Gutachten" handelt, ist hinreichend deutlich gemacht, dass diese Angaben durch das Gericht nicht abschließend geprüft sind. Eine entsprechende **Beschwerde wegen Bekanntmachungsmangels** scheidet aus.[16]

7

---

14 BGH vom 30.9.2010, V ZB 160/09, NJW 2010, 10 = Rpfleger 2011, 173; OLG Karlsruhe vom 31.12.1992, 18 a W 30/92, Rpfleger 1993, 256 m. Anm. Meyer-Stolte.
15 LG Augsburg vom 8.12.1998, 4 T 4878/98, JurBüro 1999, 214 = Rpfleger 1999, 232.
16 OLG Hamm vom 23.12.1999, 15 W 421/99, Rpfleger 2000, 172.

§ 11 Vorbereitung des Termins

A. Rechtzeitige Anmeldung

Auch wenn der späteste Zeitpunkt einer Anmeldung im Versteigerungstermin vor der Aufforderung zur Abgabe von Geboten liegt, § 37 Nr. 4 ZVG, empfiehlt sich immer, die Anmeldung bereits vier Wochen vor dem Termin vorzunehmen, am besten bereits nach Zugang der Mitteilung gem. § 41 Abs. 2 ZVG.

Das Versteigerungsgericht berücksichtigt bei der Aufstellung des geringsten Gebots **von Amts wegen** nur

- die Kosten des Verfahrens, § 109 ZVG,
- die vor dem Zwangsversteigerungsvermerk im Grundbuch eingetragenen dinglichen Rechte und deren laufende wiederkehrende Leistungen bis zwei Wochen nach dem Zwangsversteigerungstermin, § 47 ZVG.

Daher müssen immer **angemeldet** werden:

- dingliche Rechte am Grundstück, die nach dem Zwangsversteigerungsvermerk eingetragen wurden, § 45 Abs. 1 ZVG,
- dingliche Rechte, die ohne Eintragung im Grundbuch entstanden sind, z.B. eine Sicherungshypothek gem. § 1287 BGB, § 848 ZPO,
- Rangänderungen von dinglichen Rechten, die nach dem Zwangsversteigerungsvermerk eingetragen wurden,
- Ansprüche der Rangklasse 1 bis 3 des § 10 Abs. 1 ZVG (Auslagenersatz des Gläubigers in der Zwangsverwaltung, Feststellungs- und Verwertungskosten des Insolvenzverwalters, Hausgelder der Wohnungseigentümergemeinschaft, öffentliche Lasten),
- Ansprüche des dinglich betreibenden Gläubigers, soweit sie sich nicht bereits aus dem Versteigerungsantrag oder Beitritt ergeben,
- Kosten der dinglichen Rechtsverfolgung, § 10 Abs. 2 ZVG, insbes. die gezahlten Gerichtskosten für die Anordnung bzw. den Beitritt zum Verfahren, evtl. Rechtsanwaltskosten für die Vertretung eines Beteiligten im Verfahren, Terminswahrnehmungskosten; hier genügt vorerst die Anmeldung einer Pauschale, eine genaue Spezifizierung erfolgt zum Verteilungsverfahren,
- rückständige laufende Nebenleistungen und einmalige Nebenleistungen, z.B. Vorfälligkeitsentschädigung, deren Fälligkeit sich nicht aus dem Grundbuch ergibt,
- zur Schuldübernahme bei einer Grundschuld der Betrag und der Grund der Forderung, § 53 Abs. 2 ZVG,
- eine evtl. Kündigung von Grundpfandrechten mit Wirkung gegenüber dem Ersteher, § 54 ZVG.

§ 11 Vorbereitung des Termins

4 Rechtzeitig zum Verteilungstermin (aber in jedem Fall!) anzumelden genügt
- die Geltendmachung des gesetzlichen Löschungsanspruchs,[1]
- Wertersatzbeträge für durch Zuschlag erloschene Rechte der Abt. II des Grundbuchs,[2]
- ein Gläubigerwechsel, z.b. durch Abtretung oder Pfändung.[3]

5 Die **laufenden Zinsen** eines nach den Versteigerungsbedingungen bestehen bleibenden Grundpfandrechts werden von Amts wegen bis zwei Wochen nach dem Versteigerungstermin errechnet, § 45 Abs. 2, § 47 ZVG (vgl. § 7 Rn 3, 4). Meldet der Gläubiger jedoch weniger wiederkehrende Leistungen an als nach dem Inhalt des Grundbuchs von Amts wegen zu berücksichtigen sind, können nur die angemeldeten Beträge im geringsten Gebot berücksichtigt werden. Diese sog. „**Minderanmeldung**" ist in jedem Fall zu beachten, da niemandem mehr zugesprochen werden darf, als er selbst verlangt, § 308 ZPO.[4]

6 Meldet der Gläubiger zum Verteilungstermin dann jedoch den vollen Anspruch an, nachdem er zum Versteigerungstermin eine Minderanmeldung vorgelegt hatte, so ist diese Anmeldung verspätet und erleidet einen **Rangverlust**, § 110 ZVG. Dieser Rangverlust ist endgültig und löst auch keinen Bereicherungsanspruch des Gläubigers gegenüber dem Begünstigten aus.[5]

7 *Hinweis*
Zunächst nicht angemeldete Ansprüche, vergessene oder verspätete Anmeldungen können ohne Rangverlust dann nachgeholt werden, wenn es zu einem erneuten Zwangsversteigerungstermin kommt, z.B. § 77 Abs. 1 ZVG, oder nach Zuschlagsversagung gem. §§ 74a, 85a ZVG.

B. Schuldübernahme

8 Die Übernahme der persönlichen Schuld eines Grundpfandrechts durch den Ersteher tritt bei der Hypothek kraft Gesetzes ein, § 53 Abs. 1 ZVG. Bei einer **Grundschuld**, die abstrakt von der Forderung besteht, muss spätestens im Versteigerungstermin vor der Aufforderung zur Abgabe von Geboten eine entsprechende Anmeldung erfolgen. Diese Anmeldung kann nur der Schuldner vornehmen.[6]

9 Dies ist sicherlich der Grund dafür, warum in der Praxis hiervon so selten Gebrauch gemacht wird. Das Unterbleiben oder eine verspätete Anmeldung bewirkt, dass die

---

1 Dassler/Schiffhauer/Hintzen, ZVG, § 114 Rn 103.
2 Dassler/Schiffhauer/Hintzen, ZVG, § 92 Rn 35.
3 Vgl. hierzu Steiner/Eickmann, ZVG, § 45 Rn 4 bis 24.
4 Dassler/Schiffhauer/Hintzen, ZVG, § 45 Rn 9.
5 BGH vom 30.5.1956, V ZR 200/54, BGHZ 21, 30 = KTS 1956, 120; OLG Oldenburg vom 14.7.1980, 2 W 56/80, Rpfleger 1980, 485.
6 Zum Gesamtkomplex vgl. Scholtz, ZfIR 1999, 165 ff.

persönliche Forderung nach wie vor dem Gläubiger gegen den Schuldner zusteht, während der Ersteher die dingliche Haftung übernommen hat. Gleiches gilt nach Anmeldung, solange der Gläubiger die Schuldübernahme noch nicht genehmigt oder wenn er die Genehmigung versagt hat; auch dann haftet ihm der Schuldner persönlich, der Ersteher dinglich. Durch die Genehmigung geht die persönliche Schuld so auf den Ersteher über, wie sie in der Person des Schuldners bestand, aber nur in Höhe der Hypothek. Über die Einreden, die der Ersteher dem Gläubiger entgegenhalten darf, entscheidet § 417 BGB.

Wird der persönliche Schuldner, ohne dass es zu einer wirksamen Schuldübernahme gekommen ist, durch den Grundpfandrechtsgläubiger in Anspruch genommen, hat er gegen den Ersteher einen Anspruch aus ungerechtfertigter Bereicherung.[7]

C. Kündigung von Grundpfandrechten

Grundpfandrechte, die nach den Versteigerungsbedingungen bestehen bleiben und von dem Ersteher zu übernehmen sind, müssen grundsätzlich **zunächst nicht getilgt** werden. Eine dennoch erklärte Kündigung oder Fälligkeit des Grundpfandrechts ist dem Ersteher gegenüber daher nur dann wirksam, wenn sie entweder aus dem Grundbuch selbst bereits ersichtlich ist (sie dürfte regelmäßig bei der Vereinbarung des Grundpfandrechts zum Inhalt der Bewilligungsurkunde gehören)[8] oder wenn sie spätestens im Versteigerungstermin vor der Aufforderung zur Abgabe von Geboten durch den Gläubiger angemeldet wurde, § 54 Abs. 1 ZVG.[9]

Hat der Grundpfandrechtsgläubiger gegen den Schuldner eine **Duldungsklage** geltend gemacht, § 1147 BGB, wirkt das Urteil gegen den Ersteher nur dann, wenn die Rechtshängigkeit des Anspruchs ebenfalls rechtzeitig im Termin angemeldet wurde, § 325 Abs. 3 ZPO. Wird die Anmeldung des Gläubigers versäumt, muss er gegen den Ersteher erneut klagen.[10]

D. Gläubigerablösung

I. Zahlung an den Gläubiger

Jeder, der Gefahr läuft, durch die Zwangsversteigerung sein Recht am Grundstück zu verlieren, ist berechtigt, das Recht eines die Zwangsversteigerung betreibenden Gläubigers abzulösen, § 268 Abs. 1 BGB. Ein Grundpfandrecht kann darüber hinaus bereits dann abgelöst werden, wenn der Grundpfandrechtsgläubiger Befriedigung aus dem Grundstück verlangt, also insbesondere die Versteigerung angedroht

---

7 BGH vom 27.5.1971, VII ZR 85/69, NJW 1971, 1750 = Rpfleger 1971, 211.
8 Dassler/Schiffhauer/Hintzen, ZVG, § 54 Rn 1.
9 Steiner/Eickmann, ZVG, § 54 Rn 11.
10 Dassler/Schiffhauer/Hintzen, ZVG, § 54 Rn 5; Steiner/Eickmann, ZVG, § 54 Rn 17.

§ 11 Vorbereitung des Termins

hat. Das Ablösungsrecht nach § 268 BGB steht dem Gläubiger eines Grundpfandrechts an dem Grundstück des Schuldners auch dann zu, wenn das Grundpfandrecht erst nach der Anordnung der Zwangsversteigerung entstanden ist.[11] Eine Ablösung ist somit nicht mehr möglich, wenn ein betreibender Gläubiger sein Verfahren hat einstweilen einstellen lassen.[12] Betreibt der Gläubiger die Zwangsversteigerung aus Ansprüchen, die in verschiedene Rangklassen des § 10 Abs. 1 ZVG fallen, kann sich der Dritte darauf beschränken, die einer Rangklasse zugeordneten Forderungen abzulösen.[13] Zu Recht bestätigt der BGH, dass die Tatsache, selbst betreibender Gläubiger des Verfahrens zu sein, einem nicht die Berechtigung zu einer Ablösung nimmt. Betreibt ein Gläubiger die Zwangsversteigerung aus **verschiedenen Grundpfandrechten** oder aus verschiedenen Rangklassen des § 10 Abs. 1 ZVG, liegen mehrere selbstständige unabhängige Einzelverfahren und damit voneinander unabhängige Vollstreckungen in dasselbe Grundstück vor. Auch für eine Ablösung nach § 268 Abs. 1 BGB oder § 75 ZVG ist jedes dieser Verfahren gesondert zu behandeln. Forderungen aus unterschiedlichen Einzelverfahren eines Versteigerungsverfahrens können daher unabhängig voneinander abgelöst werden.

14 Die **Ablösung eines Grundpfandrechts** kann vor dem Zwangsversteigerungsverfahren und auch während des Verfahrens bis unmittelbar vor der Zuschlagsverkündung erfolgen.[14]

15 Soll ein **das Verfahren betreibender persönlicher Gläubiger** abgelöst werden, kann dies nur während der Verfahrensdauer geschehen.[15]

16 Abgelöst werden kann auch eine **öffentliche Grundstückslast**. Nach überwiegender Auffassung kann die Ablösung einer öffentlichen Last aber erst dann erfolgen, wenn die Vollstreckung betrieben und nicht lediglich angedroht wird.[16]

Dies dürfte sicherlich auch auf die geltend gemachten Ansprüche der **Wohnungseigentümergemeinschaft** aus der Rangklasse 2 des § 10 Abs. 1 ZVG zutreffen.

17 Sinn und Zweck der Ablösung ist, den Verlust des eigenen Rechts durch die Zwangsvollstreckung zu verhindern. **Ablösungsberechtigt** ist daher zunächst jeder Gläubiger, dessen Anspruch gleich oder nachrangig zum bestrangig betreibenden Gläubiger steht:
- der Eigentümer als Gläubiger einer Eigentümergrundschuld,
- der Inhaber einer Auflassungsvormerkung,

---

11 BGH vom 5.10.2006, V ZB 2/06, Rpfleger 2007, 93 = NJW-RR 2007, 165 = DNotZ 2007, 37 = WuB H. 3/2007 IVA. § 268 BGB 1.07 Hintzen.
12 Steiner/Storz, ZVG, § 75 Rn 30.
13 BGH vom 6.10.2011, V ZB 18/11, Rpfleger 2012, 271.
14 Stöber, ZVG, § 15 Rn 20.18.
15 Vgl. Storz, ZIP 1980, 161.
16 Steiner/Storz, ZVG, § 75 Rn 29.

D. Gläubigerablösung § 11

- der Gläubiger einer Zwangssicherungshypothek,
- aber sicherlich auch der **Eigentümer**, denn er läuft Gefahr, sein Grundstück zu verlieren.[17] Es stellt nach Auffassung des BGH[18] keinen Rechtsmissbrauch dar, wenn der Gläubiger die Zwangsversteigerung aus mehreren Grundpfandrechten betreibt und der ablösungsberechtigte Ehepartner des Schuldners hiervon lediglich das Recht mit dem besten Rang ablöst.

Nicht ablösungsberechtigt ist der Zessionar des Rückgewähranspruchs bei einer Grundschuld.[19]

Hinweis 18
Um den richtigen Ablösungsbetrag[20] zu ermitteln, kann zunächst auf die Mitteilung nach § 41 Abs. 2 ZVG (vier Wochen vor dem Termin) zurückgegriffen werden. Weitere Anhaltspunkte ergeben sich aus der Versteigerungsakte, in der die geltend gemachten Forderungsansprüche angemeldet wurden. Grundsätzlich hat jedoch auch der Ablösungsberechtigte gegenüber dem Gläubiger des abzulösenden Rechts einen Auskunftsanspruch.[21]

Der Grundschuldgläubiger ist dem Eigentümer gegenüber verpflichtet, Auskünfte 19 über die Höhe der persönlichen Forderung zu geben, damit dieser in die Lage versetzt wird, von seinem Ablösungsrecht Gebrauch zu machen, § 1142 BGB.[22] Dieser dem Schuldner zustehende **Auskunftsanspruch** ist auch auf einen ablösungsberechtigten Gläubiger zu übertragen.

Hinweis 20
Verweigert jedoch der Grundpfandrechtsgläubiger die Auskunft und kann eine Ablösung gem. §§ 268, 1150 BGB nicht vorgenommen werden, bleibt dem ablösungsberechtigten Gläubiger nur die Zahlung an das Versteigerungsgericht im Termin, § 75 ZVG (siehe Rn 33 ff.).

Macht ein nachrangiger Grundschuldgläubiger von seinem gesetzlichen Ablö- 21 sungsrecht Gebrauch, muss er den vorrangigen Grundschuldgläubiger selbst dann **in voller Höhe des dinglichen Rechts befriedigen,** wenn eine entsprechende persönliche Forderung, deren Sicherung das vorrangige Grundpfandrecht dient, nicht besteht.[23] Sofern der vorrangige Grundschuldgläubiger aufgrund der Ablösung des dinglichen Rechts einen Übererlös erzielen sollte, findet zwischen den beiden

---

17 BGH vom 1.3.1994, XI ZR 149/93, Rpfleger 1994, 374 = NJW 1994, 1475; OLG Köln vom 14.12.1988, 2 W 133/88, Rpfleger 1989, 298.
18 BGH vom 10.6.2010, V ZB 192/09, Rpfleger 2010, 609 = NJW-RR 2010, 1314.
19 OLG Köln vom 29.2.1988, 2 W 163/87, Rpfleger 1988, 324.
20 Zum Ablösebetrag nebst Vollstreckungskosten: BGH vom 12.9.2013, V ZB 161/12, Rpfleger 2014, 93.
21 Vgl. Dassler/Schiffhauer/Hintzen, ZVG, § 75 Rn 32.
22 OLG Karlsruhe vom 10.4.1981, 11 W 14/81, Rpfleger 1981, 407.
23 BGH vom 11.5.2005, IV ZR 279/04, Rpfleger 2005, 555 = NJW 2005, 2398.

Grundschuldgläubigern kein bereicherungsrechtlicher Ausgleich statt. Der Anspruch auf Auskehrung des Übererlöses gebührt stattdessen allein dem Schuldner und Eigentümer des Grundstücks. Dieser hat in seiner Eigenschaft als Sicherungsgeber auf Grundlage des geschlossenen Sicherungsvertrags einen Anspruch auf Rückgewähr des nicht valutierten Teils der Grundschuld. Kann der Gläubiger den Anspruch nicht mehr erfüllen, weil die Grundschuld kraft Gesetzes auf den Ablösenden übergegangen ist, tritt an dessen Stelle der Anspruch auf den entsprechenden Teil des Erlöses als Ausgleich für die über den Sicherungszweck hinausgehende dingliche Belastung des Grundstücks.[24]

22 Die Ablösung durch Zahlung an den betreibenden Gläubiger hat die Wirkung, dass die abgelöste Forderung mit allen Nebenrechten auf den Ablösenden übergeht, § 268 Abs. 3 Satz 1 BGB. Bei der Ablösung eines Rechts mit Zwischenrechten braucht sich der Inhaber eines Zwischenrechts die Rangänderungen, die erst nach der Eintragung seines Rechts in das Grundbuch wirksam geworden sind, nicht entgegenhalten zu lassen. Er kann unabhängig davon, aus welchem der nach der Rangänderung vorrangig gewordenen Rechte die Vollstreckung in das Grundstück betrieben wird, das vorrangige Recht insgesamt ablösen. Dabei geht das abgelöste Recht gemäß §§ 1150, 268 Abs. 3 Satz 1 BGB mit dem Inhalt und dem Rang auf den Ablösenden über, den dieses Recht im Zeitpunkt der Eintragung des Zwischenrechts hatte.[25] Wird nur ein Teilbetrag abgelöst, kann dieser nicht zum Nachteil der dem Gläubiger verbleibenden Restforderung geltend gemacht werden, er ist somit nachrangig.[26] Mit **Übergang der Forderung** geht die gesamte Rechtsstellung auf den Ablösenden über.[27] Insbesondere verbleibt es bei dem Rang des abgelösten Anspruchs.

> *Beispiel*
> Bei den abgelösten Grundsteuern bleibt die Rangklasse 3, bei den Hausgeldern der WE-Gemeinschaft die Rangklasse 2 des § 10 Abs. 1 ZVG erhalten.

23 **Hausgeldansprüche** der Wohnungseigentümergemeinschaft sind nicht uneingeschränkt der Rangklasse 2 zugeordnet und gehen deshalb den Ansprüchen der Gläubiger anderer Rangklassen nur bis zu dem in § 10 Abs. 1 Nr. 2 Satz 3 ZVG bestimmten Höchstbetrag vor. Diese Begrenzung des Vorrangs hat zur Folge, dass bei der Verteilung des Erlösüberschusses Hausgeldansprüche nur in Höhe von maximal 5 % des festgesetzten Verkehrswerts vor den Ansprüchen anderer Gläubiger aus den nachfolgenden Rangklassen 3 und 4 zu befriedigen sind. Die Wohnungseigentümergemeinschaft darf aus dem Versteigerungserlös vor den Gläubigern mit Ansprüchen aus den Rangklassen 3 und 4 keine diesen Höchstbetrag übersteigenden

---

[24] OLG Koblenz vom 25.3.1999, 10 W 72/99, NJW-RR 2000, 579.
[25] BGH vom 28.2.2013, V ZB 18/12, Rpfleger 2013, 464 = NJW-RR 2013, 1171.
[26] Dassler/Schiffhauer/Hintzen, ZVG, § 75 Rn 37.
[27] OLG Düsseldorf vom 22.10.1986, 3 W 309/86, Rpfleger 1987, 75.

Zuteilungen oder Zahlungen erhalten. Löst nun ein anderer Gläubiger die bevorrechtigten Hausgeldansprüche der Wohnungseigentümergemeinschaft gegen den Schuldner ab, gehen diese nach § 268 Abs. 3 Satz 1 BGB auf ihn über. Er wird indes nicht nur Inhaber der Ansprüche gegen den Schuldner. Vielmehr tritt er nach §§ 401, 412 BGB in vollem Umfang in die Rechtsstellung des bisherigen Gläubigers in dem Zwangsversteigerungsverfahren und damit auch in dessen bisherige Rangstelle ein.

Zahlt der Schuldner indes selbst im Verlauf des Zwangsversteigerungsverfahrens auf die angemeldeten Hausgeldansprüche, liegt es anders. Die von dem Schuldner in einem Zwangsversteigerungsverfahren gezahlten Hausgelder vermindern – im Unterschied zu den Zahlungen ablösungsberechtigter Dritter nach § 268 BGB – nicht den Höchstbetrag nach § 10 Abs. 1 Nr. 2 Satz 3 ZVG, bis zu dem die Hausgeldansprüche der Wohnungseigentümergemeinschaft aus der Rangklasse 2 zu befriedigen sind.[28] Denn wenn der Schuldner die geschuldete Leistung – hier die Zahlung des rückständigen Wohngelds – endgültig an den Gläubiger bewirkt, erlischt das Schuldverhältnis gemäß § 362 Abs. 1 BGB.

24

Nach der Ablösung steht dem ablösenden Gläubiger das Recht zu, das Verfahren einstweilen einzustellen.[29] Voraussetzung ist jedoch, dass die Ablösung rechtzeitig angemeldet und glaubhaft gemacht wird. Eine Umschreibung des Vollstreckungstitels und erneute Zustellung ist hierzu nicht erforderlich. Allerdings ist die Klausel umzuschreiben und zuzustellen, wenn der ablösende Gläubiger das Verfahren weiter aktiv betreiben will, und ggf. sind die Wartefristen nach § 798 ZPO einzuhalten.[30] Ohne Nachweis der **Klauselumschreibung** und Zustellung bleibt jedoch auch der alte Gläubiger Beteiligter des Verfahrens. Auch er bleibt nach wie vor befugt, die Einstellung des Verfahrens zu bewilligen.[31] Geben betreibender und ablösender Gläubiger übereinstimmende Erklärungen über die Rechtsnachfolge im Versteigerungstermin zu Protokoll an, ist auch hier zum Einrücken in die Position des Abgelösten die Klausel umzuschreiben und der Titel erneut zuzustellen; vorher kann der Ablösende das Verfahren aktiv nicht weiter durchführen.[32]

25

Eine **Titelumschreibung** ist dann nicht möglich, wenn eine öffentliche Last abgelöst wird. Der von der Stadt oder Gemeinde vorgelegte öffentlich-rechtliche Vollstreckungstitel oder Leistungsbescheid kann nicht durch Klauselumschreibung dem

26

---

28 BGH vom 14.6.2012, V ZB 194/11, Rpfleger 2012, 701.
29 Dassler/Schiffhauer/Hintzen, ZVG, § 75 Rn 38.
30 BGH vom 5.10.2006, V ZB 2/06, Rpfleger 2007, 93 = NJW-RR 2007, 165 = DNotZ 2007, 37 = WuB H. 3/2007 IVA. § 268 BGB 1.07 Hintzen.
31 OLG Bremen vom 30.3.1987, 2 W 10/87, Rpfleger 1987, 381; OLG Düsseldorf vom 22.10.1986, 3 W 309/86, Rpfleger 1987, 75.
32 Stöber, ZVG, § 15 Rn 20.25; Bischoff/Bobenhausen, Rpfleger 1987, 381.

ablösenden Gläubiger erteilt werden. Vielmehr muss der Ablösende einen Titel auf Duldung der Zwangsvollstreckung aus der Rangklasse 3 des § 10 Abs. 1 ZVG im Rechtswege erwirken.[33]

27 *Hinweis*
Das Ablösungsrecht wird vielfach zur taktischen Handhabung genutzt. Hierdurch kann das Verfahren nachhaltig gestört und können Bietinteressenten im Termin abgeschreckt werden.[34]

28 Eigentlicher Zweck des Ablösungsrechts ist, einen drohenden Rechtsverlust zu verhindern. Dennoch setzt das Ablösungsrecht nicht unbedingt voraus, dass der Ablösende die Zwangsvollstreckung wenigstens vorübergehend verhindern will. Ein dinglich Berechtigter ist im Zwangsversteigerungsverfahren zur Ablösung eines vorrangigen Rechts auch dann befugt, wenn er die Zwangsversteigerung aus einem nachrangigen Recht betreibt und fortführen will.[35]

29 Die Ablösung und die anschließende einstweilige Einstellung des Verfahrens, insbes. nach Schluss der Bietzeit, führt immer zur Zuschlagsversagung, § 33 ZVG. Bei der Einstellung während des Termins muss dieser regelmäßig abgebrochen werden, da das geringste Gebot nicht mehr stimmt; es ist ein neues geringstes Gebot aufzustellen und es beginnt eine neue Bietzeit. Dies gilt aber nicht immer.

30 **Voraussetzung für eine Zuschlagsversagung** ist zunächst, dass der abgelöste Berechtigte bestrangig betreibender Gläubiger gewesen ist und sich das geringste Gebot nach ihm ausgerichtet hat.

31 Die Ablösung und Einstellung führt jedoch dann nicht zur Zuschlagsversagung, wenn keiner der Beteiligten in seinen Rechten beeinträchtigt ist. Dies soll dann der Fall sein, wenn eine öffentliche Last aus Rangklasse 3 (oder Ansprüche aus Rangklasse 2) von einem Gläubiger der Rangklasse 4 abgelöst wird, da sich das geringste Gebot hierdurch nicht wesentlich ändert,[36] oder wenn die Ablösung nur zur Erhöhung des Bargebots führt.[37]

32 Die Ablösung des bestrangigen Gläubigers nach Schluss der Bietzeit führt auch dann nicht zur Zuschlagsversagung, wenn der Schuldner bei einem berichtigten geringsten Gebot zwar eine Eigentümergrundschuld erworben hätte, aber den nachrangigen Gläubigern zur Löschung dieses Rechts verpflichtet gewesen wäre, sodass der Ersteher einen entsprechenden Betrag hätte nachzahlen müssen.[38]

---

33 H.M. Dassler/Schiffhauer/Hintzen, ZVG, § 75 Rn 39; Stöber, ZVG, § 15 Rn 20.26.
34 Vgl. Steiner/Storz, ZVG, § 75 Rn 19.
35 OLG Köln vom 14.12.1988, 2 W 133/88, Rpfleger 1989, 298.
36 LG Waldshut-Tiengen vom 24.10.1985, 1 T 35/85, Rpfleger 1986, 102.
37 So OLG Köln vom 16.6.1989, 2 W 47/89, Rpfleger 1990, 176; LG Kassel vom 8.2.2000, 3 T 2/00, Rpfleger 2000, 408; LG Moosbach vom 19.2.1992, 1 T 84/91, Rpfleger 1992, 360; ablehnend: Storz/Kiderlen, ZVG, B 7.5.1.
38 OLG Stuttgart vom 22.4.1997, 8 W 50/97, Rpfleger 1997, 397 = InVo 1998, 82.

II. Zahlung an das Gericht

33 Eine andere Möglichkeit, die Forderung und die Rangposition eines Gläubigers zu erlangen, ist die Zahlung im Termin, § 75 ZVG. Der Zeitpunkt der Zahlung kann hierbei erst mit Beginn des Versteigerungstermins erfolgen. Die Zahlung selbst kann auch hier bis unmittelbar vor Zuschlagsverkündigung geleistet werden.

34 **Zahlungsberechtigt** ist neben dem Schuldner wiederum jeder Gläubiger, der ein Ablösungsrecht nach §§ 268, 1150 BGB hat. Neben der Forderung des abzulösenden Gläubigers müssen hier jedoch auch die **Verfahrenskosten** gezahlt werden.

35 Die Zahlung erfolgt nicht mehr unmittelbar an das Versteigerungsgericht. Die Zahlung hat **unbar** zu erfolgen. Die rechtzeitige Zahlung an die **Gerichtskasse** ist im Versteigerungstermin nachzuweisen. Das Vollstreckungsgericht hat nur die Zahlungsberechtigung zu prüfen und, falls es diese verneint, die Einstellung abzulehnen. Zahlung kann nur auf **betreibende** Ansprüche erfolgen; die Zahlung auf einen Anspruch eines Gläubigers, dessen Verfahren einstweilen eingestellt ist, hat das Vollstreckungsgericht abzulehnen.[39]

36 Mit dem Nachweis der Zahlung muss das Versteigerungsgericht das Verfahren einstweilen einstellen. Wenn jedoch mehrere Gläubiger das Verfahren betreiben und Zahlung nur zur Befriedigung der Verfahrenskosten und eines oder mehrerer Gläubiger erfolgt, kann das Verfahren auch nur bzgl. dieser Gläubiger eingestellt werden.[40] Dies hat jedoch regelmäßig zur Folge, dass der Zuschlag insgesamt nicht erteilt werden kann, da sich die Voraussetzungen für die Errechnung des geringsten Gebots geändert haben und somit ein neuer Versteigerungstermin durchgeführt werden muss.[41] Wie bei Eingang mehrerer zur einstweiligen Einstellung des Verfahrens nach § 75 ZVG führenden Zahlungen vorzugehen ist, wurde bisher höchstrichterlich noch nicht entschieden. Der BGH[42] löste die Frage dahin, dass Grundlage der Einstellung die zuerst eingegangene ordnungsgemäße Zahlung ist. Ordnungsgemäß ist die Zahlung eines Ablösungsberechtigten nur, wenn dieser seine Ablösungsberechtigung vor der Zahlung nachweist. Besteht Streit darüber, welche Zahlung in diesem Sinne maßgeblich ist, muss das Vollstreckungsgericht – gegebenenfalls auch nach Aufhebung des Verfahrens – dem Schuldner und den anderen Einzahlern rechtliches Gehör gewähren und eine beschwerdefähige Entscheidung treffen. Danach bestimmen sich die materiell-rechtlichen Wirkungen der erfolgten Zahlungen. Der BGH stellt darauf ab, dass die Reihenfolge, in der mehrere (Ablösungs-)Zahlungen bei der Einstellung nach § 75 ZVG zu berücksichtigen sind, nicht allein von ihrem Eingang bei der Gerichtskasse bestimmt wird. Die Einstellung setzt nach § 75 ZVG nicht nur den Nachweis der Zahlung, sondern auch

---

39 Böttcher, ZVG, § 75 Rn 2.
40 OLG Köln vom 16.6.1989, 2 W 47/89, Rpfleger 1990, 176.
41 Vgl. hierzu Storz, Rpfleger 1990, 177, 178, 179.
42 BGH vom 6.10.2011, V ZB 68/11, Rpfleger 2012, 160 = NJW-RR 2012, 442.

§ 11 Vorbereitung des Termins

den Nachweis der Ablösungsberechtigung voraus. Erforderlich ist in jedem Falle auch, dass die Zahlung ohne weitere Aufklärung oder Ergänzung eine Einstellung nach § 75 ZVG erlaubt. Bei der Zahlung eines Ablösungsberechtigten, der seine Ansprüche im Verfahren bislang nicht angemeldet und belegt hat, erfordert das die Vorlage eines Nachweises seiner Ablösungsberechtigung. Fehlt dieser, ist seine Zahlung rechtlich nicht die erste, die die Einstellung erlaubt, sondern nachrangig.

37

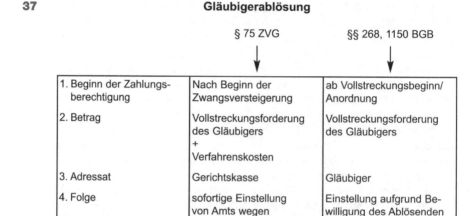

Schaubild 4: Gläubigerablösung

38 *Hinweis*

Einen praktischen Sinn hat die Ablösung im Wesentlichen nur dann, wenn der Anspruch des Abzulösenden zunächst an sicherer Rangposition steht und der Ablösende selbst eine bessere Verfahrensposition erreicht.

Wichtig ist hierbei die Erlangung der Position des bestrangig betreibenden Gläubigers, um dadurch einen Zuschlag verhindern zu können bzw. höhere Gebote während der Bietzeit durchzusetzen.

Wichtig ist die Ablösung auch dann, wenn der Ablösende seine eigene Forderung durch eigenes Mitbieten schützen will.

E. Abweichende Versteigerungsbedingungen

39 Jeder Beteiligte kann nach dem Gesetzeswortlaut des § 59 Abs. 1 ZVG verlangen, dass abweichend von den gesetzlichen Vorschriften ein **neues oder weiteres geringstes Gebot** aufzustellen ist. Eigentlicher Gedanke dieser Vorschrift dürfte sein,

E. Abweichende Versteigerungsbedingungen § 11

die starren Regelungen des Zwangsversteigerungsverfahrens zu brechen, um im Interesse der Beteiligten ein möglichst gutes wirtschaftliches Ergebnis zu erzielen.[43] Da durch die Abweichung das Recht eines anderen Beteiligten nicht beeinträchtigt werden darf, dies aber regelmäßig nicht ohne Weiteres feststellbar ist, werden zwangsläufig im Termin mehrere geringste Gebote aufzustellen sein. Wenn diese Verfahrensfolge dazu benutzt wird, um sich zum Nachteil anderer einen Vorteil zu verschaffen, das Verfahren unübersichtlich zu gestalten und damit Bietinteressenten abzuschrecken, ist dies unzulässig. Solche Anträge sind als Verfahrensmissbrauch zurückzuweisen.[44]

Der **Antrag** auf Feststellung abweichender Versteigerungsbedingungen kann jederzeit vor dem Zwangsversteigerungstermin gestellt werden, aber auch noch während des Termins, jedoch **spätestens** bis zur Aufforderung zur Abgabe von Geboten, § 59 Abs. 1 Satz 1 ZVG. Die zeitliche Begrenzung des Antrags auf Feststellung des von den gesetzlichen Vorschriften abweichenden geringsten Gebots und der Versteigerungsbedingungen auf den Beginn der Bietzeit dient dazu, eine Reihe von Problemen aus dem Weg zu räumen, insbesondere Missbrauchsmöglichkeiten zu verhindern. Entsprechendes soll bei der Rücknahme des Antrags gelten.[45] **40**

Ist das Abweichungsverlangen **zulässig** und ist **keiner** der Beteiligten hiervon **beeinträchtigt**, ist das Grundstück nur mit der Abweichung auszubieten. Zu den Beteiligten, die von der Abweichung betroffen sein können, zählt auch der Schuldner.[46] **41**

Steht fest, dass ein Beteiligter **beeinträchtigt** ist, muss seine **Zustimmung** vorliegen. Nach Zustimmung wird das Grundstück wiederum nur mit der Abweichung ausgeboten. Die Zustimmung kann im Termin zu Protokoll erklärt werden oder schriftlich erfolgen. Eine öffentliche Beglaubigung der Zustimmungserklärung ist nicht erforderlich.[47] **42**

Regelmäßig wird es jedoch so sein, dass die **Beeinträchtigung** eines Beteiligten **nicht eindeutig** festgestellt werden kann. Denn zumindest hängt die Beeinträchtigung wesentlich von der Höhe der abgegebenen Gebote ab, letztendlich kann die Beeinträchtigung somit erst am Schluss der Versteigerung festgestellt werden. In diesem Fall ist das Grundstück mit und ohne Abweichung auszubieten (**Doppelausgebot**). **43**

---

43 Steiner/Storz, ZVG, § 59 Rn 1.
44 BGH vom 24.10.1978, VI ZR 67/77, NJW 1979, 162; OLG München vom 28.5.1984, 24 W 124/84, Rpfleger 1984, 363; überzeugend mit zahlreichen Nachweisen Schiffhauer, Rpfleger 1986, 362.
45 Vgl. hierzu Hintzen, Rpfleger 1998, 148 ff.
46 Schiffhauer, Rpfleger 1986, 326, 335.
47 Dassler/Schiffhauer/Hintzen, ZVG, § 59 Rn 54, 55.

44 Liegen nach Schluss der Versteigerung Meistgebote auf alle Ausgebotsformen vor, kann der **Zuschlag auf die Abweichung** nur dann erteilt werden, wenn keine Beeinträchtigung eines Beteiligten gegeben ist.[48] Hierbei sind die nach den gesetzlichen und den abweichenden Bedingungen abgegebenen Gebote in ihrem wirtschaftlichen Wert zu vergleichen.[49]

45 Umstritten ist nach wie vor die Frage, auf welches Gebot der Zuschlag zu erteilen ist, wenn nur ein **Meistgebot auf die Abweichung** abgegeben wurde. Sofern Beteiligte vorhanden sind, die durch das Meistgebot auf das Abweichungsverlangen nicht gedeckt sind oder überhaupt möglicherweise beeinträchtigt sind, kann der Zuschlag dann erteilt werden, wenn diese Beteiligten der Abweichung nachträglich zustimmen.[50] Liegt keine Beeinträchtigung vor oder steht diese zumindest nicht sicher fest,[51] ist der Zuschlag zu erteilen; stimmt der Beeinträchtigte zu, kann der Zuschlag ebenfalls erteilt werden; stimmt der Beeinträchtigte nicht zu, ist der Zuschlag zu versagen. Für die Zuschlagserteilung sind weder Gebote auf beide Ausgebotsarten noch der Beweis, dass eine Benachteiligung ausgeschlossen ist, notwendig.[52] Werden im Falle eines Doppelausgebots Gebote nur auf die abweichenden Bedingungen abgegeben, denen der Schuldner nicht zugestimmt hat, darf der Zuschlag erteilt werden, wenn keine konkreten Anhaltspunkte für eine Beeinträchtigung des Schuldners bestehen.[53]

---

48 Dassler/Schiffhauer/Hintzen, ZVG, § 59 Rn 65; Steiner/Storz, ZVG, § 59 Rn 50.
49 OLG Celle vom 20.5.2009, 3 U 268/08, Rpfleger 2010, 532.
50 Dassler/Schiffhauer/Hintzen, ZVG, § 59 Rn 69; Schiffhauer, Rpfleger 1986, 326, 337; Stöber, ZVG, § 59 Rn 6.3.
51 Hierzu LG Berlin vom 28.9.2005, 81 T 766/05, Rpfleger 2006, 93.
52 LG Berlin vom 28.9.2005, 81 T 766/05, Rpfleger 2006, 93.
53 BGH vom 8.12.2011, V ZB 197/11, Rpfleger 2012, 336.

E. Abweichende Versteigerungsbedingungen §11

46

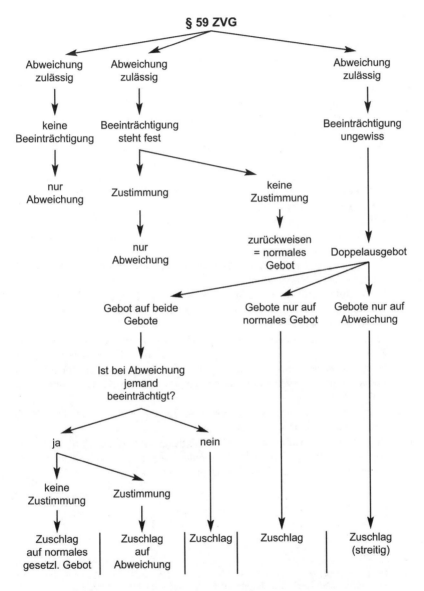

Schaubild 5: Abweichende Versteigerungsbedingungen

47 Abweichungen im Einzelnen:[54]
(1) Wird das **Erlöschen eines Rechts** beantragt, das grundsätzlich nach den Versteigerungsbedingungen bestehen bleiben würde, erhöht sich der bar zu zahlende Teil des geringsten Gebots. Hierzu ist ein Doppelausgebot erforderlich.[55]
(2) Wird das **Bestehenbleiben eines Rechts** beantragt, das nach den Versteigerungsbedingungen erlöschen würde, ist ein Doppelausgebot regelmäßig nicht notwendig. Dies kann nur dann erforderlich sein, wenn ein Zwischenberechtigter der Abweichung nicht zugestimmt hat.[56]
Es bedarf insbesondere nicht der Zustimmung eines den Rechten nachstehenden Beteiligten, § 59 Abs. 3 ZVG.
Umstritten ist, ob auch die **Zustimmung des Eigentümers** erforderlich ist. Teilweise wird ohne jede Begründung angenommen, dass mit der Regelung in Abs. 3 auch die Zustimmung des Schuldners nicht erforderlich ist.[57] Abgesehen davon, dass diese Ansicht im Gesetz keine Stütze findet, kann sie für den Schuldner zu einem wirtschaftlich untragbaren Ergebnis führen; seine Zustimmung ist daher notwendig.[58]
(3) Eine beantragte **Erhöhung der Verzinsung des Bargebots**, § 49 Abs. 2 ZVG, führt zu einem Doppelausgebot.
(4) Die **Beantragung eines erhöhten Zinssatzes** im Fall der **Forderungsübertragung** für die dann einzutragenden Sicherungshypotheken führt regelmäßig zu einem Doppelaufgebot.
(5) Ein **schwebendes Flurbereinigungsverfahren** ist auf die Durchführung der Zwangsversteigerung eines Einlagegrundstücks ohne Einfluss. Eine auf vorläufiger Besitzeinweisung vom Schuldner vorgenommene Bebauung des Abfindungsgrundstücks kann nur durch eine abweichende Versteigerungsbedingung berücksichtigt werden.[59]
(6) Eine Abweichung des **Sonderkündigungsrechts** des Erstehers, § 57a ZVG, führt zu einem Doppelausgebot.
(7) Eine beantragte **Änderung der Befriedigungsreihenfolge**, §§ 10, 109 ZVG, wird für unzulässig gehalten.[60] Nach anderer Auffassung ist die Änderung zulässig, führt dann jedoch zu einem Doppelausgebot.[61]

---

54 Vgl. auch Stöber, ZVG, § 59 Rn 5; Schiffhauer, Rpfleger 1986, 326.
55 Dassler/Schiffhauer/Hintzen, ZVG, § 59 Rn 47; Stöber, ZVG, § 59 Rn 5.6.
56 Stöber, ZVG, § 59 Rn 7.2.
57 So Stöber, ZVG, § 59 Rn 7.1; Steiner/Storz, § 59 Rn 33.
58 LG Arnsberg vom 27.7.2004, 6 T 226/04, Rpfleger 2005, 42; Dassler/Schiffhauer/Hintzen, ZVG, § 59 Rn 44; Böttcher, ZVG, § 59 Rn 20; Mayer, Rpfleger 2003, 381; Schiffhauer, Rpfleger 1986, 326, 336; vgl. hierzu auch Muth, JurBüro 1985, 13, der § 59 Abs. 3 für verfassungswidrig hält.
59 OLG Hamm vom 28.1.1987, 15 W 426/86, Rpfleger 1987, 258.
60 Dassler/Schiffhauer/Hintzen, ZVG, § 59 Rn 22.
61 Stöber, ZVG, § 59 Rn 5.11a; Steiner/Storz, ZVG, § 59 Rn 19.

(8) **Unzulässig** ist ein Abweichungsverlangen hinsichtlich der Höhe der **Übergebote**.[62]

(9) Ebenfalls **unzulässig** sind Abänderungen über die gesetzlich geregelte Art und Höhe der **Sicherheitsleistung**.[63]

(10) Ein häufig wiederkehrender Fall bei älteren Erbbaurechtsbestellungen ist der Antrag auf **Bestehenbleiben einer Erbbauzinsreallast**, die durch Rangrücktritt in der Versteigerung hinter ein Grundpfandrecht erlöschen würde. Die Folge wäre, dass der Ersteher ein Erbbaurecht erwirbt, für das er keinen Erbbauzins bezahlen müsste. Muss der Eigentümer einer Veräußerung des Erbbaurechts zustimmen, kann er die Verweigerung der Zustimmung für die Erteilung des Zuschlags jedenfalls nicht davon abhängig machen, dass der Ersteher die Bestellung eines Erbbauzinses akzeptiert.[64]

Verweigert der Eigentümer die **Zustimmung**, kann der betreibende Gläubiger diese Zustimmung durch das AG ersetzen lassen, § 7 ErbbauRG. Der Grundstückseigentümer kann sich hier nur mit dem Grundpfandrechtsgläubiger, der den Vorrang beansprucht hat, durch eine Stillhalteerklärung sichern.[65] In jedem Fall ist bei dem Verlangen auf Bestehenbleiben der Erbbauzinsreallast regelmäßig ein Doppelausgebot erforderlich.[66]

Nach § 9 Abs. 3 ErbbauRG kann das Bestehenbleiben einer nachrangigen Erbbauzinsreallast **mit ihrem Hauptanspruch** in der Zwangsversteigerung vereinbart werden. Hierdurch wird die Folge des Erlöschens der Erbbauzinsreallast durch Rangrücktritt hinter ein anderes dingliches Grundpfandrecht, aus welchem dann vorrangig die Zwangsversteigerung betrieben wird, vermieden.

(11) Von Amts wegen muss ein Doppelausgebot erlassen werden, wenn an einem **Rangtausch**, durch den ein relatives Rangverhältnis gegenüber einem Zwischenrecht entsteht, ein nicht auf Zahlung eines Geldbetrags gerichtetes Recht, z.B. ein Wohnrecht, beteiligt ist.[67]

(12) Weiterhin ist regelmäßig ein Doppelausgebot erforderlich, wenn Anträge im Hinblick auf ein **Altenteil** gestellt werden, § 9 Abs. 2 EGZVG.[68] Hierzu entschied der BGH[69] wie folgt: Steht nicht fest, ob das Recht eines vor- oder gleichrangigen Gläubigers durch das Fortbestehen eines als Altenteil eingetragenen Rechts nach § 9 Abs. 1 EGZVG beeinträchtigt ist, ist das Grundstück

---

62 Dassler/Schiffhauer/Hintzen, ZVG, § 59 Rn 22; Stöber, ZVG, § 59 Rn 5.14; unzutreffend somit: OLG Oldenburg vom 23.7.1980, 2 W 37/80, Rpfleger 1981, 315; LG Aurich vom 5.10.1979, 3 T 175/79, Rpfleger 1981, 153 (Erhöhung zu je 1.000,00 DM).
63 Stöber, ZVG, § 59 Rn 5.13;Dassler/Schiffhauer/Hintzen, ZVG, § 59 Rn 22.
64 BGH vom 26.2.1987, V ZB 10/86, NJW 1987, 1942 = Rpfleger 1987, 257.
65 Vgl. hierzu Muth, JurBüro 1985, 801.
66 Schiffhauer, Rpfleger 1986, 326, 334, 344.
67 OLG Hamm vom 6.3.1985, 15 W 38/85, Rpfleger 1985, 246.
68 Steiner/Storz, ZVG, § 59 Rn 36; Dassler/Schiffhauer/Hintzen, ZVG, § 9 EGZVG Rn 17 ff.
69 BGH vom 1.12.2011, V ZB 186/11, Rpfleger 2012, 331 m. Anm. Hintzen = NJW-RR 2012, 455.

entsprechend § 59 Abs. 2 ZVG gleichzeitig zu den Bedingungen nach § 9 Abs. 1 EGZVG und zu den Bedingungen nach § 9 Abs. 2 EGZVG auszubieten. Für den Zuschlag kommt es darauf an, ob der antragstellende Gläubiger bei dem Ausgebot zu der Bedingung des Fortbestands des als Altenteil eingetragenen Rechts (§ 9 Abs. 1 EGZVG) keine oder eine schlechtere Deckung erreicht als bei dem Ausgebot zu der Bedingung des Erlöschen dieses Rechts (§ 9 Abs. 2 EGZVG). Der Wert des als Altenteil eingetragenen Rechts bleibt dabei außer Betracht. Bei der Erteilung des Zuschlags hat das Vollstreckungsgericht kein Ermessen.

F. Mitbieten

I. Gebote

48 Gebote werden im Versteigerungstermin mündlich abgegeben. Sie werden als **privatrechtliche** Willenserklärung angesehen, auch wenn sie dem Versteigerungsgericht gegenüber abzugeben sind; sie unterliegen somit der **Anfechtungsmöglichkeit** wegen Irrtums, Täuschung oder Drohung, §§ 119, 123 BGB.[70] Allerdings ist eine Anfechtung dann ausgeschlossen, wenn der Bieter im Versteigerungstermin zu spät erscheint und ein Gebot abgibt, ohne sich vorher zu erkundigen, wie viele Rechte im geringsten Gebot bestehen bleiben.[71]

49 Insbesondere hat der BGH[72] entschieden, dass ein Bieter sein Gebot **nicht** wegen einer Fehlvorstellung über den Umfang der nach den Versteigerungsbedingungen **bestehen bleibenden Rechte** gem. § 119 Abs. 1 BGB anfechten kann. Der Rechtsfolgeirrtum eines Bieters über die zu übernehmenden Rechte ist nicht als ein wesentlicher Irrtum über den Inhalt des Gebots anzusehen, der diesen nach § 119 Abs. 1 BGB zur Anfechtung berechtigen würde. Ausschlaggebend dafür ist, dass der Bieter sein Gebot in einem gesetzlich geregelten Verfahren abgibt. Die von dem Bieter gewollte Rechtsfolge ist vor allem darauf gerichtet, in dem von dem Vollstreckungsgericht geleiteten Bietgeschäft Meistbietender zu werden und damit den Zuschlag nach Maßgabe der Versteigerungsbedingungen zu erhalten. Nach den dem Bietgeschäft zugrunde liegenden Bestimmungen sind die Gebote nur auf den bar zu zahlenden Betrag abzugeben. Die Teilnahme am Bietgeschäft erfordert danach von dem Bieter zwar, zur Bestimmung seiner tatsächlichen Belastung bei der Abgabe eines Gebots auch die Rechte am versteigerten Grundstück zu berücksichtigen, die nach Maßgabe der Versteigerungsbedingungen bestehen bleiben. Diese Rechtsfolge ist aber nicht mehr Teil seines Gebots, sondern eine **mittelbare Rechtsfolge** der

---

70 BGH vom 17.4.1984, VI ZR 191/82, NJW 1984, 1950; Dassler/Schiffhauer/Hintzen, ZVG, § 71 Rn 15; eingehend hierzu: Schiffhauer, Rpfleger 1972, 341.
71 OLG Frankfurt vom 14.7.1980, 20 W 399/80, Rpfleger 1980, 441.
72 Beschl. v. 5.6.2008, V ZB 150/07, Rpfleger 2008, 515.

von allen Bietern zu berücksichtigenden Bedingungen der Versteigerung, die in die Kalkulation jedes Gebots einfließen muss. Unterläuft dem Bieter in diesem Stadium der Willensbildung ein Fehler bei der Berechnung seines Gebots, handelt es sich um einen **Motivirrtum**, der von keinem der gesetzlich vorgesehenen Anfechtungsgründe erfasst wird.

Die **Anfechtung** muss gegenüber dem Vollstreckungsgericht unverzüglich nach Erkennen des Anfechtungsgrundes erfolgen. Wird der Anfechtungsgrund erst neun Tage nach Bekanntwerden geltend gemacht, ist die Anfechtung verspätet.[73] Wird der **Anfechtungsgrund** erst nach der Zuschlagserteilung erkannt, muss die Anfechtungserklärung mit der Zuschlagsbeschwerde geltend gemacht werden.[74] — 50

Erklärt der Meistbietende die Anfechtung seines Gebots, nachdem ihm der Zuschlag erteilt wurde, und wird aufgrund der Beschwerde der Zuschlag aufgehoben, hat er einem anderen Beteiligten, der auf die Wirksamkeit des Meistgebots vertraut und diesem deshalb nicht widersprochen hat, den **Vertrauensschaden** zu ersetzen.[75] — 51

Sofern Interessenten oder Beteiligte im Verfahren mitbieten wollen, müssen sie darauf achten, bei Abgabe des Gebots ausreichend legitimiert bzw. bevollmächtigt zu sein. Das Vorschieben eines **Strohmannes zur Gebotsabgabe** ist i.Ü. nicht sittenwidrig und macht die Gebote auch nicht unwirksam. Wenn jedoch nicht rechtzeitig vor Zuschlagserteilung die Vollmacht vorgelegt wird, § 81 Abs. 3 ZVG, oder die Rechte aus dem Meistgebot abgetreten werden, § 81 Abs. 2 ZVG, erhält der Meistbietende (= Strohmann) den Zuschlag. — 52

Nach **Abgabe eines Gebots** hat sich der Bieter mit Name, Adresse und Geburtsdatum durch Vorlage seines Personalausweises oder Reisepasses auszuweisen. Bei einem Einzelkaufmann ist nicht die Firma, sondern sein bürgerlicher Name aufzunehmen.[76] — 53

Geben **mehrere Personen** ein Gebot ab, müssen sie ihr Beteiligungsverhältnis angeben; eines besonderen Nachweises hierüber bedarf es jedoch nicht.[77] Dies gilt auch für eine Gesellschaft bürgerlichen Rechts (GbR), diese ist rechts- und grundbuchfähig.[78] — 54

---

73 LG Krefeld vom 14.11.1988, 6 T 313/88, Rpfleger 1989, 166 (Irrtum über Bestehenbleiben von Grundpfandrechten).
74 OLG Frankfurt vom 14.7.1980, 20 W 399/80, Rpfleger 1980, 441; Schiffhauer, Rpfleger 1972, 341.
75 BGH vom 17.4.1984, VI ZR 191/82, Rpfleger 1984, 243 = NJW 1984, 1950.
76 Dassler/Schiffhauer/Hintzen, ZVG, § 71 Rn 4.
77 Stöber, ZVG, § 71 Rn 4.4.
78 BGH vom 4.12.2008, V ZB 74/08, Rpfleger 2009, 141 = NJW 2009, 594; BGH vom 28.4.2011, V ZB 194/10, Rpfleger 2011, 483 = NJW 2011, 1958; OLG Hamm vom 17.3.2011, I-15 W 706/10, Rpfleger 2011, 453.

55 **Eltern**, die für ihre **minderjährigen Kinder** bieten, müssen ein Gebot gemeinsam abgeben, § 1626 Abs. 1 BGB; sie bedürfen gleichzeitig zur Abgabe des Gebots der familiengerichtlichen Genehmigung, §§ 1821 Nr. 5, 1643 Abs. 1 BGB.[79]

56 **Vertreter einer Kirchenbehörde** benötigen die Genehmigung der aufsichtführenden Behörde.[80]

57 Die **Vertretungsbefugnis für eine Gemeinde** richtet sich nach den landesrechtlichen Gemeindeordnungen. Ein solches Gebot bedarf keiner besonderen Form; es ist wirksam, wenn es im Versteigerungstermin mündlich abgegeben wird. Ein schriftliches Gebot unter Beifügung des Dienstsiegels oder mit der Unterschrift des Bürgermeisters zu versehen, ist nicht erforderlich und kann nicht das mündlich abgegebene Gebot ersetzen.[81]

58 Gebote von **Vertretern juristischer Personen** sind dann wirksam, wenn sofort die Vertretungsberechtigung nachgewiesen wird, z.B. Geschäftsführer, Vereinsvorstand, Prokurist. Wird der Vertretungsnachweis durch einen **beglaubigten Registerauszug** geführt, muss dieser neueren Datums sein. Hierbei ist ein zwölf Tage alter Registerauszug sicherlich ausreichend,[82] eine Frist von 15 Tagen reicht aus,[83] sofern sich aus dem Registerauszug keine ständig wechselnden Eintragungen ergeben, sind auch fünf bis sechs Wochen alt ist.[84]

59 In keinem Fall kann sich der Bieter darauf verlassen, dass das Versteigerungsgericht verpflichtet ist, ggf. beim Registergericht Rückfrage wegen der Vertretungsmacht zu halten.[85] Der erforderliche **Nachweis der Vertretungsmacht** kann nicht durch nachträgliche Einreichung der öffentlich beglaubigten Bietungsvollmacht zwischen Versteigerungs- und Zuschlagsverkündigungstermin nachgeholt werden.[86]

60 In Hinblick auf die Tatsache, dass eine **Vor-GmbH** bereits Grundstückseigentum erwerben kann, kann für diese auch wirksam ein Gebot abgegeben werden. Dem Gericht müssen dazu aber formgerecht vorgelegt werden:
- der Gründungsvertrag der GmbH,
- die Geschäftsführerbestellung,

---

79 Stöber, ZVG, § 71 Rn 7.4; Eickmann, Rpfleger 1983, 199.
80 Steiner/Storz, ZVG, § 71 Rn 59.
81 Stöber, ZVG, § 71 Rn 7.7; Dassler/Schiffhauer/Hintzen, ZVG, § 71 Rn 42.
82 AG Langen vom 20.10.1981, Urb 4471/7, Rpfleger 1982, 63.
83 Mayers, Rpfleger 1989, 143.
84 Hintzen, Rpfleger 1990, 218, 219; LG Mainz vom 5.1.2000, 8 T 414/99, Rpfleger 2000, 287 (vier Wochen alter Registerauszug).
85 So aber OLG Hamm vom 29./30.8.1989, 15 W 214/89, Rpfleger 1990, 218 m. abl. Anm. Hintzen.
86 OLG Koblenz vom 28.8.1987, 4 W 120/87, Rpfleger 1988, 75 = ZIP 1987, 1531.

- die Ermächtigung zum Bieten in der Zwangsversteigerung
- und eine Bescheinigung über die Tatsache, dass die Eintragung der GmbH im Handelsregister bereits beantragt ist und durchgeführt werden soll.[87]

Gibt ein Bieter ein **Gebot in Vollmacht** ab, ist diese Vollmacht in öffentlich beglaubigter Form sofort **bei Gebotsabgabe** vorzulegen. Eine Nachreichung bis zur Zuschlagsverkündung ist nicht ausreichend.[88]

Bedarf der **Vorstand eines eingetragenen Vereins** zur Ersteigerung eines Grundstücks der Zustimmung der Mitgliederversammlung, muss ein vom Vorstand bevollmächtigter Vertreter bei der Abgabe von Geboten im Versteigerungstermin neben der Bietungsvollmacht die Zustimmung in notariell beglaubigter Form nachweisen.[89]

Für die **Form der Vollmacht einer Behörde**, z.B. der Sparkassen, genügt Schriftform mit Unterschrift und Siegel.[90] Offenkundig ist eine Vertretungsmacht dem Gericht gegenüber nur dann, wenn dem amtierenden Rechtspfleger die Vollmacht dienstlich bekannt ist. Liegt die Vollmacht in den Generalakten des Gerichts, muss dafür Sorge getragen werden, dass diese Akten im Versteigerungstermin dem Gericht vorgelegt werden.[91]

Das **letzte Gebot** muss dreimal aufgerufen werden, § 73 Abs. 2 Satz 2 ZVG. Danach hat das Gericht nochmals zu weiteren Geboten aufzufordern, § 73 Abs. 1 Satz 2 ZVG. Unterlässt es der Rechtspfleger, bei der Zwangsversteigerung nach dem letzten Gebot vor der Erteilung des Zuschlags nochmals zur Abgabe von Geboten aufzufordern, obwohl die Möglichkeit besteht, dass ein weiteres Gebot abgegeben wird, stellt dies einen Verstoß gegen § 73 Abs. 1 Satz 2 ZVG dar, der im Beschwerdeverfahren zur Aufhebung des Zuschlagsbeschlusses führt.[92]

II. Scheingebote

Gebote, die in der Absicht abgegeben werden, im Fall des Meistgebots hierauf keine Zahlung leisten zu wollen und zu können, sind als **rechtsmissbräuchlich** zurückzuweisen.[93]

---

87 Stöber, ZVG, § 71 Rn 7.15.
88 OLG Koblenz vom 28.8.1987, 4 W 120/87, Rpfleger 1988, 75 = ZIP 1987, 1531.
89 OLG Hamm vom 7.8.1987, 15 W 242/87, NJW 1988, 73.
90 BGH vom 7.4.2011, V ZB 207/10, Rpfleger 2011, 544.
91 Stöber, ZVG, § 71 Rn 6.3; Dassler/Schiffhauer/Hintzen, ZVG, § 71 Rn 36; a.A. Steiner/Storz, ZVG, § 71 Rn 30.
92 OLG Karlsruhe vom 24.10.1997, 14 W 45/97, Rpfleger 1998, 79 = MDR 1998, 60; anders LG Kassel vom 30.5.1984, 6 T 89/84, Rpfleger 1984, 474.
93 OLG Hamm vom 6.1.1994, 15 W 371/93, Rpfleger 1995, 34; OLG Nürnberg vom 23.9.1998, 4 W 1810/98, Rpfleger 1999, 87.

66 Im Rahmen der Zuschlagsversagung wegen Nichterreichens der 50 %-Grenze nach § 85a Abs. 1 ZVG im ersten Versteigerungstermin hat der BGH in drei Beschlüssen wie folgt entschieden: In seiner ersten Entscheidung[94] hat er Gebote in der Zwangsversteigerung, die unter der Hälfte des Grundstückswerts liegen, für unwirksam erklärt. Hierbei bezog sich der BGH ausdrücklich auf das Eigengebot eines Gläubigervertreters, da dieser von vornherein nicht an dem Erwerb des Grundstücks interessiert ist, sondern das Gebot nur abgibt, damit in einem weiteren Versteigerungstermin einem anderen der Zuschlag auf ein Gebot unter $^{7}/_{10}$ oder unter der Hälfte des Grundstückswerts erteilt werden kann. Solche Gebote seien „**Scheingebote**". In seiner zweiten Entscheidung[95] hat er das Argument des Scheingebots fallen gelassen und solche Eigengebote eines Gläubigervertreters, der ausschließlich erreichen will, dass in einem neuen Versteigerungstermin einem anderen der Zuschlag auf ein Gebot unter $^{7}/_{10}$ oder unter der Hälfte des Grundstückswerts erteilt werden kann, für **rechtsmissbräuchlich** erklärt. Trotz aller Kritik bleibt der BGH auch in seiner dritten Entscheidung[96] bei seiner Auffassung und bestärkt nochmals ausdrücklich, dass nicht nur Eigengebote des Gläubigervertreters, sondern auch generell Gebote eines Beauftragten des Gläubigers, die ausschließlich darauf gerichtet sind, zugunsten des Gläubigers und zulasten des Schuldners die Rechtsfolgen von § 85a Abs. 1 und Abs. 2 ZVG herbeizuführen, unwirksam sind. Ob der Bieter zur Vertretung des Gläubigers berechtigt ist, ist insoweit ohne Bedeutung. **Immobilienmakler** sind auch nicht befugt, einen Gläubiger als Beteiligten im Sinne von § 9 ZVG in einem gerichtlichen Zwangsversteigerungsverfahren zu vertreten. Die Befugnis, Bieter zu vertreten, bleibt davon unberührt.[97]

67 Damit steht jetzt fest, dass Gebote im ersten Versteigerungstermin unter 50 % des Grundstückswerts mit Blick auf § 85a Abs. 1 ZVG nur noch selten zur Zuschlagsversagung führen dürften. Sobald das Gericht erkennt, dass der Bieter nur die Rechtsfolgen der Zuschlagsversagung beabsichtigt, können dessen Gebote für unwirksam erklärt werden.

III. Bietabsprache

68 Eine Bietabsprache (**negatives Bietabkommen**) hat den Zweck, Bietinteressenten vom Bieten abzuhalten, um damit einem anderen einen möglichst günstigen Erwerb zu ermöglichen, indem die Gebote relativ klein gehalten oder sogar ganz aus-

---

94 BGH vom 24.11.2005, V ZB 98/05, Rpfleger 2006, 144 m. abl. Anm. Hintzen = NJW 2006, 1355 = NZM 2006, 194 = WM 2006, 237 = ZfIR 2006, 652 m. abl. Anm. Eickmann; Stöber, ZVG, § 85a Rn 2.3.
95 BGH vom 10.5.2007, V ZB 83/06, Rpfleger 2007, 483 = NJW 2007, 3279.
96 BGH vom 17.7.2008, V ZB 1/08, Rpfleger 2008, 587.
97 BGH vom 20.1.2011, I ZR 122/09, Rpfleger 2011, 339 = NJW 2011, 929.

geschaltet werden. Ob eine solche Absprache **sittenwidrig** ist, ergibt sich aus den Umständen des Einzelfalls, insbesondere aus Inhalt, Beweggrund und Zweck der Absprache.[98]

Lässt sich der **einzige** in Betracht kommende **Interessent** durch ein Bietabkommen sein Bietrecht abkaufen und entzieht er dadurch dem Zwangsversteigerungsverfahren erhebliche Zahlungen, ist dieses Abkommen unwirksam.[99] Die Vertragsparteien eines solchen Bietabkommens machen sich den Verfahrensbeteiligten und dem Grundstückseigentümer gegenüber schadensersatzpflichtig. Allerdings sind solche Ansprüche immer außerhalb des Zwangsversteigerungsverfahrens durchzusetzen.[100]

69

Ein negatives Bietabkommen soll auch dann wegen Sittenwidrigkeit nichtig sein, wenn dadurch Rechte **nicht eingeweihter vorrangiger** Grundpfandrechtsgläubiger verkürzt oder geschmälert würden. Dabei soll sogar unerheblich sein, ob der benachteiligte Dritte die Möglichkeit wahrgenommen habe, selbst zu bieten.[101] Dem kann in dieser Allgemeinheit nicht zugestimmt werden. Niemand ist im Zwangsversteigerungsverfahren gezwungen, Gebote abzugeben. Ebenso gibt es grundsätzlich keine gesetzliche Regelung, dass bestimmte Personen von der Gebotsabgabe ausgeschlossen werden können. Derartige Verpflichtungen können sich allenfalls aufgrund vertraglicher Regelungen ergeben.[102]

70

IV. Ausbietungsgarantie

Regelmäßig wird die Ausbietungsgarantie unterschieden in „mit schwächerer Wirkung" und „mit stärkerer Wirkung". Eine Ausbietungsgarantie mit schwächerer Wirkung bedeutet: Der Garant übernimmt die Pflicht, dass dem Gläubiger kein Ausfall in der Zwangsversteigerung entsteht, ggf. ein solcher Ausfall zu ersetzen ist.[103] Eine solche **Ausfallgarantie** bedarf keiner Form.

71

---

98 OLG Celle vom 16.5.1969, 8 U 177/68, NJW 1969, 1764; OLG Köln vom 10.10.1977, 12 U 55/77, NJW 1978, 47; OLG Karlsruhe vom 21.4.1993, 11 W 15/93, Rpfleger 1993, 413; LG Saarbrücken vom 16.7.1999, 5 T 378/99, Rpfleger 2000, 80; Steiner/Storz, ZVG, § 66 Rn 46; Stöber, ZVG, § 71 Rn 8.7.
99 LG Saarbrücken vom 16.7.1999, 5 T 378/99, Rpfleger 2000, 80.
100 Dassler/Schiffhauer/Hintzen, ZVG, § 71 Rn 20; Stöber, ZVG, § 71 Rn 8.7.
101 OLG Koblenz vom 20.6.2002, 5 U 1608/01, Rpfleger 2002, 637.
102 In dem Fall des OLG Koblenz wurde durch das Bietabkommen niemand der Anwesenden von der Abgabe von Geboten abgehalten. Auch dürfte es ausgeschlossen gewesen sein, dass die angeblich benachteiligte Bank bei Kenntnis der Vereinbarung selbst mehr als 70 % des Verkehrswerts geboten hätte, tatsächlich war genau diese Wertgrenze geboten worden. Aufgrund der negativen Entscheidung des OLG wurde allenfalls der Schuldner geschädigt. Es bleibt die Frage offen, warum die angeblich benachteiligte Bank nicht ebenfalls ein Bietabkommen mit potenziellen Interessenten geschlossen hat.
103 Dassler/Schiffhauer/Hintzen, ZVG, § 66 Rn 55 ff.; Stöber, ZVG, § 71 Rn 8.5; Steiner/Storz, ZVG, § 66 Rn 23.

72 Im Gegensatz hierzu ist die Ausbietungsgarantie mit stärkerer Wirkung formbedürftig, § 311b BGB.[104] Die Formbedürftigkeit ist dadurch bedingt, dass der Garant selbst verpflichtet wird, Gebote in Zwangsversteigerungsverfahren abzugeben, die wiederum – wenn auch nur bedingt – auf einen Eigentumserwerb hinauslaufen. Die Nichterfüllung eines solchen stärkeren Garantievertrags verpflichtet die Garanten ggf. zu Schadensersatz, wenn der Gläubiger einen Verlust erleidet.[105]

---

[104] BGH vom 5.11.1982, V ZR 228/80, Rpfleger 1983, 81; OLG Celle vom 29.6.1976, 4 U 2/76, NJW 1977, 52; Dassler/Schiffhauer/Hintzen, ZVG, § 66 Rn 57; Steiner/Storz, ZVG, § 66 Rn 32.
[105] Steiner/Storz, ZVG, § 66 Rn 35; Dassler/Schiffhauer/Hintzen, ZVG, § 66 Rn 57.

§ 12 Versteigerungstermin

A. Terminsteilnahme

Die Bedeutung und Wichtigkeit des Versteigerungstermins muss an dieser Stelle nicht besonders hervorgehoben werden. Eine Terminsteilnahme ist daher regelmäßig jedem Gläubiger anzuraten:

- bereits im Bekanntmachungsteil kann der Gläubiger erkennen, wer von den Anwesenden Verfahrensbeteiligter ist,
- unter dem Druck der Versteigerung kann es hin und wieder vorkommen, dass der Schuldner noch im Termin dem Gläubiger Zahlungen anbietet,
- der Gläubiger kann Stellung nehmen zu den Bedingungen des geringsten Gebots, insbesondere zur Feststellung des Zuzahlungsbetrags für Rechte der Abt. II des Grundbuchs, zu Anträgen auf abweichende Versteigerungsbedingungen, zur Sicherheitsleistung usw.,
- der Gläubiger kann Gespräche mit Interessenten führen,
- er kann sein eigenes Recht ausbieten,
- bei der Versteigerung mehrerer Grundstücke können die Anträge nach §§ 63, 64 ZVG erforderlich werden,
- durch einen Antrag nach § 64 Abs. 2 ZVG kann ein an sich bestehen bleibendes Recht erlöschen,
- als bestrangig betreibender Gläubiger kann er das Instrument der einstweiligen Einstellung als Druckmittel zur Erreichung höherer Gebote einsetzen,
- in der Verhandlung über den Zuschlag kann er ggf. einen Antrag auf Versagung wegen Nichterreichens der $^{7}/_{10}$-Grenze stellen, § 74a Abs. 1 ZVG.

B. Ort und Zeit des Termins

Ort und Zeitpunkt des Versteigerungstermins müssen sich aus der Terminsbestimmung ergeben, § 37 Nr. 2 ZVG. Muss der Versteigerungstermin in einem anderen Sitzungszimmer stattfinden, genügt ein **Aushang** mit einem entsprechenden Hinweis an beiden Räumen. Die getroffenen Vorkehrungen sind aber im Sitzungsprotokoll genau festzuhalten.[1]

Die Auffassung, einen Gerichtswachtmeister oder eine andere geeignete Person während der gesamten Dauer des Versteigerungsverfahrens vor dem ursprünglich

---

1 OLG Hamm vom 7.9.1978, 15 W 237/78, NJW 1979, 1720 = Rpfleger 1979, 29; LG Oldenburg vom 16.8.1990, 6 T 497/90, Rpfleger 1990, 470.

vorgesehenen Sitzungssaal zu postieren, um damit absolut sicherzustellen, dass alle Interessenten den neuen Saal finden, dürfte zu weitgehend sein.[2] Ein schriftlicher Hinweis an dem ursprünglichen Versteigerungsort reicht aus; durch eine **wiederholte Prüfung** ist jedoch sicherzustellen, dass der Hinweis während der gesamten Zeit des Versteigerungstermins auch tatsächlich sichtbar aushängt.[3]

4 Der Grundsatz der Öffentlichkeit einerseits und andererseits das Ziel der Zwangsversteigerung, ein bestmögliches wirtschaftliches Ergebnis für den Schuldner und alle anderen Beteiligten zu erreichen, gebietet es, allen Beteiligten und Bietinteressenten den **Zugang zum Verhandlungssaal** zu ermöglichen. Einlass in den Verhandlungssaal können nur so viele Personen erhalten, wie dieser nach seiner konkreten Ausgestaltung fasst. Für die Einhaltung der Öffentlichkeit ist zwar die Größe des Verhandlungssaals ohne Bedeutung, wird dem Zweck und Ziel der Zwangsversteigerung jedoch nicht gerecht. Der Rechtspfleger sollte dann den Versteigerungstermin in einen anderen Verhandlungssaal verlegen. Muss der Versteigerungstermin in einen anderen Sitzungssaal verlegt werden, weil z.B. der Publikumsandrang zu groß ist, genügt ein Aushang mit einem entsprechenden Hinweis an beiden Räumen. Es genügt insoweit die Möglichkeit, sich ohne besondere Schwierigkeiten Kenntnis von dem neuen Verhandlungssaal zu verschaffen.[4]

5 In besonders gelagerten Fällen kann auch eine **Verlegung** des Termins in Betracht kommen. Ein ungenügendes Meistgebot allerdings ist kein Verlegungsgrund.[5] Auch eine plötzliche Erkrankung des Schuldners begründet für sich allein keinen Verlegungsgrund, insbesondere dann, wenn der Schuldner erst einen Tag vor dem Termin durch Krankheitsatteste belegt, dass er an dem Termin selbst nicht teilnehmen kann. Der Schuldner kann sich auch durch einen Rechtsanwalt vertreten lassen.[6]

C. Mehrere Termine gleichzeitig

6 Die steigende Zahl der Versteigerungsverfahren, aber auch sicherlich teilweise die Knappheit einzelner Gerichte an geeigneten Räumen, führt immer wieder dazu, dass vielfach die Versteigerungsgerichte mehrere Termine gleichzeitig oder in kurzem zeitlichen Abstand (**überlappende Versteigerungstermine**) abhalten, auch

---

2 So aber OLG Hamm vom 7.9.1978, 15 W 237/78, NJW 1979, 1720 = Rpfleger 1979, 29; LG Oldenburg vom 22.2.1985, 6 T 94/85, Rpfleger 1985, 311; a.A. LG Oldenburg vom 16.8.1990, 6 T 497/90, Rpfleger 1990, 470 unter Aufgabe seiner früheren Ansicht; Stöber, ZVG, § 66 Rn 3.2; Schiffhauer, Rpfleger 1985, 312; Böttcher, ZVG, § 66 Rn 5.
3 So auch LG Oldenburg vom 16.8.1990, 6 T 497/90, Rpfleger 1990, 470.
4 LG Essen vom 20.1.2006, 7 T 574/05, Rpfleger 2006, 665.
5 Dassler/Schiffhauer/Hintzen, ZVG, § 66 Rn 9.
6 BVerfG vom 22.1.1988, 1 BvR 33/88, Rpfleger 1988, 156.

C. Mehrere Termine gleichzeitig § 12

wenn die Verkürzung der Mindestdauer des Versteigerungstermins auf 30 Minuten das Problem mittlerweile entschärft hat. Diese Vorgehensweise ist **umstritten**.[7]

„Überlappende Versteigerungstermine" bedeutet, dass nach Abschluss des Bekanntmachungsteils im ersten Verfahren das weitere Zwangsversteigerungsverfahren aufgerufen wird.[8] Diejenigen, die die gleichzeitige oder „überlappende" Terminierung ablehnen, berufen sich im Wesentlichen darauf, dass der einmal begonnene Versteigerungstermin ohne Unterbrechung zu Ende zu führen sei. Das Aufrufen eines weiteren Versteigerungsverfahrens wird als Unterbrechung des zuerst begonnenen Termins gesehen, da das Versteigerungsgericht in dem neuen Verfahren zunächst die notwendigen Bekanntmachungen verlesen muss. Hierin wird eine **Verletzung der Bietzeit** gesehen, § 73 Abs. 1 ZVG. Die Bietzeit selbst wird vielfach von den Beteiligten und Interessenten erst zum Schluss hin für Gebote genutzt. Wenn das Versteigerungsgericht im Vorfeld erkennt, dass nur wenige Interessenten für das zu versteigernde Objekt zu erwarten sind, kann eine „überlappende" Terminierung nicht von vornherein abgelehnt werden.

7

Allerdings hat der **BGH** die zeitgleiche Versteigerung mehrerer Grundstücke für **zulässig** erachtet. Diese Verfahrensweise widerspricht im Regelfall auch nicht dem verfassungsrechtlichen Gebot einer fairen Verfahrensgestaltung.[9] Damit dürfte sich der Streit weitgehend entschärft haben. Selbstverständlich aber gehört dann dazu, dass der amtierende Rechtspfleger seiner Belehrungs- und allgemeinen Fürsorgepflicht in besonderem Maße nachkommt, insbes. sind auch die Protokolle mit äußerster Genauigkeit zu führen. Die Bietzeit muss dann über die eigentlichen 30 Minuten hinaus ebenfalls ausreichend verlängert werden, sodass jeder Interessent über eine halbe Stunde Zeit hatte, Gebote abzugeben.[10]

8

Sollte der Ablauf des Verfahrens wider Erwarten befürchten lassen, dass die Beteiligten die Übersicht verlieren, kann der Termin nach pflichtgemäßem Ermessen unterbrochen werden. Eine solche **Unterbrechung** kann nicht nur Minuten oder Stunden dauern, es kann sich hierbei auch um mehrere freie Tage handeln. Eine Unterbrechung nimmt erst dann den Charakter einer **Vertagung** an, wenn die zeitlichen Zwischenräume zwischen zwei Terminen so groß sind, dass der Verhandlungszusammenhang und die erinnerungsmäßige Überschaubarkeit des Verfahrens für die Beteiligten nicht mehr gewährleistet sind.[11]

9

---

7 Dassler/Schiffhauer/Hintzen, ZVG, § 66 Rn 16 m.w.N.
8 Diese Vorgehensweise halten für zulässig: LG Bremen vom 23.3.1988, 9 T 938/87, Rpfleger 1988, 373 m. Anm. Bischoff; AG Düsseldorf vom 22.3.1989, 65a K 107/86, Rpfleger 1989, 420; Büschmann, ZIP 1988, 825.
9 BGH vom 22.3.2007, V ZB 138/06, MDR 2007, 975 = Rpfleger 2007, 410 = WM 2007, 1286.
10 Vgl. hierzu auch Hagemann, Rpfleger 1984, 256; Schiffhauer, Rpfleger 1986, 311; Dassler/Schiffhauer/Hintzen, ZVG, § 66 Rn 18.
11 OLG Köln vom 13.2.1984, 2 W 179/83, Rpfleger 1984, 280.

D. Befangenheitsantrag

10 Hin und wieder wird auch versucht, den Versteigerungstermin dadurch zu Fall zu bringen, dass der amtierende Rechtspfleger wegen Befangenheit abgelehnt wird. Insbes. erfolgen diese Ablehnungsgesuche dann, wenn er während des Termins in Hinblick auf sich ändernde Verfahrensbedingungen Hinweise an einzelne Beteiligte gibt. Hiermit wird dann ein Misstrauen gegen die Unparteilichkeit begründet. Die Wahrnehmung der Hinweis- oder Aufklärungspflicht führt jedoch nicht zur einseitigen Parteinahme.[12] Ein im Rahmen der richterlichen Fürsorge- und Hinweispflicht erteilter Hinweis begründet niemals einen Ablehnungsgrund.[13] Zur Ablehnung wegen Befangenheit ist ein **objektiver Grund** notwendig, der vom Standpunkt des Ablehnenden aus die Befürchtung erwecken kann, der Rechtspfleger stehe der Sache nicht unvoreingenommen und damit nicht unparteiisch gegenüber. Rein subjektive, unvernünftige Vorstellungen und Gedankengänge des Antragstellers scheiden als Ablehnungsgrund aus.[14] Entscheidend ist, ob ein Beteiligter **bei vernünftiger Würdigung** aller Umstände Anlass hat, an der Unvoreingenommenheit des Rechtspflegers zu zweifeln.

11 Selbst Verfahrensverstöße oder fehlerhafte Entscheidungen lassen nicht immer den Schluss auf die Befangenheit zu. In jedem Fall ist trotz Vorliegen eines Ablehnungsgesuches der Versteigerungstermin vom abgelehnten Rechtspfleger zu Ende zu führen.[15]

12 Abzulehnen ist die Auffassung, dass ein kurz vor dem Termin wegen Besorgnis der Befangenheit abgelehnter Rechtspfleger diesen nicht mehr durchführen könne.[16] Bei rechtsmissbräuchlichen Ablehnungsgesuchen kann der Rechtspfleger den Antrag auch selbst ablehnen.[17] Nach Beendigung des Termins sollte die Zuschlagsentscheidung jedoch aufgeschoben werden, bis über das Ablehnungsgesuch rechtskräftig entschieden wurde. Bei rechtsmissbräuchlichen Ablehnungsgesuchen kann der Rechtspfleger den Antrag auch selbst ablehnen und das Verfahren fortführen, jedoch nicht über den Zuschlag entscheiden.[18]

---

12 BVerfG vom 24.3.1976, 2 BvR 804/75, NJW 1976, 1391 = Rpfleger 1976, 389.
13 OLG Köln vom 8.5.2012, 16 W 15/12, ZMR 2012, 801.
14 BGH vom 14.3.2003, IXa ZB 27/03, Rpfleger 2003, 453 = NJW-RR 2003, 1220 = MDR 2003, 892 = WM 2003, 946 = InVo 2003, 335 = ZfIR 2003, 1055.
15 LG Aachen vom 5.8.1985, 3 T 318/85, Rpfleger 1986, 59; LG Konstanz vom 4.8.1983, 1 T 167/83, Rpfleger 1983, 490.
16 LG Kiel vom 7.4.1988, 13 T 608/87, Rpfleger 1988, 544 m. zust. Anm. Wabnitz; a.A. LG Konstanz vom 4.8.1983, 1 T 167/83, Rpfleger 1983, 409.
17 OLG Hamburg vom 10.6.2013, 7 W 46/13, NJW-RR 2013, 1078 = MDR 2013, 870.
18 BGH vom 14.3.2003, IXa ZB 27/03, Rpfleger 2003, 453 = NJW-RR 2003, 1220 = MDR 2003, 892 = WM 2003, 946 = InVo 2003, 335 = ZfIR 2003, 1055; OLG Koblenz vom 22.5.1985, 4 W 276/85, Rpfleger 1985, 368; OLG Hamm vom 10.2.1989, 15 W 25/89, Rpfleger 1989, 379; LG Bielefeld vom 30.12.1988, 3 T 415/88, Rpfleger 1989, 379.

E. Hinweis- und Belehrungspflicht

Es ist völlig unbestritten, dass die Aufklärungs- und Hinweispflicht zu einer der wichtigsten Amtspflichten auch im Zwangsversteigerungsverfahren zählt.[19] Die Grenzen der Hinweis- und Belehrungspflicht werden durch die verfassungsrechtliche Neutralitätspflicht des Rechtspflegers gezogen.[20]

13

Wo, wann, wer zu belehren ist und welche konkreten Hinweise in welcher Verfahrenssituation durch das Versteigerungsgericht zu geben sind, wird immer eine Gratwanderung zwischen den unterschiedlichen Interessen der Beteiligten bleiben. Ein fehlender Hinweis oder eine mangelnde Aufklärung führt jedoch regelmäßig zur **Zuschlagsversagung**. Daher kann eigentlich nur geraten werden, besser einmal zu viel aufzuklären als einmal zu wenig.

14

Beispiele aus der Rechtsprechung
(1) Die geschiedene Ehefrau beantragte die Durchführung der Teilungsversteigerung. Bei einem Gesamtwert des Grundstücks von 144.000,00 DM blieb eine Grundschuld von nominal 34.000,00 DM bestehen, die mit 20.000,00 DM valutiert war. Im Termin war nur der geschiedene Ehemann erschienen, der mit 2.000,00 DM wenig mehr als das geringste Gebot geboten hatte und den Zuschlag erhielt.

15

In dieser Verfahrensweise liegt ein Verstoß gegen Art. 3 Abs. 1 GG; die Ehefrau hätte darauf hingewiesen werden müssen, dass das zuletzt abgegebene Gebot und der damit durch die Versteigerung zu erzielende Erlös in keinem Verhältnis zum Wert des Grundstücks steht.[21]

(2) Wegen einer Forderung von rund 8.600,00 DM wurde das Grundstück im Wert von 95.000,00 DM zu einem Meistgebot von 10.500,00 DM versteigert. Die Schuldnerin konnte aufgrund ihres Alters und einer schweren Gehbehinderung den Zwangsversteigerungstermin nicht wahrnehmen.

Der Zuschlag hätte nicht erteilt werden dürfen, bevor nicht der Schuldnerin ausreichend Gelegenheit gegeben worden wäre, einen Vollstreckungsschutzantrag zu stellen, § 765a ZPO.[22]

(3) Erst mit der Zuschlagserteilung entschied das Versteigerungsgericht über einen seit Monaten vorliegenden Einstellungsantrag des Schuldners gem. § 30a ZVG.

---

19 BVerfG vom 24.3.1976, 2 BvR 804/75, NJW 1976, 1391 = Rpfleger 1976, 389; BVerfG vom 7.12.1977, 1 BvR 734/77, NJW 1978, 368 = Rpfleger 1978, 206; Vollkommer, Rpfleger 1976, 393; Schiffhauer, Rpfleger 1978, 397.
20 BVerfG vom 24.3.1976, 2 BvR 804/75, NJW 1976, 1391 = Rpfleger 1976, 389.
21 BVerfG vom 24.3.1976, 2 BvR 804/75, NJW 1976, 1391 = Rpfleger 1976, 389.
22 BVerfG vom 7.12.1977, 1 BvR 734/77, NJW 1978, 368 = Rpfleger 1978, 206.

Hierin liegt ein Verstoß gegen den grundrechtlichen Anspruch auf effektiven Rechtsschutz.[23]

(4) Bei der Auseinandersetzungsversteigerung einer Erbengemeinschaft betrug der Einheitswert des Grundstücks 11.000,00 DM, ein Verkehrswert war nicht festgesetzt worden. Auf das Mindestgebot von 633,04 DM wurde der Zuschlag auf ein Gebot von 650,00 DM erteilt. Im Termin waren aber nicht alle Miterben erschienen.

Der Zuschlag hätte nicht sofort im Versteigerungstermin erteilt werden dürfen, vielmehr hätte den nicht erschienenen Miteigentümern Gelegenheit gegeben werden sollen, von geeigneten Rechtsbehelfen zum Schutz ihres Eigentums Gebrauch zu machen. Der Zuschlag hätte in einem besonderen Verkündungstermin erteilt werden müssen.[24]

(5) Erkennt das Gericht bei der Abgabe eines Gebotes für eine juristische Person einen zwei Monate alten beglaubigten Handelsregisterauszug nicht mehr als ausreichend an und hängt hiervon die Zulassung eines erheblich höheren als des vorherigen Gebots ab, soll das Gericht verpflichtet sein, beim Registergericht Rückfrage wegen der Vertretungsmacht zu halten.[25]

(6) Im Termin blieb das Gebot des Bieters über 160.000,00 DM unberücksichtigt, da ein Beteiligter Sicherheit verlangte. Der Bieter verließ daraufhin den Sitzungssaal, um sich den notwendigen Sicherheitsbetrag bei einer nahe gelegenen Bank zu beschaffen. Nach seiner Rückkehr war die Bieterstunde bereits geschlossen, der Zuschlag wurde auf ein Meistgebot eines Dritten über 165.000,00 DM erteilt.

Da das Versteigerungsgericht die Bieterstunde nicht verlängert hatte, um dem Bieter Gelegenheit zu geben, die erforderliche Sicherheitsleistung zu besorgen, wurde hierin eine Verletzung des Anspruchs auf Gewährung rechtlichen Gehörs und der Aufklärungspflicht gesehen.[26]

(7) Löst der bestrangig betreibende Gläubiger aus der Rangklasse 4 des § 10 Abs. 1 ZVG nach Schluss der Versteigerung den bestrangig betreibenden Gläubiger der Rangklasse 3 ab, führt die dann erfolgte Einstellungsbewilligung aus dieser Rangposition nicht stets zur Zuschlagsversagung. Vor Erteilung des Zuschlags ist jedoch der Meistbietende darauf hinzuweisen, wenn er ersichtlich davon ausging, dass er durch die Ablösung den Zuschlag vereiteln würde.[27]

---

23 BVerfG vom 27.9.1978, 1 BvR 361/78, NJW 1979, 534 = Rpfleger 1979, 296.
24 BVerfG vom 27.9.1978, 1 BvR 361/78, Rpfleger 1979, 296, 297.
25 OLG Hamm vom 29./30.8.1989, 15 W 214/89, Rpfleger 1990, 85 m. abl. Anm. Hintzen, Rpfleger 1990, 218.
26 OLG Köln vom 1.6.1983, 2 W 45/83, Rpfleger 1983, 411.
27 LG Waldshut-Tiengen vom 24.10.1985, 1 T 35/85, Rpfleger 1986, 102.

(8) Ist dem Rechtspfleger eine Unrichtigkeit des Verkehrswertgutachtens (hier: Ausweisung der Bruttomieten irrig als Nettomieten) bekannt, hat er die Bietinteressenten, die regelmäßig ihre Investitionsüberlegungen vorwiegend auf dem Gutachten aufbauen, auf diesen Fehler hinzuweisen.[28]

(9) Im Grundbuch sind zwei Grundpfandrechte eingetragen unter III/1 und III/2. Der Gläubiger Nr. 1 gibt im Termin keine Erklärung ab, der Zuschlag wird dem Gläubiger Nr. 2 auf ein Meistgebot in Höhe etwa des geringsten Gebots erteilt; hierbei wurde der Ausfall seines Rechts hinzugerechnet, § 85a Abs. 3 ZVG. Auf das erlöschende Recht des besserrangigen Gläubigers Nr. 1 entfiel nur ein ganz geringer Betrag.

Das Versteigerungsgericht hat in diesem Fall gegen seine Hinweis- und Belehrungspflicht verstoßen, denn es hätte den Gläubiger Nr. 1 nochmals auf das Erlöschen seines Grundpfandrechts mit der beabsichtigten Erteilung des Zuschlags hinweisen müssen.[29]

Die Hinweispflicht gilt jedoch nicht, wenn es sich bei dem betreffenden Gläubiger um ein geschäftserfahrenes Realkreditinstitut handelt.[30]

(10) Ist offensichtlich, dass ein Beteiligter die ihm nachteilige Rechtslage aus § 85a Abs. 3 ZVG nicht erkennt oder ihre Folgen nicht richtig einschätzt, besteht auch hier eine weitere Hinweispflicht.[31]

(11) Es besteht jedoch keine gerichtliche Fürsorgepflicht dahin gehend, vor Erteilung des Zuschlags an die vorrangig betreibende Gemeinde, deren Vertreter im Termin nicht erschienen war, auf die Folgen aus § 85a Abs. 3 ZVG hinzuweisen.[32]

(12) Drängt sich in der Verhandlung über den Zuschlag die Vermutung auf, dass einer der Beteiligten die für ihn nachteiligen Folgen der Zuschlagserteilung (hier: Erlöschen des dinglichen Rechts des bestbetreibenden Gläubigers bei Meistgebot eines nachrangigen Gläubigers) nicht erkennt, hat der Rechtspfleger auf die Rechtsfolgen hinzuweisen und Anträge nach §§ 74a, 30 ZVG anzuregen.[33]

(13) Werden zwei Parzellen, die im Wege des Eigengrenzüberbaus mit Aufbauten versehen worden sind, im Zwangsversteigerungsverfahren einzeln ausgeboten, obliegt dem Rechtspfleger gegenüber den Bietern die Amtspflicht, darauf

---

28 OLG Oldenburg vom 16.2.1989, 2 W 136/88, Rpfleger 1989, 381.
29 OLG Hamm vom 21.3.1986, 15 W 77/86, Rpfleger 1986, 441 m. abl. Anm. Muth, Rpfleger 1986, 417.
30 OLG Schleswig vom 24. 8. 1983, 1W49/83, JurBüro 1984, 1263.
31 LG Krefeld vom 31.8.1987, 6 T 127/87, Rpfleger 1988, 34.
32 OLG Oldenburg vom 12.1.1988, 2 W 133/87, Rpfleger 1988, 277.
33 BVerfG vom 23.7.1992, 1 BvR 14/90, NJW 1993, 1699 = KTS 1993, 137 = Rpfleger 1993, 32 m. krit. Anm. Hintzen, Rpfleger 1993, 33, 34.

hinzuweisen, dass nach gefestigter höchstrichterlicher Rechtsprechung das Eigentum an den Aufbauten ausschließlich demjenigen Bieter zufällt, der das Stammgrundstück erwirbt. Die Überbausituation ist vergleichbar mit der Situation, wenn der Bieter das Grundstück mit einer Belastung zu erwerben droht, die nach seiner Vorstellung mit dem Zuschlag erlöschen sollte.[34]

(14) Eine Verletzung des Willkürverbots kommt in Betracht, wenn im konkreten Fall ein einfachrechtlich gebotener und für den Betroffenen besonders wichtiger Hinweis im Zwangsversteigerungsverfahren unterblieben ist. Das Bestehen der Antragsberechtigung nach § 74a Abs. 1 Satz 1 ZVG ist nicht von einer Anmeldung des Rechts nach § 9 Nr. 2 ZVG abhängig. Nach Ansicht des BVerfG[35] hat das Amtsgericht die Beschwerdeführerin in ihrem aus Art. 3 Abs. 1 GG folgenden Grundrecht auf willkürfreie Rechtsanwendung verletzt, indem es sie im Versteigerungstermin nach Stellung des Antrags auf Versagung des Zuschlags gemäß § 74a Abs. 1 Satz 1 ZVG und vor Verkündung des diesen Antrag (konkludent) zurückweisenden Zuschlagsbeschlusses nicht auf das aus seiner Sicht für das Bestehen eines Antragsrechts notwendige Erfordernis einer (ausdrücklichen) Anmeldung der Grundschuld nach § 9 Nr. 2 ZVG hingewiesen hat.

F. Sicherheitsleistung

I. Allgemein

16 Das Verlangen nach Sicherheitsleistung muss **sofort** nach Abgabe des Gebots erfolgen, § 67 Abs. 1 ZVG.

Das Gericht hat über die Sicherheitsleistung **sofort** zu entscheiden, § 70 Abs. 1 ZVG.

Die Sicherheit ist dann durch den Bieter **sofort** zu leisten, § 70 Abs. 2 ZVG.

17 Kann die Sicherheit nicht erbracht werden und weist das Gericht das Gebot zurück, kann der Bieter dieser Zurückweisung sofort widersprechen, um so das Erlöschen des Gebots zu verhindern, § 72 Abs. 2 ZVG.

18 Sofern das Gericht das abgegebene Gebot zulässt, obwohl Sicherheitsleistung verlangt wurde, muss der die Sicherheitsleistung verlangende Beteiligte der Zulassung sofort widersprechen, da ansonsten sein Verlangen als zurückgenommen gilt, § 70 Abs. 3 ZVG.

19 Sicherheitsleistung verlangen kann **jeder Beteiligte**, dessen Recht durch die Nichterfüllung des Gebots beeinträchtigt würde. Hierzu gehören auch die Gläubiger, deren Rechte nach den Versteigerungsbedingungen bestehen bleiben, selbst wenn die-

---

34 OLG Köln vom 9.2.1995, 7 U 153/94, Rpfleger 1996, 77.
35 BVerfG vom 26.10.2011, 2 BvR 1856/10, Rpfleger 2012, 217 = NJW-RR 2012, 302.

se im bar zu zahlenden Teil keine Ansprüche haben.[36] Auch der **Schuldner** kann Sicherheit verlangen, wenn er aus einem Eigentümerrecht Zahlungen aus dem abgegebenen Gebot verlangen kann oder wenn aus dem Bargebot Ansprüche zu zahlen sind, für die er persönlich haftet.[37] Ein generelles Antragsrecht steht dem Schuldner allerdings nicht zu.[38]

Von der Sicherheitsleistung sind nur **befreit** der Bund, die Länder, die Deutsche Bundesbank, die Deutsche Genossenschaftsbank (DZ-Bank AG Deutsche Zentralgenossenschaftsbank), die Deutsche Girozentrale (DekaBank Deutsche Girozentrale), kommunale Körperschaften, Kreditanstalten und insbesondere auch die öffentlichen Sparkassen. **Sicherheit leisten müssen** daher auch die **Kreditinstitute**, die Verfahrensbeteiligte sind, ein Grundpfandrecht am Grundstück haben und im Verfahren selbst mitbieten wollen, sofern die Voraussetzungen nach § 67 Abs. 2 ZVG gegeben sind.   20

Hinweis   21
Ist die Sicherheitsleistung erforderlich, ist diese **sofort** zu erbringen. Sie beträgt regelmäßig 10 % des festgesetzten Verkehrswerts, § 68 Abs. 1 ZVG. Für Gebote des Schuldners kann auf Antrag auch erhöhte Sicherheit verlangt werden, § 68 Abs. 3 ZVG.

Das Verlangen eines Berechtigten nach der Abgabe eines Gebotes zum Nachweis einer Sicherheitsleistung nach § 67 Abs. 1 ZVG hat im Wesentlichen zwei Zwecke: Sie soll einerseits dem durch die Nichterfüllung des Gebots beeinträchtigten Beteiligten eine gewisse Sicherheit gegen den Ausfall bieten und andererseits „wirklich zahlungsunfähige" Personen von vornherein vom Bieten abhalten. Dieser Zweck wird verfehlt, wenn für das Grundstück nur ein symbolischer Wert von 1 EUR festgesetzt worden ist. Dann kann der antragsberechtigte Beteiligte auch nur die Leistung einer Sicherheit mit einem Symbolwert von 0,10 EUR verlangen. Dies kann dem Beteiligten keine Sicherheit gegen einen Ausfall geben und zahlungsunfähige Bieter nicht abschrecken. Zu Recht hat der BGH[39] daher den Antrag auf Erbringung einer Sicherheit als rechtsmissbräuchlich angesehen. Er ist auch nicht mit dem Anliegen zu rechtfertigen, rechtsmissbräuchliche Gebote abzuwenden. Lässt sich mit den im Zwangsversteigerungsverfahren verfügbaren Mitteln feststellen, dass ein Gebot rechtsmissbräuchlich ist, muss es zurückgewiesen werden.   22

Ist das Verlangen nach Sicherheit berechtigt, hat das Vollstreckungsgericht die zu leistende Sicherheit der Höhe nach sofort anzugeben und den Bieter aufzufordern, diese sofort zu leisten. „**Sofort**" nach § 70 Abs. 2 Satz 1 ZVG bedeutet, dass die Si-   23

---

36 Dassler/Schiffhauer/Hintzen, ZVG, § 67 Rn 4.
37 Dassler/Schiffhauer/Hintzen, ZVG, § 67 Rn 5; Stöber, ZVG, § 67 Rn 2.2; Steiner/Storz, ZVG, § 67 Rn 13.
38 So aber OLG Düsseldorf vom 6.5.1988, 3 W 92/88, Rpfleger 1989, 36 m. abl. Anm. Meyer-Stolte.
39 BGH vom 12.72012, V ZB 130/11, Rpfleger 2012, 705.

§ 12 Versteigerungstermin

cherheitsleistung unmittelbar nach der Aufforderung zum Nachweis auch erbracht wird.

24 Die Bietzeit beträgt nur noch mindestens 30 Minuten. Die Höhe der Sicherheitsleistung steht mit grundsätzlich 10 % des Verkehrswertes auch fest. Ein Bedürfnis für Hinweise des Vollstreckungsgerichts in Bezug auf den Umfang und die Eignung der für Gebote zu stellenden Sicherheiten besteht nicht mehr. Der Bieter weiß genau, in welcher Höhe und welcher Art Sicherheit zu leisten ist. Die **Bietzeit** ist nicht so zu bestimmen, dass **Versäumnisse eines Bieters** aufgefangen werden könnten.[40] Es besteht keinerlei Bedürfnis, einem Bieter, der seiner Obliegenheit zur Beschaffung einer geeigneten Sicherheit vor dem Termin nicht nachgekommen ist, im Termin noch Gelegenheit zu geben, diese während der Bietzeit zu beschaffen und – falls dafür erforderlich – die Frist zur Abgabe von Geboten zu verlängern. Hierin ist auch kein Grund zur Versagung des Zuschlags nach § 83 Nr. 6 ZVG zu sehen. Der Rechtspfleger muss **keine Hinweise** auf einen Antrag zur Verlängerung der Frist zur Abgabe von Geboten zwecks Beschaffung der Sicherheit erteilen und auch **keine Terminsverlängerung** gewähren.[41]

25 Die **Art der Sicherheitsleistung** durch Bargeld ist ausgeschlossen, § 69 Abs. 1 ZVG. Die Sicherheitsleistung durch Wertpapiere hat in der Praxis keine oder nur eine untergeordnete Rolle gespielt[42] und wurde durch die Neuregelung ab dem 1.8.1998 gestrichen.

26 In erster Linie erfolgt der Nachweis durch Bundesbankschecks oder **Verrechnungsschecks**, § 69 Abs. 2 ZVG. Die von einem Geldinstitut ausgestellten Verrechnungsschecks unterscheiden sich nicht von den Schecks, die von natürlichen Personen ausgestellt werden. Die Möglichkeit der Sicherheitsleistung wird allerdings auf Schecks beschränkt, die von Kreditinstituten ausgestellt sind, die im Geltungsbereich dieses Gesetzes zum Betreiben von Bankgeschäften berechtigt sind. Ferner müssen die Schecks im Inland zahlbar sein, um den Aussteller ggf. im Inland gerichtlich in Anspruch nehmen zu können. Die in der Gesetzesneuregelung bezeichneten Kreditinstitute werden in einer von der Europäischen Kommission herausgegebenen Liste aufgeführt, die jährlich aktualisiert wird (Liste der zugelassenen Kreditinstitute gem. Art. 3 VII und Art. 10 II Richtlinie 77/780/EWG des Rates v. 12.12.1977 zur Koordinierung der Rechts- und Verwaltungsvorschriften über die Aufnahme und Ausübung der Tätigkeit der Kreditinstitute, Abl. EG Nr. L 322 v. 17.12.1977, S. 30). Auch wenn diese Liste nicht unbedingt vollständig ist, ist jedenfalls die weitaus überwiegende Zahl der in den Mitgliedstaaten der Europäischen Gemeinschaft zugelassenen Kreditinstitute hierin enthalten. Die Liste der zugelas-

---

40 BT-Drucks 13/7383, S. 9.
41 Eindeutig jetzt BGH vom 12.1.2006, V ZB 147/05, Rpfleger 2006, 211 = NJW-RR 2006, 715.
42 Vgl. Klawikowski, Rpfleger 1997, 202.

senen Kreditinstitute soll auch nicht als abschließend verstanden werden, auch Verrechnungsschecke anderer Kreditinstitute können gleichwohl zugelassen werden.

Euroschecks werden nicht akzeptiert. 27

Mit der Regelung in § 69 Abs. 3 ZVG wird klargestellt, dass eine Sicherheitsleistung nur noch durch **Bankbürgschaft** möglich ist. Da bei Banken und Sparkassen regelmäßig ein Handelsgeschäft vorliegen wird, reicht eine mündliche Bürgschaftserklärung aus.[43] 28

Nach § 69 Abs. 4 kann die Sicherheitsleistung auch durch **Überweisung** auf das Konto der **Gerichtskasse** bewirkt werden, wenn der Betrag vor dem Versteigerungstermin gutgeschrieben ist und ein Nachweis hierüber im Termin vorliegt. Ein Bieter sollte hierbei unbedingt die Buchungszeiten zwischen dem beteiligten Kreditinstitut und der Gerichtskasse bei der Überweisung berücksichtigen. Bei fehlendem Nachweis ist sein Gebot zurückzuweisen. 29

> *Hinweis* 30
> Probleme gab es in der Praxis mit der korrekten **Bareinzahlung**. Hierzu entschied der BGH,[44] dass eine Sicherheitsleistung auch durch eine Bareinzahlung auf ein bei einem Kreditinstitut geführten Konto der Gerichtskasse erbracht werden kann. Allerdings muss der Betrag vor dem Versteigerungstermin gutgeschrieben sein und ein Nachweis hierüber im Termin vorliegen.

II. Gebote des Schuldners

Nach § 68 Abs. 3 ZVG kann eine erhöhte Sicherheit verlangt werden, sofern der **Schuldner** selbst oder ein neu eingetretener **Eigentümer** als Bieter auftritt. Das Verlangen muss **ausdrücklich** gestellt werden. 31

Allerdings hat der Schuldner in diesem Fall zunächst nur die reguläre Sicherheit i.H.v. 10 % des Verkehrswerts zu leisten. Nach § 68 Abs. 4 ZVG ist es ihm gestattet, die „erhöhte" Sicherheit erst bis zum Zuschlag zu erbringen. 32

Nach der **Regelung** in § 72 Abs. 4 ZVG erlischt das Gebot nicht, wenn für ein zugelassenes Übergebot die nach § 68 Abs. 2 und 3 ZVG zu erbringende Sicherheitsleistung nicht bis zur Entscheidung über den Zuschlag geleistet worden ist. Mit dieser Regelung durchbricht der Gesetzgeber die entscheidenden Grundsätze zur Wirksamkeit von Geboten im Versteigerungstermin, sofern das Gebot von dem Nachweis einer zu erbringenden Sicherheitsleistung abhängt, § 70 ZVG. Dies hat unmittelbar Auswirkungen auf die Wirksamkeit und Zuschlagsfähigkeit von im Versteigerungstermin abgegebenen Geboten. Dies führt in der praktischen Kon- 33

---

43 Stöber, ZVG, § 69 Rn 4.4; Steiner/Storz, ZVG, § 69 Rn 18.
44 BGH v. 28.2.2013, V ZB 164/12, Rpfleger 2013, 560.

§ 12 Versteigerungstermin

sequenz zu „**schwebenden**" Geboten, da die Wirksamkeit des Gebots endgültig erst im Zeitpunkt der Zuschlagserteilung feststeht.[45]

34 Gibt ein Bieter ein Gebot ab und wird er vom Schuldner überboten, lässt das Gericht zunächst das Übergebot des Schuldners zu. Wenn dies aber noch von dem Nachweis der erhöhten Sicherheitsleistung abhängt, kann es (noch) nicht die Rechtswirkung entfalten, dass das vorherige Gebot erlischt. Das Erlöschen tritt erst dann ein, wenn das Übergebot des Schuldners endgültig wirksam ist; die Entscheidung kann erst mit der Zuschlagsentscheidung getroffen werden. Insoweit sind beide Gebote nunmehr bedingt, eine sofortige Entscheidung über die Wirksamkeit oder Unwirksamkeit der Gebote kann das Vollstreckungsgericht nicht treffen, **beide Gebote sind „schwebend"**. Nach Beendigung des Versteigerungstermins kann die von dem Bieter erbrachte und nachgewiesene Sicherheitsleistung nicht zurückgegeben werden, weil die Möglichkeit besteht, dass das Gebot des Bieters den Zuschlag erhält, wenn der Schuldner die geforderte erhöhte Sicherheitsleistung nicht nachweist. Diese für den Bieter missliche und nicht kalkulierbare Situation muss nach der Neuregelung hingenommen werden.

35 Erbringt der Schuldner die erhöhte Sicherheitsleistung bis zur Entscheidung über den Zuschlag **nicht**, ist das Gebot des Schuldners unwirksam und nach § 70 Abs. 2 Satz 3 ZVG zurückzuweisen. Da nunmehr kein Übergebot vorliegt, ist das darunter liegende Gebot endgültig wirksam und Grundlage für die Zuschlagsentscheidung.

36 Gibt zunächst der Schuldner ein sehr hohes Gebot ab und ist auch dieses zunächst „schwebend", stellt sich die weitere Frage, ob nachfolgende Gebote **niedriger** sein dürfen (sog. „Untergebot"). Wenn man dies nicht anerkennt, hätte der Schuldner es jederzeit in der Hand, weitere Interessenten an dem Grundstück von der Abgabe von Geboten auszuschließen.

---

45 Zur Kritik Dassler/Schiffhauer/Hintzen, ZVG, § 68 Rn 14.

§ 13 Zuschlagsverhandlung

A. Zuschlagsversagung

I. Von Amts wegen

1. Nach § 83 ZVG

Bei der Beschlussfassung über den Zuschlag ist das Gericht an eine vorherige Entscheidung nicht mehr gebunden, § 79 ZVG. Es hat daher die Rechtmäßigkeit des gesamten Verfahrens zu überprüfen. Von Amts wegen ist der Zuschlag aus den Gründen des § 83 Nr. 1 bis 8 ZVG zu versagen. Hierbei sind die Gründe der Nr. 1 bis 5 heilbar, § 84 Abs. 1 ZVG.   **1**

Zwingend zur Zuschlagsversagung – ohne Heilungsmöglichkeit – führen die Tatsachen, dass die Versteigerung aus einem sonstigen Grunde unzulässig ist[1] oder die Terminsveröffentlichung unterlassen, verspätet oder fehlerhaft war oder die **Bietzeit von einer halben Stunde** nicht eingehalten wurde, §§ 83 Nr. 6, 7 ZVG. Zu den „sonstigen Gründen" gehören insbes. die Verletzung der Hinweis- und Aufklärungspflicht, ein Verstoß gegen das Gebot des fairen Verfahrens oder die Gewährung effektiven Rechtsschutzes bzw. die Verletzung des rechtlichen Gehörs.[2]   **2**

Ein weiterer absoluter Zuschlagsversagungsgrund ist in Nr. 8 von § 83 ZVG geregelt. Der Gesetzgeber sieht hierin eine Ergänzung, die nach Einfügung des § 68 Abs. 4 ZVG notwendig wurde. Weist der Schuldner eine im Termin geforderte erhöhte Sicherheitsleistung nicht nach, ist sein Gebot noch nicht wirksam. Infolge der Neuregelung in § 68 Abs. 4 ZVG wird der Zeitpunkt der Entscheidung über die Wirksamkeit des Gebots bis zur Zuschlagsentscheidung hinausgeschoben. Wird die erhöhte Sicherheitsleistung bis zur Entscheidung über den Zuschlag nicht erbracht, kann der Zuschlag hierauf nicht erteilt werden.[3]   **3**

2. Nach § 75 ZVG

Ein weiterer Zuschlagsversagungsgrund ist der **Zahlungsnachweis** des Schuldners an das Versteigerungsgericht, § 75 ZVG, und zwar unmittelbar vor der Zuschlagsverkündung. In diesem Fall ist der Zuschlag zu versagen, § 33 ZVG (vgl. § 11 Rn 34 ff.).   **4**

---

1 OLG Stuttgart vom 31.5.1995, 8 W 127/95, Rpfleger 1996, 36 (die Prozessfähigkeit des Schuldners fehlt); OLG Hamm vom 15.9.1999, 15 W 283/99, Rpfleger 2000, 120 (fehlende Rechtskraft des Wertfestsetzungsbeschlusses).
2 Siehe hierzu Dassler/Schiffhauer/Hintzen, ZVG § 83 ab Rn 4 mit zahlr. Nachweisen.
3 Hierzu Dassler/Schiffhauer/Hintzen, ZVG, § 83 Rn 38.

3. Nach § 85a Abs. 1 ZVG

5 Weiterhin ist der Zuschlag zu versagen, wenn das abgegebene Meistgebot einschließlich des Kapitalwerts der nach den Versteigerungsbedingungen bestehen bleibenden Rechte die **Hälfte des Grundstückwerts** nicht erreicht, § 85a ZVG (zu den Ausnahmen vgl. Rn 14 ff.). Die Berechnung orientiert sich hierbei an dem festgesetzten Grundstückswert nach § 74a Abs. 5 ZVG.[4] Bei den Grundpfandrechten ist hierbei der Kapitalbetrag einzusetzen, bei den Rechten der Abt. II des Grundbuchs der nach § 51 Abs. 2 ZVG festgesetzte Zuzahlungsbetrag[5] (zur Frage der **Wirksamkeit eines Gebots unterhalb der Wertgrenze von 50 %** siehe § 11 Rn 66).

6 *Hinweis*
Der Grundsatz der Einmaligkeit besagt, dass eine solche Zuschlagsversagung nur im ersten Zwangsversteigerungstermin zu berücksichtigen ist, § 85a Abs. 2 ZVG, und nicht bereits eine Zuschlagsversagung nach § 74a Abs. 1 ZVG vorliegen darf.

II. Auf Antrag

7 Zwar nicht direkt auf Antrag, aber wenn der bestrangig betreibende Gläubiger sein Verfahren unmittelbar vor der Zuschlagsverkündigung **einstweilen einstellt**, § 30 ZVG, ist hierüber durch Zuschlagsversagung zu entscheiden, § 33 ZVG.

8 I.Ü. kann der Zuschlag auf Antrag wegen **Nichterreichens der $^7/_{10}$-Grenze** versagt werden, § 74a Abs. 1 ZVG. Voraussetzung hierfür ist, dass der Antragsteller mit seinem Anspruch zwischen $^5/_{10}$ und $^7/_{10}$ des Verkehrswerts liegt und bei einem Gebot bis zu 70 % des Verkehrswerts eine vollständige oder zumindest höhere Zuteilung als vorher erhalten hätte. Den Antrag kann jeder Beteiligte stellen, auch der betreibende Gläubiger.[6] Auch der Schuldner ist antragsberechtigt, wenn er Gläubiger einer Eigentümergrundschuld ist.[7]

9 *Hinweis*
Auch dieser Antrag folgt dem Grundsatz der Einmaligkeit, er kann nur im ersten Versteigerungstermin gestellt werden, § 74a Abs. 4 ZVG.

10 Derjenige Gläubiger, der den Antrag gestellt hat, kann ihn auch in dem besonderen Verkündungstermin noch zurücknehmen. Er hat damit ein taktisches Mittel in der Hand, um unter Umständen außerhalb des Verfahrens eine Zuzahlung zu dem abgegebenen baren Meistgebot zu erreichen. Einige Literaturstimmen sehen hierin eine

---

[4] Dassler/Schiffhauer/Hintzen, ZVG, § 85a Rn 14; Steiner/Storz, ZVG, § 85a Rn 14.
[5] LG Hamburg vom 26.11.2002, 328 T 107/02, Rpfleger 2003, 142; Dassler/Schiffhauer/Hintzen, ZVG, § 85a Rn 17.
[6] Steiner/Storz, ZVG, § 74a Rn 20; Dassler/Schiffhauer/Hintzen, ZVG, § 74a Rn 13 bis 15.
[7] Dassler/Schiffhauer/Hintzen, ZVG, § 74a Rn 17.

A. Zuschlagsversagung § 13

Umgehung der Grunderwerbssteuerpflicht und ein Vorenthalten entsprechender Kostenbeträge von dem Mehrbetrag für den Fiskus; weiter könne sich das Verhalten des Gläubigers schädigend zulasten des Schuldners oder zwischenberechtigter Dritter auswirken und derartige Absprachen können als sittenwidrig und somit unwirksam eingestuft werden. Dieser Ansicht hat sich jetzt auch der BGH[8] angeschlossen. Außerhalb des Versteigerungsverfahrens vereinbarte Zuzahlungen des Meistbietenden an den betreibenden Gläubiger, die diesen dazu veranlassen sollen, einen Einstellungsantrag zurückzunehmen oder nicht zu stellen, verletzen die Rechte des Schuldners und führen zu einer Versagung des Zuschlags. Es ist ermessensfehlerhaft, wenn das Vollstreckungsgericht von einer Entscheidung über den Zuschlag im Versteigerungstermin nur deshalb absieht, weil der betreibende Gläubiger Gelegenheit erhalten möchte, mit dem Meistbietenden über eine solche Zuzahlung zu verhandeln.

11 Der Verfasser vermag der generellen Aussage des BGH in dieser Form nicht zuzustimmen. Entzieht der Meistbietende dem Fiskus Steuern und Kostenbeträge, ist er zur Nachzahlung verpflichtet, strafrechtliche Aspekte bleiben zu prüfen. Hierfür ist aber das Vollstreckungsgericht nicht verantwortlich. Eine höhere Zahlung kann im Übrigen niemals zulasten des Schuldners gehen, da er insoweit von weiteren Zahlungsverpflichtungen befreit wird (jedenfalls kann nicht unterstellt werden, dass der Berechtigte den weiteren Zahlbetrag dem Schuldner nicht gut schreibt). Zwischenberechtigte Dritte müssen selbst einen Antrag nach § 74a Abs. 1 ZVG stellen und haben damit dieselben Möglichkeiten wie jeder weitere Antragsberechtigte. Auch wird die Aufklärungs- und Hinweispflicht überspannt, wollte man das Vollstreckungsgericht hierfür verantwortlich machen, wenn Beteiligte außerhalb jeder Kenntnis des Gerichts privatrechtliche Absprachen treffen, die sich dann als unwirksam oder nichtig herausstellen.

12 Ein Gläubiger handelt i.Ü. nicht rechtsmissbräuchlich, wenn er im Versteigerungstermin zunächst ein nicht zuschlagfähiges Gebot abgibt und dann nach Schluss der Versteigerung Versagung des Zuschlags nach § 74a Abs. 1 ZVG beantragt, auch wenn dies auf den ersten Blick ungewöhnlich erscheint.[9]

13 *Hinweis*
Der Antrag auf Zuschlagsversagung kann nur im Versteigerungstermin selbst gestellt werden und erfordert somit unbedingt die Anwesenheit des Gläubigers. Der Antrag kann bis zur Zuschlagserteilung zurückgenommen werden, d.h. auch in einem besonderen Verkündungstermin, § 87 ZVG.[10]

---

8 BGH vom 31.5.2012, V ZB 207/11, Rpfleger 2012, 640 m. Anm. Ertle, Rpfleger 2013, 41.
9 OLG Koblenz vom 15.1.1999, 4 W 880/98, Rpfleger 1999, 407.
10 Vgl. hierzu Dassler/Schiffhauer/Hintzen, ZVG, § 74a Rn 23.

B. Zuschlagserteilung bei Meistgebot unter 50 %

14 Der Zuschlag ist zu erteilen, auch wenn das Meistgebot unter $^5/_{10}$ des Verkehrswerts liegt, sofern der Meistbietende ein Berechtigter aus dem Grundstück ist und er mit seinem eigenen Anspruch ganz oder teilweise ausfällt, denn dieser Ausfall ist dem Meistgebot hinzuzurechnen, § 85a Abs. 3 ZVG.[11]

15 Insbesondere bei einer **Sicherungsgrundschuld** war lange Zeit strittig, welcher Betrag aufseiten des Gläubigers zu berücksichtigen ist: der Nominalbetrag einschließlich der dinglichen Zinsen oder lediglich der der Grundschuld zugrunde liegende gesicherte persönliche Anspruch. Bei dem formal ausgerichteten Zwangsversteigerungsverfahren kann jedoch ausschließlich der **Nominalbetrag der Grundschuld** berücksichtigt werden. Nach der Entscheidung des **BGH**[12] dürfte die Rechtsfrage geklärt sein. Sie stellt sich sowohl bei § 74a Abs. 1 Satz 1 ZVG als auch bei § 85a Abs. 3 ZVG gleich dar und kann daher nur einheitlich beantwortet werden. Es ist auf den Nominalbetrag der Grundschuld abzustellen (Kapital nebst Zinsen und anderen Nebenleistungen).

16 Bei der Berechnung der $^5/_{10}$-Grenze werden Zwischenrechte (Rechte, die dem Recht des Meistbietenden vorgehen oder gleichstehen), die erlöschen, nicht berücksichtigt, vgl. § 114a Satz 2 ZVG.[13] Ein **Zwischenberechtigter** kann sich nicht darauf verlassen, dass bei einem Meistgebot unter 50 % des Verkehrswerts der Zuschlag versagt wird. Er könnte den Zuschlag dann verhindern, wenn er im Termin anwesend ist und einen Antrag nach § 74a Abs. 1 ZVG stellt. Ob das Versteigerungsgericht den Zwischenberechtigten hierauf ausdrücklich hinweisen muss, wenn er diese Situation nicht erkennt, dürfte zweifelhaft sein.[14]

17 Es besteht keine gerichtliche Fürsorgepflicht dahin gehend, vor Erteilung des Zuschlags dem vorrangig betreibenden Gläubiger, der im Versteigerungstermin nicht vertreten ist, einen entsprechenden Hinweis zu geben.[15]

18 *Beispiel zur Zuschlagserteilung unter 70 % bzw. 50 %, §§ 74a, 85a ZVG*

Verkehrswert	**1.000.000,00 EUR**
$^7/_{10}$ **Grenze**	700.000,00 EUR
$^5/_{10}$ **Grenze**	500.000,00 EUR

---

11 Zur Problematik vgl. Drischler, JurBüro 1982, 1121; Muth, Rpfleger 1985, 45; ders., ZIP 1986, 350.
12 BGH vom 27.2.2004, IXa ZB 135/03, Rpfleger 2004, 433 = NJW 2004, 1803 = MDR 2004, 771 = WM 2004, 902 = ZIP 2004, 874.
13 Dassler/Schiffhauer/Hintzen, ZVG, § 85a Rn 29; Stöber, ZVG, § 85a Rn 4.5.
14 So aber OLG Hamm vom 21.3.1986, 15 W 77/86, Rpfleger 1986, 441 m. abl. Anm. Muth, Rpfleger 1986, 417; LG Krefeld vom 31.8.1987, 6 T 127/87, Rpfleger 1988, 34.
15 OLG Oldenburg vom 12.1.1988, 2 W 133/87, Rpfleger 1988, 277.

B. Zuschlagserteilung bei Meistgebot unter 50 % § 13

Geringstes Gebot:
Alle Rechte im Grundbuch erlöschen   Bar zu zahlender Teil: 20.000,00 EUR
Abt. III/1   400.000,00 EUR Kapital + 100.000,00 EUR Zinsen
Abt. III/2   200.000,00 EUR Kapital + 50.000,00 EUR Zinsen
Abt. III/3   150.000,00 EUR Kapital

1. im Termin:
III/1 bietet: 20.000,00 EUR
Folge: 20.000,00 EUR + Ausfall 500.000,00 EUR   =   520.000,00 EUR
Zuschlag kann erteilt werden
→ Folge für III/2:
III/2 Antrag nach § 74a Abs. 1 ZVG auf Zuschlagsversagung
wegen Nichterreichens von 70 %

2. im Termin:
III/2 bietet: 251.000,00 EUR
Folge: 251.000,00 EUR + Ausfall 250.000,00 EUR   =   501.000,00 EUR
Zuschlag kann erteilt werden
→ Folge für III/1:
III/1 Antrag nach § 74a Abs. 1 ZVG auf Zuschlagsversagung
wegen Nichterreichens von 70 %
oder:
eigenes Recht ausbieten, d.h. mitbieten bis zur Höhe des
eigenen Rechts

Eine besondere Situation ergibt sich dann, wenn das Recht des Bieters tatsächlich nicht mehr in voller Höhe valutiert:

3. im Termin:
III/2 bietet: 251.000,00 EUR
aber Recht valutiert nur noch mit 100.000,00 EUR
→ Folge: 251.000,00 EUR + Ausfall 250.000,00 EUR   =   501.000,00 EUR
Zuschlag kann erteilt werden

Aber:
Wer als Berechtigter aus dem Grundstück Meistbietender bleibt und unter Einbeziehung seines Ausfalls den Zuschlag erhält, erlangt den **gesetzlichen Bietvorteil** ohne rechtlichen Grund, soweit seine ausgefallene Grundschuld nicht (mehr) valutiert. Die Herausgabe des Erlangten steht demjenigen zu, dem bei einem um den rechtsgrundlosen Bietvorteil erhöhten Bargebot der Mehrerlös

§ 13 Zuschlagsverhandlung

im Teilungsverfahren und nach Erfüllung schuldrechtlicher Rückgewährpflichten zugefallen wäre.[16] Im vorstehenden Beispiel beträgt der „Bietvorteil" 150.000,00 EUR.

C. Befriedigungsfiktion

19 Die Zuschlagserteilung zu einem Gebot unter 50 % des Verkehrswerts unter Hinzurechnung des Ausfalls des Meistbietenden, § 85a Abs. 3 ZVG, kann nur i.V.m. der Befriedigungswirkung nach § 114a ZVG gesehen werden. **Meistbietender** muss somit ein zur Befriedigung aus dem Grundstück Berechtigter sein. Dies sind in erster Linie die Grundpfandrechtsgläubiger, aber auch jeder Berechtigte eines Anspruchs nach § 10 ZVG.

20 Umstritten ist, welcher ausfallende Betrag des Meistbietenden zu berücksichtigen ist. Hierbei ist festzuhalten, dass sämtliche geltend gemachten **Zinsen** neben dem Kapitalbetrag zu berücksichtigen sind, unabhängig davon, ob diese in die Rangklasse 4 zu dem Recht oder ältere Zinsen in Rang 5 oder sogar 6 – möglicherweise sogar 9 – fallen.

21 Das LG Verden[17] will nur die laufenden und max. bis zu zwei Jahre rückständigen Zinsen in der Rangklasse 4 des § 10 Abs. 1 ZVG bei der Berechnung des Ausfallbetrags berücksichtigen. Ausdrücklich ausgenommen werden z.b. die noch älteren Zinsen in der Rangklasse 8 des § 10 Abs. 1 ZVG. Diese Auffassung ist abzulehnen. Hinzuzurechnen ist der Betrag, mit dem der Berechtigte bei der Erlösverteilung ausfallen würde. Dieser Betrag setzt sich aus dem Hauptanspruch, sämtlichen angemeldeten Zinsen und den Kosten der dinglichen Rechtsverfolgung zusammen; hierbei ist die Rangklasse, in der diese Beträge in der Zwangsversteigerung Berücksichtigung finden, völlig unmaßgeblich.[18]

22 Bei der **Berechnung der $^7/_{10}$-Grenze** ist von dem festgesetzten Grundstückswert nach § 74a Abs. 1 ZVG auszugehen.[19] Der Wert des mit zu versteigernden Zubehörs ist ebenfalls in die Berechnung der $^7/_{10}$-Grenze einzubeziehen.[20]

---

16 BGH vom 22.9.2011, IX ZR 197/10, Rpfleger 2012, 92 = ZInsO 2011, 2144 = ZfIR 2012, 72.
17 Vom 21.7.1993, 2 T 138/93, Rpfleger 1994, 34.
18 So deutlich Hintzen in abl. Anm. zu LG Verden vom 21.7.1993, 2 T 138/93, Rpfleger 1994, 34, 35.
19 BGH vom 13.11.1986, IX ZR 26/86, NJW 1987, 503 = Rpfleger 1987, 31; Steiner/Storz, ZVG, § 74a Rn 77, 78, 79.
20 BGH vom 9.1.1992, IX ZR 165/91, NJW 1992, 1702 = Rpfleger 1992, 264; vgl. hierzu auch: Dassler/Schiffhauer/Hintzen, ZVG, § 114a Rn 4.

C. Befriedigungsfiktion § 13

Die **Befriedigungswirkung** tritt kraft Gesetzes ein. Der Zeitpunkt ist nicht die Zuschlagserteilung,[21] sondern der Verteilungstermin.[22]

23

Ziel der Fiktion des § 114a ZVG ist es, zu verhindern, dass ein zur Befriedigung aus dem Grundstück Berechtigter, der nur an die untere Grenze seines weit höheren dinglichen Rechts bietet, wegen dieses Rechts nicht überboten wird und bei der Erlösverteilung ausfällt, er seine persönliche Forderung dennoch behält, obwohl ihm das Grundstück jetzt weit unter Wert zugeschlagen wurde. Aus diesem Grunde ist – im Gegensatz zu § 85a Abs. 3 ZVG – bei der Befriedigungswirkung auf die **persönliche Forderung** und nicht auf das **dingliche Recht** abzustellen.[23]

24

Eine Mindermeinung stellt hingegen ebenfalls wegen der Abstraktheit der Grundschuld auf den Nominalbetrag des Grundpfandrechts ab.[24] Hiernach habe der Sicherungsgeber einen Anspruch auf Rückgewähr der Grundschuld gegen den Gläubiger, wenn die durch die Sicherungsabrede gesicherte Forderung erloschen sei. Da die Grundschuld nach den Versteigerungsbedingungen erloschen sei, setze sich der Rückgewähranspruch an dem Versteigerungserlös fort. Der Grundschuldgläubiger sei daher zur Rückgewähr des Differenzbetrags verpflichtet, soweit der dingliche Anspruch seine persönliche Forderung überstiegen habe.[25] Diese Auffassung wird **zu Recht abgelehnt**. I.Ü. kann der Gläubiger dieses für ihn ungünstige Ergebnis dadurch abwenden, dass er rechtzeitig vor dem Verteilungstermin seine Rückgewähransprüche erfüllt, sodass persönlicher Anspruch und dingliches Grundpfandrecht wiederum übereinstimmen.[26]

25

Nach Auffassung von Muth[27] kann der Streit darüber, ob auf den Nominalbetrag oder die persönliche Forderung abzustellen ist, **dahinstehen**, weil nur dem wirtschaftlichen Anliegen des Gesetzes Rechnung zu tragen sei. Geschützt werden solle der persönliche Schuldner nur davor, dass der Grundschuldgläubiger ihn in Höhe seines Ausfalles in Anspruch nimmt, obschon er als Ersteher diesen Ausfall bei der Ersteigerung des Grundstücks wirtschaftlich gesehen kompensiert hat.

26

Die Befriedigungsfiktion soll i.Ü. auch dann eintreten, wenn der Ersteher die Zwangsversteigerung wegen seiner Grundschuld betrieben, aber eine mitgesicherte

27

---

21 So aber: Steiner/Eickmann, ZVG, § 114a Rn 24; Stöber, ZVG, § 114a Rn 3.4; Böttcher, ZVG, § 114a Rn 12.
22 Dassler/Schiffhauer/Hintzen, ZVG, § 114a Rn 9; Muth, Rpfleger 1987, 89; Bauch, Rpfleger 1986, 59 und 1986, 457.
23 BGH vom 13.11.1986, IX ZR 26/86, NJW 1987, 503 = Rpfleger 1987, 31 und 120 m. Anm. Ebeling; Eickmann, KTS 1987, 617; Muth, Rpfleger 1987, 89; Steiner/Eickmann, ZVG, § 114a Rn 21; Dassler/Schiffhauer/Hintzen, ZVG, § 114a Rn 13; Böttcher, ZVG, § 114a Rn 14.
24 Stöber, ZVG, § 114a Rn 3.7; Bauch, Rpfleger 1986, 457.
25 Stöber, ZVG, § 114a Rn 3.7.
26 Vgl. hierzu: Dassler/Schiffhauer/Hintzen, ZVG, § 114a Rn 12.
27 Rpfleger 1987, 89, 93.

Darlehensforderung **noch nicht fällig gestellt** hat.[28] Da die Sicherungsgrundschuld aber nur dann verwertet werden darf, wenn die gesicherte Forderung selbst fällig ist, kann dieser Ansicht des BGH so nicht gefolgt werden.[29]

28 Der Grundschuldgläubiger, der durch einen **Strohmann**, einen uneigennützigen Treuhänder oder eine von vielen abhängige Gesellschaft das Grundstück zu einem Betrag unter der $^7/_{10}$-Grenze ersteigern lässt, um sich dessen Wert zuzuführen, muss sich so behandeln lassen, als hätte er das Gebot selbst abgegeben. Die Befriedigungsfiktion findet auch dann Anwendung, wenn das den betreibenden Gläubiger beherrschende Unternehmen – selbst oder über einen von ihm abhängigen Dritten – das Grundstück ersteigert hat und der Gläubiger im Versteigerungstermin nicht als Bietkonkurrent des herrschenden Unternehmens auftreten konnte.[30] Konkret hatte in der Entscheidung des BGH[31] die B-Bank als Gläubigerin zweier Grundschulden die Zwangsversteigerung betrieben. Den Zuschlag auf das einzige Gebot von rund 50 % des Werts erhielt die A-GmbH. Alleinige Gesellschafterin dieser GmbH und Hauptaktionärin der B-Bank ist die N-Bank, deren Angestellter zugleich Geschäftsführer der GmbH ist. Die Restforderung der B-Bank wäre bei einem Gebot von $^7/_{10}$ des Grundstückswerts voll gedeckt gewesen. Der BGH führt u.a. aus, dass für die Befriedigungsfiktion auch dann nichts anderes gelten könne, wenn sich der Gläubiger einer von ihm abhängigen Gesellschaft bediene, um das Grundstück zu ersteigern. Hat der Eigentumserwerb einer solchen Gesellschaft den Zweck, den wirtschaftlichen Wert des Grundstücks dem Gläubiger zuzuführen, ist er i.R.d. § 114a ZVG rechtlich ebenso einzuordnen wie das Auftreten eines Treuhänders oder Strohmanns; denn die Erwerbsgesellschaft ist in diesem Fall in gleicher Weise wie jene Personen an die Weisungen des betreibenden Gläubigers gebunden.

Zur Befriedigungsfiktion bei Abtretung der Rechte aus dem Meistgebot siehe Rn 30 ff.

---

28 BGH vom 13.11.1986, IX ZR 26/86, Rpfleger 1987, 120 = NJW 1987, 503.
29 Muth, Rpfleger 1987, 89; Dassler/Schiffhauer/Hintzen, ZVG, § 114a Rn 13.
30 BGH vom 14.4.2005, V ZB 9/05, Rpfleger 2005, 554 = NJW-RR 2005, 1359 = WM 2005, 1367 = ZfIR 2005, 884; BGH vom 9.1.1992, IX ZR 165/91, NJW 1992, 1702 = Rpfleger 1992, 264.
31 BGH vom 9.1.1992, IX ZR 165/91, NJW 1992, 1702 = Rpfleger 1992, 264.

Beispiel zur Befriedigungsfiktion, § 114a ZVG **29**

Verkehrswert	1.000.000,00 EUR	
7/10 Grenze	700.000,00 EUR	
5/10 Grenze	500.000,00 EUR	
Geringstes Gebot:		
Keine bestehen bleibenden Rechte	Bar zu zahlender Teil:	20.000,00 EUR
Erlöschende Ansprüche:	III/1 700.000,00 EUR	
	(valutiert aber nur mit 400.000,00 EUR)	
	III/2 30.000,00 EUR	

Im Termin:
→ III/1 bietet   20.000,00 EUR
Folge:
Zuschlag kann erteilt werden, da 20.000,00 EUR + Ausfall von III/1 mit nominal 700.000,00 EUR über 50 % liegt.
Aber:
→ § 114a ZVG   700.000,00 EUR III/1
                − 400.000,00 EUR Valuta
                  300.000,00 EUR
Anspruch des Schuldners gegen den Gläubiger und Ersteher III/1 (**str.**)
oder   500.000,00 EUR (wegen § 85a Abs. 3 ZVG)
nach h.M. nur − 400.000,00 EUR Valuta
                 100.000,00 EUR
Anspruch des Schuldners gegen den Gläubiger und Ersteher III/1[32]

D. Abtretung der Rechte aus dem Meistgebot

Der Anspruch des Meistbietenden ist abtretbar, pfändbar und verpfändbar.[33] Tritt der Meistbietende sein Recht aus dem Meistgebot an einen anderen ab, können die Erklärungen im Versteigerungstermin abgegeben oder nachträglich durch öffentlich beglaubigte Urkunden nachgewiesen werden; der Zuschlag ist dann nicht dem Meistbietenden, sondern dem Zessionar zu erteilen, § 81 Abs. 2 ZVG. **30**

Die gezielte und methodisch angelegte Vorgehensweise der teilweisen Abtretung des Meistgebots unter den Verfahrensbeteiligten kann **rechtsmissbräuchlich** sein, wenn damit gesetzliche Vorschriften umgangen werden und auch erkennbar nicht beabsichtigt ist, das Meistgebot zu zahlen.[34] **31**

---

32 Vgl. hierzu aber BGH vom 22.9.2011, IX ZR 197/10, Rpfleger 2012, 92 = ZInsO 2011, 2144 = ZfIR 2012, 72 zur Frage des Bietvorteils bei § 85a Abs. 3 ZVG.
33 Stöber, Forderungspfändung, Rn 1794.
34 AG Bremen vom 26.5.1998, 26 K 326/95, Rpfleger 1999, 88.

§ 13 Zuschlagsverhandlung

32 *Hinweis*
Da nicht nur die Abgabe des Meistgebots, sondern auch die Abtretung der Rechte grunderwerbssteuerpflichtig ist, fällt diese zweimal an, § 1 Abs. 1 Nr. 4, 5 GrEStG. Gleiches gilt i.Ü., wenn der Meistbietende im Termin in verdeckter Vollmacht für einen Dritten geboten hat, § 81 Abs. 3 ZVG.[35]

33 Streitig werden nach wie vor die Folgen beantwortet, sowohl hinsichtlich der Zuschlagserteilung als auch bzgl. der Befriedigungsfiktion, § 114a ZVG, wenn die Rechte aus dem **Meistgebot an einen Dritten abgetreten** werden.

34 Gehört der Meistbietende, der weniger als die Hälfte des Grundstückswerts geboten hat, nicht zum Kreise der zur Befriedigung aus dem Grundstück Berechtigten, ist der Zuschlag auch bei Nichterreichen der $^5/_{10}$-Grenze zu erteilen. Nach dem Wortlaut von § 114a ZVG wird bei der Befriedigungsfiktion auf den Ersteher abgestellt. Daher dürfte es völlig **unstreitig** sein, dass im Fall der Abtretung der Rechte aus dem Meistgebot der Ersteher (Zessionar) sich die Befriedigungsfiktion entgegenhalten lassen muss, wenn die Voraussetzungen i.Ü. in seiner Person vorliegen.

35 Ist der Meistbietende ein aus dem Grundstück zur Befriedigung berechtigter Gläubiger und könnte ihm unter der Voraussetzung des § 85a Abs. 3 ZVG der Zuschlag erteilt werden, führt eine Abtretung der Rechte aus dem Meistgebot an einen Dritten, der diese Voraussetzung nicht erfüllt, nicht zur Zuschlagserteilung. In der Person des Zessionars gibt es keinen Ausfall, der dem Meistgebot hinzugerechnet werden könnte.

36 Diese Auffassung steht jedoch im Widerspruch zu einer Entscheidung des **BGH** v. 6.7.1989.[36] Der BGH entschied, dass die Befriedigungsfiktion des § 114a ZVG auch dann Anwendung finde, wenn der meistbietende Berechtigte die Rechte aus dem Meistgebot auf einen Dritten übertrage. Wenn in diesem Fall die Befriedigungsfiktion in der Person des Meistbietenden eintrete, könne auch der Zuschlag an den Dritten erteilt werden.[37] Erfüllten sowohl der Meistbietende als auch der Zessionar als aus dem Grundstück berechtigte Gläubiger die Voraussetzungen des § 85a Abs. 3 ZVG, könne der Zuschlag in jedem Fall erteilt werden. Streitig ist hierbei nur die Frage, welchen Gläubiger die Befriedigungsfiktion nach § 114a ZVG trifft. Hier wird die Auffassung vertreten, dass die Befriedigungsfiktion gegenüber beiden eintrete.[38]

---

35 BFH vom 26.3.1980, II R 143/78, ZIP 1980, 691.
36 BGH vom 6.7.1989, IX ZR 4/89, BGHZ 108, 248 = NJW 1989, 2396 = Rpfleger 1989, 421.
37 So auch OLG Celle vom 2.12.1988, 4 U 66/88, NJW-RR 1989, 639; Dassler/Schiffhauer/Hintzen, ZVG, § 114a Rn 21; Ebeling, Rpfleger 1988, 400; Eickmann, KTS 1987, 617; Stöber, ZVG, § 114a Rn 2.7.
38 Steiner/Eickmann, § 114a Rn 11; Ebeling, Rpfleger 1988, 400.

Eine andere Auffassung geht dahin, die Befriedigungsfiktion nur in der Person des Erstehers zu sehen.[39] Überzeugend ist, wonach innerhalb der $^{7}/_{10}$-Grenze eine Befriedigung sowohl der Ansprüche des Zedenten und des Zessionars angenommen werden muss, allerdings nicht anteilig auf beide Personen verteilt, sondern nach dem Grundsatz der Rangfolge des § 10 Abs. 1 ZVG.[40]

E. Zuschlagserteilung

Der Beschluss über die Zuschlagserteilung wird entweder direkt **im Versteigerungstermin** oder in einem **besonderen Termin** verkündet, § 87 Abs. 1 ZVG. Welche der beiden Möglichkeiten das Vollstreckungsgericht wählt, liegt in seinem **Ermessen**.

Die Bestimmung eines neuen Termins zur Verkündung der Entscheidung über den Zuschlag in einem bereits anberaumten Verkündungstermin ist nach § 87 Abs. 2 Satz 2 ZVG lediglich zu verkünden. Die in der Vorschrift vorgesehene Anheftung an die Gerichtstafel ist keine Wirksamkeitsvoraussetzung des Vertagungsbeschlusses.[41]

Aus der Gewährleistung des Eigentums und deren Einwirkung auf das Zwangsversteigerungsverfahren lassen sich keine allgemeingültigen Verfahrensregeln herleiten. Ob aus dem Gesichtspunkt des fairen Verfahrens ein besonderer Termin zur Verkündung der Zuschlagsentscheidung anzusetzen ist, richtet sich nach den **Umständen des Einzelfalls**:[42]

- Das Nichterscheinen des Schuldners im Versteigerungstermin hindert den sofortigen Zuschlag regelmäßig nicht.[43]
- Führt die Erteilung des Zuschlags nach Maßgabe der im Versteigerungstermin vorliegenden Voraussetzungen zu einer Verschleuderung des Grundbesitzes, ist das Vollstreckungsgericht allerdings i.d.R. verpflichtet, einen besonderen Verkündungstermin anzuberaumen (z.B. Verkehrswert 290.000,00 EUR, Gebot 35.000,00 EUR).[44]

---

39 Muth, ZIP 1986, 350, 356.
40 Dassler/Schiffhauer/Hintzen, ZVG, § 114a Rn 22.
41 OLG Köln vom 19.8.1996, 2 W 165/96, Rpfleger 1997, 34.
42 BGH vom 30.1.2004, IXa ZB 196/03, Rpfleger 2004, 434 = NJW-RR 2004, 1074 = MDR 2004, 774 = WM 2004, 901 = InVo 2004, 426 = ZfIR 2004, 1033: In diesem Fall war der Vater des Schuldners verstorben und drei Tage vor dem Termin beerdigt worden. Da die Beerdigung aber bereits drei Tage zuvor erfolgt war, war der Schuldner – so der BGH – durch den Todesfall nicht gehindert, an der Versteigerung teilzunehmen. Zumindest hätte er einen Vertreter mit der Wahrnehmung seiner Interessen beauftragen können.
43 OLG Frankfurt vom 12.2.1991, 20 W 9/91, Rpfleger 1991, 470.
44 BGH vom 5.11.2004, IXa ZB 27/04, Rpfleger 2005, 151 = NZM 2005, 190 = NZI 2005, 181 = JurBüro 2005, 213 = MDR 2005, 353 = WM 2005, 136 = ZfIR 2005, 295 m. Anm. Dümig.

§ 13 Zuschlagsverhandlung

- Beträgt das Meistgebot im 3. Zwangsversteigerungstermin lediglich 7 % des Verkehrswerts und ist der Schuldner im Termin nicht anwesend, muss dem Schuldner Gelegenheit gegeben werden, durch einen Vollstreckungsschutzantrag den Zuschlag zu verhindern. Eines gesonderten Zuschlagstermins bedarf es nur dann nicht, wenn ein Vollstreckungsschutzantrag von vornherein aussichtslos wäre. Das kann allerdings i.d.R. nur bei Kenntnis der Begründung des Schutzantrags beurteilt werden.[45]
- Ein Meistgebot i.H.v. 50 % des Grundstückswerts rechtfertigt keinen besonderen Verkündungstermin; dies gilt auch dann, wenn der einzige betreibende Gläubiger den Versteigerungstermin nicht wahrnimmt.[46]

40 Wird die Zuschlagsentscheidung entgegen der Regelung in § 87 Abs. 1 ZVG nicht verkündet, ist sie gleichwohl wirksam, wenn das Versteigerungsgericht sie den Verfahrensbeteiligten zum Zweck der Verlautbarung förmlich zugestellt hat; der Verfahrensfehler führt allerdings zur Aufhebung der Entscheidung im Beschwerdeverfahren, wenn sie auf der Verletzung des Verfahrensrechts beruht, ohne den Fehler also anders ausgefallen wäre.[47] Den Beteiligten, die nicht in diesem Termin anwesend waren, wird der **Zuschlagsbeschluss** zugestellt, § 88 ZVG.

41 Unabhängig von der Anwesenheit ist der Zuschlagsbeschluss immer dem Ersteher, dem Meistbietenden, § 81 Abs. 4 ZVG, und dem für mithaftend erklärten Bürgen **zuzustellen**, § 88 ZVG.

F. Zuschlagsbeschwerde

42 Der Zuschlagsbeschluss ist mit der **sofortigen Beschwerde** anfechtbar, § 11 Abs. 1 RPflG, § 96 ZVG. Die Zwei-Wochen-Notfrist beginnt für die Beteiligten, welche im Versteigerungstermin oder in einem besonderen Verkündigungstermin anwesend waren, mit der Verkündung. Der Beteiligte oder sein Bevollmächtigter müssen nicht unbedingt während des gesamten Termins anwesend sein. Es genügt auch, wenn einer von mehreren Bevollmächtigten anwesend ist und der Verkündigungstermin ordnungsgemäß bekannt gemacht worden ist.[48] Für die im Termin erschienenen Beteiligten ist als Fristbeginn immer die Verkündung maßgebend, auch wenn der Beschluss ihnen irrtümlich nochmals zugestellt worden ist.[49]

43 Mit dem Gesetz zur Einführung einer Rechtsbehelfsbelehrung im Zivilprozess vom 5.12.2012 gelten u.a. seit dem 1.1.2014 die §§ 232 und 233 ZPO. Jede anfechtbare gerichtliche Entscheidung hat eine Belehrung über das statthafte Rechtsmittel, den

---

45 LG Mönchengladbach vom 25.2.2004, 5 T 40/04, Rpfleger 2004, 436 = JurBüro 2004, 394.
46 LG Kiel vom 8.3.1988, 13 T 572/87, Rpfleger 1988, 277.
47 BGH vom 15.12.2011, V ZB 124/11, Rpfleger 2012, 337.
48 Hierzu auch BGH vom 28.2.2008, V ZB 107/07, Rpfleger 2008, 517; Dassler/Schiffhauer/Hintzen, ZVG, § 98 Rn 4; Steiner/Storz, ZVG, § 98 Rn 6.
49 OLG Celle vom 3.9.1986, 4 W 191/86, Rpfleger 1986, 489.

F. Zuschlagsbeschwerde § 13

Einspruch, den Widerspruch oder die Erinnerung sowie über das Gericht, bei dem der Rechtsbehelf einzulegen ist, über den Sitz des Gerichts und über die einzuhaltende Form und Frist zu enthalten. Dies gilt nicht in Verfahren, in denen sich die Parteien durch einen Rechtsanwalt vertreten lassen müssen, es sei denn, es ist über einen Einspruch oder Widerspruch zu belehren oder die Belehrung ist an einen Zeugen oder Sachverständigen zu richten. War eine Partei ohne ihr Verschulden verhindert, eine Notfrist oder die Frist zur Begründung der Berufung, der Revision, der Nichtzulassungsbeschwerde oder der Rechtsbeschwerde oder die Wiedereinsetzungsfrist des § 234 Abs. 1 ZPO einzuhalten, so ist ihr auf Antrag Wiedereinsetzung in den vorigen Stand zu gewähren. Ein Fehlen des Verschuldens wird vermutet, wenn eine Rechtsbehelfsbelehrung unterblieben oder fehlerhaft ist.

Zu belehren ist über sämtliche Rechtsmittel, also über die Berufung, die Revision, die sofortige Beschwerde, die Rechtsbeschwerde und die Nichtzulassungsbeschwerde, sowie über die übrigen ausdrücklich genannten Rechtsbehelfe, über die aufgrund ihrer Befristung oder ihrer besonderen Funktion zu belehren ist. Zu belehren ist auch über das Gericht, bei dem der Rechtsbehelf einzulegen ist, sowie über dessen Sitz. **44**

Die Vorschrift erfasst grundsätzlich auch alle Entscheidungen aus dem Bereich des **Zwangsvollstreckungsrechts**. Im Anwendungsbereich des ZVG ist neben den zur Anwendung kommenden Rechtsbehelfen der ZPO über das Recht der Zuschlagsbeschwerde gemäß den §§ 95 ff. ZVG zu belehren. Diese Lösung liegt ganz auf der Linie der Entscheidung des BGH vom 26.3.2009.[50] **45**

Für den Vollstreckungsschuldner, der im Versteigerungstermin durch seinen Verfahrensbevollmächtigten vertreten ist, beginnt die **2-Wochen-Frist** zur Einlegung der sofortigen Beschwerde nach § 98 ZVG auch dann mit der Verkündung des Zuschlagsbeschlusses, wenn darin über einen Vollstreckungsschutzantrag des Schuldners nach § 765a ZPO entschieden wird. Eine gesonderte Anfechtung der im Zuschlagsbeschluss enthaltenen Entscheidung über den Vollstreckungsschutzantrag ist ausgeschlossen.[51] **46**

Die Frist für die sofortige Beschwerde gegen die Erteilung des Zuschlags beginnt jedoch dann nicht mit Verkündung des Beschlusses, wenn der im Termin erschienene Beteiligte **prozessunfähig** ist.[52] **47**

> *Hinweis* **48**
> Da es regelmäßig sehr schwierig sein dürfte, die Prozessfähigkeit des Beteiligten im Termin festzustellen, empfiehlt es sich, den Zuschlagsbeschluss trotz Verkün-

---

50 BGH vom 26.3.2009, V ZB 174/08 in BGHZ 180, 199 = Rpfleger 2009, 405 = NJW-RR 2009, 890.
51 OLG Köln vom 19.8.1996, 2 W 165/96, Rpfleger 1997, 34.
52 OLG Hamm vom 21.1.1991, 15 W 457/90, Rpfleger 1991, 262.

dung allen Beteiligten zuzustellen, ob sie anwesend waren oder nicht. Nur so kann die Ungewissheit über die Wirksamkeit des Zuschlags vermieden werden.

49 Das **Beschwerderecht** steht jedem Beteiligten, dem Ersteher und dem für zahlungspflichtig erklärten Dritten zu, § 97 Abs. 1 ZVG. Die Beteiligtenstellung muss spätestens zum Zeitpunkt der Verkündung der Zuschlagserteilung erlangt worden sein.[53] Diejenigen, die ihre Beteiligtenstellung nur auf Anmeldung hin erwirken können, § 9 Nr. 2 ZVG, müssen ihr Recht spätestens gegenüber dem Beschwerdegericht anmelden und glaubhaft machen, § 97 Abs. 2 ZVG.[54]

50 Da der **Schuldner** in § 97 Abs. 1 ZVG nicht erwähnt ist, soll ihm gegen die Versagung des Zuschlags auch kein Beschwerderecht zustehen.[55] Dies gelte auch dann, wenn das Meistgebot weit über dem festgesetzten Verkehrswert liegt. Dieser Entscheidung kann nicht gefolgt werden. Richtig ist zwar, dass der Schuldner gegen sich selbst keine Zwangsversteigerung einleiten kann. Ist das Verfahren jedoch auf Antrag eines Gläubigers angeordnet worden, ist es weitgehend der Disposition des Schuldners entzogen; befindet sich das Verfahren bereits im Stadium des Versteigerungstermins nach Abgabe des Meistgebots, hat der Schuldner nahezu keine Möglichkeit mehr, den Zuschlag zu verhindern. Selbst wenn im Regelfall der Schuldner in erster Linie daran interessiert ist, sein Eigentum zu retten, kann sich für ihn im Einzelfall jedoch ernsthaft die Frage stellen, ob er nicht ein berechtigtes Interesse an dem Bestand des Zuschlags hat, z.B. wenn das Meistgebot weit über dem Verkehrswert liegt.[56]

51 Die **Zuschlagsversagung** kann von jedem betreibenden Gläubiger angefochten werden; betreibender Gläubiger ist allerdings nicht mehr derjenige, der sein Verfahren hat einstweilen einstellen lassen.[57]

52 Ein **Bieter** kann sowohl gegen die Zuschlagserteilung als auch gegen die Zuschlagsversagung sofortige Beschwerde einlegen, sofern sein Gebot noch nicht erloschen ist. An seine Stelle tritt der Zessionar des Meistgebots oder derjenige, für den der Meistbietende in verdeckter Vollmacht geboten hat, § 97 Abs. 1 ZVG.

53 Wird der Zuschlag auf ein Übergebot erteilt, das während der Bietzeit zurückgewiesen, aber wegen eines sofort dagegen erhobenen Widerspruchs nach der Bietzeit im Zusammenhang mit der Zuschlagsentscheidung zugelassen wurde, soll der Bieter des durch die spätere Zulassung des Übergebots erloschenen Gebots nicht beschwerdeberechtigt sein.[58] Diese Entscheidung ist unrichtig und zu Recht

---

[53] OLG Hamm vom 24.4.1989, 15 W 162/89, Rpfleger 1989, 421.
[54] Zur Zuschlagsbeschwerdeberechtigung eines Pächters: OLG Koblenz vom 18.9.1989, 4 W 497/89, Rpfleger 1989, 517.
[55] OLG Köln vom 21.11.1996, 2 W 210/96, Rpfleger 1997, 176.
[56] Vgl. insgesamt Hintzen, Rpfleger 1997, 150.
[57] Dassler/Schiffhauer/Hintzen, ZVG, § 97 Rn 8; Stöber, ZVG, § 97 Rn 2.11.
[58] LG Koblenz vom 26.1.1987, 4 T 822/86, Rpfleger 1987, 425.

durch das OLG Koblenz aufgehoben worden.[59] Im zu entscheidenden Fall hatte A ein Gebot über 97.000,00 DM abgegeben. Der Bieter B bot einen Betrag von 134.960,00 DM. Dieses Übergebot wurde zurückgewiesen. Hiergegen legte der Bieter B Widerspruch ein. Mit der Zuschlagsentscheidung entschied sich das Gericht für das höhere Übergebot und wies das Gebot des Bieters A zurück. Da das Gebot des A erloschen war, lehnte das Gericht die Beschwerdeberechtigung ab. Richtig ist jedoch, dass sowohl das Gebot des A als auch des B im Zeitpunkt der Zuschlagserteilung noch wirksam im Raum standen. Das Gebot des Bieters A war insoweit nicht erloschen, als das Übergebot durch das Gericht zurückgewiesen worden war. Dieses zurückgewiesene Gebot des Bieters B war jedoch wiederum nicht unwirksam, da der Zurückweisung sofort widersprochen worden war, § 72 Abs. 2 ZVG. Erst mit der Zuschlagserteilung auf das Gebot des Bieters B war das Gebot des A erloschen. Demzufolge war auch der Bieter A beschwerdeberechtigt, § 97 Abs. 1 ZVG.[60]

Bei der **Entscheidung über die sofortige Beschwerde** dürfen nur solche Gründe berücksichtigt werden, die schon vor der Erteilung des Zuschlags eingetreten oder dem Versteigerungsgericht bekannt gewesen sind.[61]

54

G. Wirkung des Zuschlagsbeschlusses

I. Eigentumserwerb

Die Zuschlagserteilung ist ein konstitutiv wirkender Staatshoheitsakt, der Eigentum nicht überträgt, sondern frei von nicht ausdrücklich bestehen bleibenden Rechten begründet. Der Ersteher erwirbt Eigentum **originär**, nicht als Rechtsnachfolger des Schuldners.[62]

55

Allerdings kann ein nicht mit dem gesetzlich gebotenen oder mit unzulässigem Inhalt begründetes **Eigentum** weder gutgläubig noch durch Zuschlag in der Zwangs-

56

---

59 Vgl. hierzu Anm. d. Schriftl. zu LG Koblenz vom 26.1.1987, 4 T 822/86, Rpfleger 1987, 426.
60 So auch Storz, Rpfleger 1987, 425.
61 OLG Köln vom 13.1.1992, 2 W 1/92, Rpfleger 1992, 491; OLG Düsseldorf vom 20.5.1987, 3 W 171/87, Rpfleger 1987, 514; Dassler/Schiffhauer/Hintzen, ZVG, § 100 Rn 6; Stöber, ZVG, § 100 Rn 4; Steiner/Storz, ZVG, § 100 Rn 14.
62 BGH vom 29.6.2004, IX ZR 258/02, Rpfleger 2004, 644 = NJW 2004, 2900 = MDR 2004, 1379 = WM 2004, 1689 = ZIP 2004, 1619 = InVo 2005, 74; BGH vom 15.5.1986, IX ZR 2/85, Rpfleger 1986, 396 = ZIP 1986, 926; BGHZ 112, 59 = NJW 1990, 2744. OLG Brandenburg vom 28.6.2012, 5 U 151/09, NZI 2012, 774.

versteigerung erworben werden.[63] Wird nach der Zwangsversteigerung eines Grundstücks der Zuschlagsbeschluss im Beschwerdeweg rechtskräftig aufgehoben und der Zuschlag zugleich einem anderen erteilt, verliert der ursprüngliche Ersteher das Eigentum an den Schuldner rückwirkend zum Zeitpunkt des Wirksamwerdens des Zuschlagsbeschlusses; der neue Ersteher wird mit dem Wirksamwerden der Zuschlagserteilung an ihn Eigentümer. Von diesem Zeitpunkt an besteht zwischen dem ursprünglichen Ersteher, der das Grundstück weiterhin benutzt, und dem neuen Ersteher nach Auffassung des BGH[64] ein Eigentümer-Besitzer-Verhältnis. Der neue Ersteher hat einen Anspruch auf Nutzungsherausgabe nach § 987 BGB ab dem Zeitpunkt, in welchem dem ursprünglichen Ersteher die im Beschwerdeweg ergangene Zuschlagsentscheidung zustellt worden ist; bis dahin haftet der ursprüngliche Ersteher nach § 988 BGB.

II. Grunderwerbsteuer

57 Nicht der Zuschlagsbeschluss, sondern bereits die Abgabe des Meistgebots löst die Grunderwerbssteuerpflicht aus. Die **Höhe** bemisst sich nach dem Meistgebot einschließlich der nach den Versteigerungsbedingungen bestehen bleibenden Rechte. Bei der Abtretung der Rechte aus dem Meistgebot werden Verpflichtungen, zu denen sich der Zessionar dem Meistbietenden gegenüber verpflichtet, hinzugerechnet. Wird der Zuschlag einem Gläubiger erteilt, der selbst ein Grundpfandrecht an dem Grundstück hat, wird als grunderwerbsteuerpflichtiges Meistgebot der Betrag errechnet, mit dem der Ersteher aufgrund der Befriedigungsfiktion nach § 114a ZVG als befriedigt gilt.[65] Trotz Kritik hat das BVerfG[66] diese Bestimmung für verfassungskonform gehalten.

58 Grunderwerbsteuerpflichtige Vorgänge sind grundsätzlich umsatzsteuerfrei[67] (siehe dazu Rn 66 ff.). Bei Verzicht auf diese Steuerfreiheit stellt der Eigentumsübergang in der Zwangsversteigerung umsatzsteuerrechtlich eine Lieferung des Schuldners unmittelbar an den Ersteher dar, aber keine Lieferung an das jeweilige Bundesland.[68]

---

63 OLG Düsseldorf vom 20.12.1985, 3 Wx 345/85, Rpfleger 1986, 131. Konkret hatte hier der Ersteher u.a. eine Sammelgarage erworben. Abweichend von dem Aufteilungsplan waren hier aber nicht zwölf, sondern lediglich elf Wageneinstellplätze vorhanden. Der Einstellplatz 12 war bereits im Zuge der Bauausführung abgemauert worden, hierin befand sich der Öltank für die gemeinschaftliche Zentralheizungsanlage. Da der Öltank zwingend Gemeinschaftseigentum ist, kann er auch nicht im Wege des Zuschlags einzeln erworben werden.
64 BGH vom 5.3.2010, V ZR 106/09, Rpfleger 2010, 384 = NJW 2010, 2664 = WM 2010, 849 = ZfIR 2010, 374 (Heinemann).
65 BFH vom 16.10.1985, II R 185/84, ZIP 1986, 495; Stöber, ZVG, § 81 Rn 7.5; dagegen: Muth, DB 1986, 310.
66 Vom 26.4.1990, 2 BvR 331/90, NJW 1990, 2375.
67 Steiner/Storz, ZVG, § 81 Rn 46.
68 BFH vom 19.12.1985, V R 139/76, ZIP 1986, 991.

III. Öffentliche Abgaben

Von dem Zuschlag an trägt der Ersteher die Lasten des Grundbesitzes. Hierzu gehören auch öffentliche Lasten bzw. Abgaben. Der Ersteher haftet insbesondere für die **Grundsteuern**, die auf die Zeit ab Zuschlag bis zum Ende des laufenden Kalenderjahres entfallen. Die Gemeinde kann die Haftung durch Duldungsbescheid geltend machen.[69]

Hat der Grundstückseigentümer mit einem Versorgungsunternehmen für Gas und Wasser einen Anschlussvertrag geschlossen und ist der Anschluss hergestellt, richtet sich die **Forderung des Versorgungsunternehmens** wegen der Anschlusskosten ohne besondere Vereinbarung allerdings nicht gegen den Ersteher des Grundstücks, wenn dieser Versorgungsleistungen über den Anschluss erstmals nach der Zuschlagserteilung in Anspruch nimmt.[70]

Der Ersteher haftet auch nicht dinglich für einen vor dem Zuschlag entstandenen **Anspruch der Gemeinde auf höhere Grundsteuern**, den die Gemeinde zum Versteigerungstermin nicht angemeldet hat und möglicherweise auch nicht anmelden konnte, weil das FA bis zu diesem Zeitpunkt den höheren Grundsteuermessbetrag noch nicht festgesetzt hatte.[71] Diese Entscheidung muss auch für rückständige Erschließungskosten gelten. Auch diese hätten rechtzeitig angemeldet werden können, um in der bevorrechtigten Rangklasse 3 des § 10 Abs. 1 ZVG Berücksichtigung zu finden.

Dasselbe muss auch für den **Ausgleichsbetrag** nach dem **Bundesbodenschutzgesetz** gelten, da dieser Betrag als öffentliche Last auf dem Grundstück ruht. Der Wertausgleich wird als öffentliche Last in Rangklasse 3 des § 10 Abs. 1 ZVG berücksichtigt. Der Betrag kann zum Verfahren angemeldet werden oder aus diesem Anspruch wird das Verfahren betrieben.

Ein Elektrizitätsversorgungsunternehmen kann von dem Ersteher weder einen **Baukostenzuschuss** noch die vom Voreigentümer veranlassten Kosten für die Erstellung des Hausanschlusses verlangen. Anschlussnehmer sind nur diejenigen, auf deren Veranlassung ein mit der Verteilungsanlage des Versorgungsunternehmens verbundener Hausanschluss erstellt oder verändert worden ist.[72] Hat das Elektrizitätsversorgungsunternehmen aufgrund eines Vertrags mit dem Eigentümer den Hausanschluss hergestellt, richtet sich sein Anspruch auf Zahlung des Baukostenzuschusses und der Hausanschlusskosten ohne besondere Vereinbarung nicht gegen den Ersteher, der den Stromanschluss erstmals in Anspruch nimmt, wenn der frü-

---

69 BVerwG vom 14.8.1992, 8 C 15.90, NJW 1993, 871 = Rpfleger 1992, 443.
70 BGH vom 29.3.1990, IX ZR 190/89, Rpfleger 1990, 309.
71 BVerwG vom 7.9.1984, 8 C 30.82, Rpfleger 1985, 35.
72 BGH vom 1.4.1987, VIII ZR 167/86, Rpfleger 1988, 274.

here Eigentümer keinerlei Zahlung geleistet und das Unternehmen daraufhin den Vertrag gekündigt hat.[73]

64 Nicht erloschen durch den Zuschlag sind auch die **öffentlichen Baulasten** nach Landes- oder Bundesrecht.[74]

65 Zur Haftung des Erstehers eines Wohnungseigentums für die vor dem Zuschlag angefallenen Lasten und Kosten des gemeinschaftlichen Eigentums vgl. § 2 Rn 39 ff.

IV. Umsatzsteuer

66 Erwerbsvorgänge, die unter die Grunderwerbsteuer fallen, sind von der Zahlung der Umsatzsteuer (USt) befreit, § 4 Nr. 9a UStG. Die Zwangsversteigerung eines Grundstücks ist umsatzsteuerlich eine direkte Lieferung vom Eigentümer an den Ersteher.[75] Hiernach ist die Lieferung des Grundstücks von der Umsatzsteuerpflicht befreit. Allerdings kann der Eigentümer auf diese Befreiung verzichten, der Verzicht kann auch noch nach Abschluss des Versteigerungsverfahrens erklärt werden.[76]

67 Der Ersteher eines Grundstücks kann daher umsatzsteuerlich als Unternehmer die USt als Vorsteuer abziehen.[77] Die USt ist vom Ersteher als Leistungsempfänger einzubehalten und an das für ihn zuständige FA abzuführen, § 13b UStG.[78]

68 *Hinweis*
Die Frage, ob es sich beim Meistgebot in der Zwangsversteigerung um einen Netto- oder um einen Bruttobetrag handelt, wurde streitig beurteilt. Der **BGH**[79] hat sich in einem Grundsatzurteil darauf festgelegt, dass das Meistgebot in der Zwangsversteigerung von Grundstücken (nebst Zubehör) ein **Nettobetrag** ist. Das ZVG gebietet diese Rechtsauffassung. Für die Erlösverteilung muss das gesamte Meistgebot einschließlich der evtl. anfallenden Zinsen vom Zuschlag bis zum Verteilungstermin an das Gericht gezahlt werden.[80] Die Bezeichnung des baren Meistgebots ist wesentlicher Inhalt des Zuschlagsbeschlusses, § 82 ZVG. Er be-

---

73 BGH vom 5.12.1990, VIII ZR 64/90, Rpfleger 1991, 213.
74 BVerwG vom 29.10.1992, 4 B 218.92, NJW 1993, 480 = Rpfleger 1993, 208.
75 BFH, BStBl II 1973, S. 503.
76 BFH vom 16.3.1993, V R 54/92, NJW 1994, 1176.
77 BFH vom 16.3.1993, V R 54/92, NJW 1994, 1176.
78 Zu den Voraussetzungen im Einzelnen vgl. Storz/Kiderlen, ZVG, D 5.3.5; Gaßner, Rpfleger 1998, 455, 457.
79 Vom 3.4.2003, IX ZR 93/02, Rpfleger 2003, 450 = NJW 2003, 2238 = KTS 2003, 687 = MDR 2003, 953 = WM 2003, 943 = ZIP 2003, 1109 = InVo 2003, 333 = WuB H. 8/2003 VI F. § 49 ZVG 1.03 Hintzen = ZfIR 2003, 653.
80 A. Onussseit, Rpfleger 1995, 1; differenziert Gaßner, Rpfleger 1998, 455, 459, der die steuerliche Option des Schuldners gem. § 9 UStG im Zwangsversteigerungsverfahren durch eine abweichende Versteigerungsbedingung ermöglichen will.

gründet und bestimmt die Zahlungspflicht des Erstehers, § 49 ZVG. Der Zuschlagsbeschluss legt unmittelbar auch die Teilungsmasse fest, auf die die nach § 10 ZVG am Grundstück Berechtigten Anspruch haben. Das Zwangsversteigerungsrecht sieht nicht vor, diesen zur Verteilung an die berechtigten Gläubiger bestimmten Betrag aus steuerrechtlichen Gründen zu schmälern, indem an die Berechtigten nur ein um die USt geminderter Betrag des Meistgebots zur Verteilung kommt.

V. Sonderkündigungsrecht

Ist das ersteigerte Grundstück vermietet oder verpachtet, hat der Ersteher ein Sonderkündigungsrecht, § 57a ZVG. Die Kündigung muss zum ersten gesetzlich zulässigen Termin nach dem Zuschlag ausgesprochen werden. Die außerordentliche Kündigung ist ausgeschlossen, wenn sie nicht für den ersten zulässigen Termin erfolgt, § 57a Satz 2 ZVG. 69

An den Begriff des „ersten zulässigen Termins" für eine Kündigung nach § 57a ZVG sind keine überspannten Anforderungen zu stellen. Er ergibt sich nach den Umständen des Einzelfalles. Gekündigt werden kann auch noch für einen später zulässigen Termin, wenn bei Beobachtung der erforderlichen Sorgfalt die Kündigung zum frühen Zeitpunkt nicht möglich war.[81] 70

Für Pachtverhältnisse von bestimmter Dauer gilt bei **vorzeitiger Kündigung** gem. § 57a ZVG die gesetzliche Kündigungsfrist. Hierbei muss dem Ersteher jedoch die Möglichkeit eingeräumt werden, die Sach- und Rechtslage zu prüfen und sich dabei über die Umstände zu informieren, die für oder gegen einen Verbleib des Mieters sprechen könnten. Ein Kündigungsausspruch einen Tag nach Verkündung des Zuschlags ist dabei rechtlich und tatsächlich unmöglich.[82] 71

H. Räumungsvollstreckung

Aus dem Zuschlagsbeschluss kann jederzeit die Räumungsvollstreckung gegen den Schuldner stattfinden. Für die Räumungsvollstreckung ist (aufgrund der Änderung ab 1.1.1999) keine besondere **Durchsuchungsanordnung** des Richters mehr erforderlich, § 758a Abs. 2 ZPO. Dies gilt auch dann, wenn der Zuschlagsbeschluss vom Rechtspfleger erlassen wurde.[83] 72

Wie jeder andere Vollstreckungstitel bedarf auch der Zuschlagsbeschluss regelmäßig der Klauselerteilung und er muss dem Schuldner vorher zugestellt werden. Wer Vollstreckungsschuldner ist, beurteilt sich nach § 750 Abs. 1 ZPO. Danach kann die Zwangsvollstreckung nur gegen eine Person begonnen werden, die im Ti- 73

---

81 OLG Frankfurt vom 19.6.2009, 2 U 303/08, MDR 2010, 174.
82 OLG Düsseldorf vom 26.6.1986, 10 U 21/86, Rpfleger 1987, 513.
83 Zöller/Stöber, ZPO, § 758a Rn 33; Musielak/Lackmann, ZPO, § 758a Rn 2.

tel und in der Vollstreckungsklausel als Vollstreckungsschuldner bezeichnet ist. Damit wird gewährleistet, dass staatlicher Zwang nur zur Durchsetzung eines urkundlich bereits ausgewiesenen Anspruchs erfolgt, und zwar für und gegen die im Titel genannten Personen. Diese allgemeine Voraussetzung jeder Zwangsvollstreckung kann nicht durch materiell-rechtliche Erwägungen außer Kraft gesetzt werden.[84] Es ist daher ohne Bedeutung, ob der Dritte nach materiellem Recht zur Herausgabe der Mietsache an die Gläubigerin verpflichtet wäre; denn diese Fragen gehören in das Erkenntnisverfahren und nicht in das **formalisierte** Zwangsvollstreckungsverfahren.[85] Der Gerichtsvollzieher hat nicht das Recht zum Besitz zu beurteilen, sondern allein die tatsächlichen Besitzverhältnisse, gleich wie der Besitz erlangt ist. Sodann ist nur noch zu prüfen, ob sich die Räumungsverpflichtung nach dem vom Gläubiger beigebrachten Titel gegen den von ihm festgestellten (Mit-)Besitzer der Wohnung richtet.

74 Soll die Vollstreckung neben dem Schuldner auch gegen einen Dritten erfolgen, ist die Klausel und die Urkunde, aufgrund derer die Klausel gegen den Dritten erteilt wurde, im Parteiwege zuzustellen, § 750 Abs. 2 ZPO.

75 Unstreitig erfolgt die Räumungsvollstreckung auch gegen den **Ehegatten** des Schuldners, die weiteren **Familienangehörigen** und auch den **Lebensgefährten**, soweit diese den Wohnsitz des Schuldners teilen und nicht ein offensichtlich eigenständiges wirksames Besitzrecht am Grundstück haben.[86]

76 *Hinweis*
Um Schwierigkeiten des Gerichtsvollziehers bei der Räumung zu vermeiden, empfiehlt es sich, die Familienangehörigen namentlich in der Vollstreckungsklausel zu bezeichnen.

77 Soll die Zwangsvollstreckung gegen einen Besitzer erfolgen, dessen Recht durch Zuschlag erloschen ist, muss die Klausel sich ausdrücklich gegen diesen richten. Problematisch wurde dies in der Vergangenheit insbesondere dann, wenn Mieter oder Pächter sich der Räumung widersetzten, weil sie angeblich Aufwendungen erbracht hätten, die eine Räumungsvollstreckung verhinderten, § 57c ZVG a.F. Die §§ 57c und 57d ZVG wurden jedoch ersatzlos gestrichen.

78 Allerdings machen **Miet- oder Pachtverhältnisse** in der Praxis weiterhin erhebliche Probleme, denn nicht selten werden solche Verhältnisse angemeldet, die in Wahrheit fingiert sind, um Bietinteressenten im Versteigerungstermin von der Ab-

---

84 BGH vom 14.8.2008, I ZB 39/08, n.v.; BGH vom 25.6.2004, IXa ZB 29/04, Rpfleger 2004, 640 = NJW 2004, 3041 = DNotZ 2005, 37 = DGVZ 2004, 138 = FamRZ 2004, 1555 = MDR 2004, 1257 = WM 2004, 1696 = InVo 2004, 504.
85 BGH vom 18.7.2003, IXa ZB 116/03, WM 2003,1825 = Rpfleger 2003, 596.
86 BGH vom 18.7.2003, IXa ZB 116/03, Rpfleger 2003, 596 = NJW-RR 2003, 1450 = InVo 2004, 33; BGH vom 25.6.2004, IXa ZB 29/04, Rpfleger 2004, 640 = NJW 2004, 3041 = InVo 2004, 504; vgl. im Einzelnen auch Dassler/Schiffhauer/Hintzen, ZVG, § 93 Rn 9 ff.

H. Räumungsvollstreckung | § 13

gabe von Geboten abzuschrecken.[87] Grundsätzlich muss gegen den Mieter oder Pächter auf Räumung und Herausgabe geklagt werden. Dies gilt selbst dann, wenn dem Ersteher das außerordentliche Kündigungsrecht nach § 57a ZVG zur Seite steht. Nur wenn ein Mieter oder Pächter ohne Rechtsgrund besitzt und das Miet- oder Pachtverhältnis zum Zeitpunkt der Zuschlagserteilung bereits beendet war, kann gem. § 93 ZVG die Räumung verlangt werden.

Wird der Mietvertrag vor Erteilung des Zuschlags abgeschlossen, der Besitz an der Mietsache aber erst danach erlangt oder findet ein bei Zuschlagserteilung bereits ausgeübter Besitz seine Grundlage nicht in einem Mietverhältnis, kann der Besitzer sich auf die Bestimmung nicht berufen. Vor diesem Hintergrund stellt der **BGH**[88] klar, dass der Besitzer eines Grundstücks, gegen den aus dem Zuschlagsbeschluss die Zwangsvollstreckung auf Räumung und Herausgabe betrieben wird und der dann ein durch den Zuschlag nicht erloschenes Recht geltend macht, dem Vollstreckungsgericht zumindest Anhaltspunkte darzutun hat, die ein Besitzrecht zum Zeitpunkt der Zuschlagserteilung nahe legen; andernfalls hat der Räumungsanspruch Erfolg. **79**

Einwendungen des besitzenden Dritten sind bereits im Klauselerteilungsverfahren zum Zuschlagsbeschluss zu prüfen.[89] **80**

Bei dem Antrag auf Erteilung der Klausel sollten jedoch strengere Anforderungen als nur die Anmeldung gestellt werden.[90] Ist ein behauptetes Mietverhältnis zwischen dem Schuldner und einem Angehörigen mit großer Wahrscheinlichkeit wegen mangelnder Ernsthaftigkeit des Vertragsabschlusses nicht wirksam, ist die Klausel auch gegen den Angehörigen zu erteilen.[91] Von einer **Scheinvereinbarung** kann dann ausgegangen werden, wenn die Parteien des Mietvertrags bis zum Zuschlag Miteigentümer des Grundstücks waren und danach einem von ihnen den Alleinbesitz eingeräumt haben.[92] **81**

Welcher Art solche fingierten Mietverträge sein können, zeigt ein Fall des LG Wuppertal:[93] Als Vermieter war nur der Miteigentümer bezeichnet. Als Mietsache war eine Wohnung im Souterrain des Hauses genannt, die es nach dem Verkehrswertgutachten aber überhaupt nicht gab. Weiterhin sollte für eine 74 m² große Wohnung ein Mietzins von 380,00 DM gezahlt werden, wobei der Mietvertrag auch **82**

---

87 Hierzu Ertle, Rpfleger 2003, 14; Witthinrich, Rpfleger 1986, 46.
88 BGH vom 27.2.2004, IXa ZB 269/03, Rpfleger 2004, 368 = NZM 2004, 478 = WM 2004, 754 = InVo 2004, 294 = ZfIR 2004, 561.
89 OLG Hamm vom 6.12.1988, 15 W 545/88, Rpfleger 1989, 165.
90 Vgl. Meyer-Stolte, in Anm. zu LG Krefeld vom 27.5.1986, 6 T 125/86, Rpfleger 1987, 259.
91 OLG Frankfurt vom 31.7.1987, 20 W 251/87, Rpfleger 1989, 209.
92 LG Freiburg vom 26.6.1989, 4 T 90/88, Rpfleger 1990, 266.
93 Vom 14.9.1992, 6 T 693/92, Rpfleger 1993, 81.

noch die Benutzung des Gartens, der Terrasse und der gesamten Grünanlagen beinhaltete. Letztlich war der Mietvertrag auf Lebenszeit abgeschlossen.

83 Nur wenn Umstände erkennbar sind, die mit großer Wahrscheinlichkeit für den weiterwirkenden Besitz eines Mieters sprechen, kann die Vollstreckungsklausel abgelehnt werden; dies gilt insbes. dann, wenn ein Rechtsstreit über das Bestehen des Mietverhältnisses anhängig ist.[94] I.Ü. aber ist im Zweifel immer zugunsten des Erstehers zu entscheiden, der Dritte ist auf den Klageweg nach § 771 ZPO zu verweisen.[95]

84 Gegen die Räumungsvollstreckung kann der Schuldner oder ein sonstiger Besitzer nur **Vollstreckungsschutz** über § 765a ZPO erwirken, da ein Aufschub nach § 721 ZPO nicht mehr in Betracht kommt.[96]

---

94 OLG Hamm vom 6.12.1988, 15 W 545/88, Rpfleger 1989, 165.
95 OLG Frankfurt, vom 31.7.1987, 20 W 251/87, Rpfleger 1989, 209; LG Freiburg vom 26.6.1989, 4 T 90/88, Rpfleger 1990, 266; Steiner/Eickmann, ZVG, § 93 Rn 10.
96 Dassler/Schiffhauer/Hintzen, ZVG, § 93 Rn 19; Zöller/Stöber, ZPO, § 721 Rn 1; Steiner/Eickmann, ZVG, § 93 Rn 47.

§ 14 Erlösverteilung

A. Anmeldung

Wie bei der Erstellung des geringsten Gebots werden auch in der Erlösverteilung einige Ansprüche von Amts wegen berücksichtigt, andere nur auf Anmeldung. Von Amts wegen werden in den Teilungsplan die Ansprüche aufgenommen, die sich zzt. der Eintragung des Zwangsversteigerungsvermerks aus dem Grundbuch ergeben. Hierzu gehören auch die laufenden wiederkehrenden Leistungen dieser dinglichen Rechte, § 114 Abs. 2 ZVG.

Somit müssen **immer angemeldet** werden:

- Rechte, die **nach** dem Zwangsversteigerungsvermerk eingetragen worden sind,
- **rückständige** wiederkehrende Leistungen sämtlicher dinglicher Rechte, unabhängig davon, ob sie vor oder nach dem Zwangsversteigerungsvermerk eingetragen wurden,
- die **Kosten** der dinglichen Rechtsverfolgung, § 10 Abs. 2 ZVG; eine zum Zwangsversteigerungstermin angemeldete Kostenpauschale muss jetzt spezifiziert werden,
- die Pfändung und Überweisung eines dinglichen Rechts am Grundstück oder des Erlösanspruchs des früheren Eigentümers,
- die Pfändung der Rückgewähransprüche gegenüber einer Sicherungsgrundschuld.

> *Hinweis*
> Es darf niemals übersehen werden, dass ein Recht, damit es überhaupt berücksichtigt wird, rechtzeitig angemeldet werden muss. Dies bedeutet: **spätestens im Versteigerungstermin vor der Aufforderung zur Abgabe von Geboten**. Erfolgt die Anmeldung später, z.B. erst zum Verteilungstermin, erleidet das Recht einen Rangverlust, § 110 ZVG, und ist nach allen anderen Ansprüchen zu berücksichtigen.

Meldet der Berechtigte eines Rechts weniger an, als ihm von Amts wegen zusteht (**Minderanmeldung**), so ist diese Anmeldung maßgebend, § 308 ZPO.[1] Liegt die Minderanmeldung bereits zum Zwangsversteigerungstermin vor, wirkt sie auch für die Berücksichtigung des Anspruchs im Verteilungstermin.[2]

Zinsen einer **Eigentümergrundschuld** können in der Zwangsversteigerung für den Eigentümer selbst nicht eingestellt werden, § 1197 Abs. 2 BGB, diese Be-

---

[1] Dassler/Schiffhauer/Hintzen, ZVG, § 114 Rn 56; Steiner/Teufel, ZVG, § 114 Rn 33.
[2] Dassler/Schiffhauer/Hintzen, ZVG, § 114 Rn 56; Steiner/Teufel, ZVG, § 114 Rn 33.

schränkung gilt aber nicht für den Pfändungsgläubiger.[3] Nach **Abtretung** der **Eigentümergrundschuld** kann der Zessionar die Zinsen verlangen. Hierbei können auch die Zinsen aus dem Zeitpunkt vor der Abtretung mit abgetreten werden.[4]

6 **Rechte der Abt. II** des Grundbuchs, die nicht auf Zahlung eines Kapitalbetrags gerichtet sind, werden mit ihrem Ersatzanspruch berücksichtigt, § 92 ZVG. Von Amts wegen kann hierbei ein aus dem Grundbuch ersichtlicher **Höchstbetrag** berücksichtigt werden, § 882 BGB. Laufende Leistungen einer Reallast oder eines Erbbauzinses bedürfen ebenfalls keiner Anmeldung, sondern werden von Amts wegen errechnet. I.Ü. aber muss der Wertersatz spätestens im Verteilungstermin durch den Berechtigten angemeldet bzw. festgestellt werden, § 14 ZVG (Urteil, Anerkenntnis). Die Anmeldung allein führt nicht zur Auszahlung.[5] Bis zu dieser Feststellung wird der Ersatzanspruch unter der aufschiebenden Bedingung hinterlegt.[6]

7 Das für einen Verkaufsfall bestellte **Vorkaufsrecht** geht ersatzlos unter. Der Wert für ein Vorkaufsrecht für mehrere Verkaufsfälle ist regelmäßig mit 2 – 3 % des Verkehrswerts des Grundstücks anzusetzen.[7]

8 Der Ersatzbetrag einer **Auflassungsvormerkung** errechnet sich aus dem Erlösüberschuss abzüglich aller der Auflassungsvormerkung im Range vorgehenden Ansprüche.[8]

B. Grundschuld

I. Zinsen der Grundschuld

9 Wie bei allen Grundpfandrechten werden auch die Zinsen der Grundschuld von Amts wegen berücksichtigt, sofern es sich um laufende Zinsen handelt; rückständige Zinsen müssen angemeldet werden, § 114 Abs. 2 ZVG. Rückständige Zinsen, die der Grundschuldgläubiger nicht anmeldet, bleiben unberücksichtigt; meldet der Gläubiger ausdrücklich weniger laufende Zinsen an, wird dies als Minderanmel-

---

3 Dassler/Schiffhauer/Hintzen, ZVG, § 114 Rn 53; Böttcher, ZVG, § 114 Rn 23; a.A. Stöber, ZVG, § 114 Rn 6.10.
4 BGH vom 3.10.1985, V ZB 18/84, NJW 1986, 314; BayObLG vom 2.7.1987, 2 Z 143/86, NJW-RR 1987, 1418 = Rpfleger 1987, 364; OLG Celle vom 17.2.1989, 4 U 187/87, Rpfleger 1989, 323 = ZIP 1989, 703 = NJW-RR 1989, 1244; OLG Düsseldorf vom 14.8.1989, 3 Wx 279/89, Rpfleger 1989, 498 = NJW-RR 1990, 22.
5 Dassler/Schiffhauer/Hintzen, ZVG, § 92 Rn 35; Stöber, ZVG, § 92 Rn 4.14.
6 Dassler/Schiffhauer/Hintzen, ZVG, § 92 Rn 37; Stöber, ZVG, § 92 Rn 4.12.
7 LG Hildesheim vom 31.8.1989, 5 O 66/89, Rpfleger 1990, 87 = ZIP 1990, 200.
8 BGH vom 14.4.1987, IX ZR 237/86, NJW-RR 1987, 891 = Rpfleger 1987, 426; Dassler/Schiffhauer/Hintzen, ZVG, § 92 Rn 33; Steiner/Eickmann, ZVG, § 92 Rn 36; Stöber, ZVG, § 92 Rn 7.3; zur Berechnung des Wertersatzbetrags für eine durch Zuschlag erloschene Rückauflassungsvormerkung zur Sicherung eines Wiederkaufsrechts vgl. OLG Düsseldorf vom 22.5.1991, 9 U 3/91, Rpfleger 1991, 471.

dung berücksichtigt.[9] Allerdings kann auch bei der **Sicherungsgrundschuld** der Gläubiger die Grundschuldzinsen in vollem Umfang geltend machen, selbst wenn er sie zur Abdeckung seiner persönlichen Forderung nicht mehr benötigt.[10]

Eine **Verpflichtung zur Anmeldung** nicht mehr benötigter Zinsen hat der Gläubiger nicht. Regelmäßig dürfte in der Sicherungsabrede jedoch eine entsprechende Vereinbarung über die Anmeldepflicht in der Zwangsversteigerung getroffen sein. Seine **Verpflichtung zur Rückgewähr** der nicht mehr benötigten Zinsen erfüllt der Grundschuldgläubiger dadurch, dass er sie zum laufenden Zwangsversteigerungsverfahren nicht mehr anmeldet.[11]

10

Die dem jeweiligen Grundschuldgläubiger nachgehenden Berechtigten haben keinen Anspruch darauf, dass dieser die Anmeldung von Grundschuldzinsen unterlässt, wenn er sie tatsächlich nicht mehr benötigt.[12] Der die Zwangsversteigerung betreibende Grundschuldgläubiger ist jedenfalls dann nicht verpflichtet, für die Erfüllung seiner Ansprüche gegen den Schuldner nicht benötigte Grundschuldzinsen anzumelden, wenn diese Mehranmeldung für ihn mit Risiken behaftet ist. Auch die Abtretung der Ansprüche auf Rückübertragung der Grundschuld an einen Dritten verpflichtet den Gläubiger nicht zur Anmeldung nicht benötigter Grundschuldzinsen, wenn das Absehen von einer Mehranmeldung dazu führt, dass der Zessionar auf die Grundschuldzinsen zugreifen kann.[13]

11

Ergibt sich nach Verrechnung der zugeteilten Ansprüche mit der tatsächlichen Forderung ein Erlösüberschuss, muss dieser von dem Gläubiger an den Sicherungsgeber in Erfüllung der Rückgewähransprüche zurückgezahlt werden.[14]

12

II. Kapital der Grundschuld

Die Sicherungsgrundschuld ist immer unabhängig von der gesicherten Forderung, auch wenn die Sicherungsabrede die Grundlage für die Bestellung der Grundschuld ist. Selbst wenn die Darlehensforderung erloschen oder überhaupt niemals entstanden ist, entsteht keine Eigentümergrundschuld. Die Grundschuld steht nach wie vor dem Gläubiger zu.

13

Solange der Grundschuldgläubiger seine **Rückgewährverpflichtung** nicht durch eine dingliche Rechtsänderungserklärung erfüllt, wird das Versteigerungsgericht

14

---

9 Dassler/Schiffhauer/Hintzen, ZVG, § 114 Rn 36; Stöber, ZVG, § 45 Rn 7; Steiner/Eickmann, ZVG, § 45 Rn 34; Steiner/Teufel, ZVG, § 114 Rn 37.
10 BGH vom 27.2.1981, V ZR 9/80, Rpfleger 1981, 292 = NJW 1981, 1505.
11 OLG München vom 10.7.1979, 27 U 220/79, NJW 1980, 1051; Steiner/Teufel, ZVG, § 114 Rn 37; Dassler/Schiffhauer/Hintzen, ZVG, § 114 Rn 36, 37; Stöber, ZVG, § 114 Rn 7.6 f.
12 BGH vom 27.2.1981, V ZR 9/80, Rpfleger 1981, 292 = NJW 1981, 1505.
13 BGH vom 3.2.2012, V ZR 133/11, NJW 2012, 1142 = Rpfleger 2012, 329.
14 BGH vom 27.2.1981, V ZR 9/80, Rpfleger 1981, 292 = NJW 1981, 1505.

§ 14 Erlösverteilung

den auf die erloschene Grundschuld entfallenden Erlös dem Gläubiger zuteilen. Seiner **Rückgewährpflicht** kann der **Gläubiger** nachkommen durch

- Abtretung des Rechts, §§ 1192, 1154 BGB; bei einem Buchrecht wird diese wirksam durch Abtretungserklärung (ohne Grundbucheintragung), bei einem Briefrecht ist eine Briefübergabe nicht mehr erforderlich,
- Verzichtserklärung, §§ 1192, 1168 BGB; auch hier ist eine Grundbucheintragung nicht mehr erforderlich; mit der Verzichtserklärung entsteht eine Eigentümergrundschuld; da das Recht erloschen ist, steht der Erlös nunmehr dem Eigentümer zu,
- Aufhebungserklärung (Löschungsbewilligung), § 875 BGB; der Aufhebungserklärung muss der Eigentümer noch zustimmen, §§ 875, 1183 BGB; eine Eintragung im Grundbuch ist jedoch nicht erforderlich. Der Erlösanspruch ist damit untergegangen, nachrangige Gläubiger rücken in der Rangfolge auf.

15 Die **Beschränkung des Wahlrechts** (Übertragung, Verzicht oder Aufhebung) aus der Sicherungsvereinbarung auf den Löschungsanspruch (Aufhebung) hat mit dem Zuschlag ihre Wirkung verloren. Der Grund für die Beschränkung des Rückgewähranspruchs bei nicht mehr oder nicht mehr voll valutierter Grundschuld liegt in der einfacheren praktischen Handhabung für die Banken. Die Banken haben ein schützenswertes Interesse an einer klaren und übersichtlichen Vertragsabwicklung. Aus der Sicherungsvereinbarung mit dem Schuldner folgt grundsätzlich ein schuldrechtlicher Anspruch auf Rückzahlung des Übererlöses.

16 Solange der Gläubiger eine solche dingliche Rechtsänderungserklärung nicht abgibt, wird der Erlös an ihn zugeteilt. Es reicht nicht aus, wenn er weniger anmeldet und i.Ü. erklärt, wegen des Restbetrags stehe ihm eine Forderung nicht zu. Ebenfalls reichen nicht Erklärungen aus, er habe keinen Anspruch auf diesen Erlösanteil.[15] Sofern der Gläubiger den Erlösanteil nicht annimmt oder ihn zurücküberweist, wird dieser Betrag hinterlegt, § 117 Abs. 2 Satz 3 ZVG.[16]

III. Rückgewähranspruch

1. Erfüllung

17 Wegen der fehlenden Akzessorietät zwischen Forderung und Grundschuld wird regelmäßig in der Sicherungsabrede vereinbart, dass der Gläubiger die Grundschuld zurückzugewähren hat, wenn der Sicherungszweck nicht mehr gegeben ist. Weiterhin sind Zahlungen des persönlichen Schuldners ausschließlich auf die Forderung und nicht auf die Grundschuld zu verrechnen. Eine **Eigentümergrundschuld** entsteht daher **nicht**. Nur wenn der Eigentümer zur Abwendung der Zwangsversteige-

---

15 Dassler/Schiffhauer/Hintzen, ZVG, § 14 Rn 39; Steiner/Teufel, ZVG, § 114 Rn 40.
16 Dassler/Schiffhauer/Hintzen, ZVG, § 114 Rn 39; Stöber, ZVG, § 114 Rn 7.5b; Steiner/Teufel, ZVG, § 114 Rn 41.

B. Grundschuld § 14

rung oder Zwangsverwaltung auf die Grundschuld zahlt, entsteht ein Eigentümerrecht.[17]

Gleiches gilt in der **Insolvenz des Grundstückseigentümers**. Zahlungen des Insolvenzverwalters an den Gläubiger einer Grundschuld werden grundsätzlich auf die Grundschuld und nicht auf die durch sie gesicherte Forderung geleistet.[18]   **18**

Sofern der nicht persönlich schuldende Eigentümer auf die Grundschuld zahlt, geht die gesicherte Forderung allerdings nicht kraft Gesetzes auf ihn über.[19] Wird der persönliche Schuldner daraufhin aus der Forderung in Anspruch genommen, ist zu unterscheiden, ob er **Sicherungsgeber** war oder nicht. Im ersteren Fall kann er dem Gläubiger bei einer Zahlungsverpflichtung gegenüber einwenden, dass er nur Zug um Zug gegen Rückgewähr der Grundschuld zur Leistung verpflichtet ist. Im letzteren Fall ist er nicht zur Zahlung verpflichtet, da der Gläubiger keine doppelte Befriedigung erhalten darf.[20]   **19**

Ist die **Sicherungsgrundschuld nur teilweise valutiert**, hat der Sicherungsgeber auch einen Anspruch auf teilweise Rückgewähr.[21] Den bei der Erlösverteilung auf den nicht valutierten Teil der Grundschuld entfallenden **Übererlös** hat der Gläubiger aufgrund der Sicherungsabrede herauszugeben.   **20**

Bleibt eine Sicherungsgrundschuld nach den Versteigerungsbedingungen bestehen, führt die Zuschlagserteilung nicht zur Fälligkeit des Rückgewähranspruchs hinsichtlich des nicht mehr valutierten Teils der Grundschuld.[22]   **21**

Haben die Beteiligten in der Sicherungsabrede vereinbart, dass der Rückgewähranspruch nur durch Verzicht oder Löschungsbewilligung erfüllt werden kann, führt dies dann zur Unwirksamkeit, wenn im Zeitpunkt der Rückgewähr das Eigentum durch Zuschlag gewechselt hat.[23] Konkret hatte die Gläubigerin eine Löschungsbewilligung erteilt, diese kommt jedoch nur dem früheren Eigentümer und Sicherungsgeber zugute, nicht dem rückgewährberechtigten Ersteher. Deshalb konnte der Rückgewähranspruch nur durch Erteilung einer Abtretungserklärung erfüllt werden.[24] Diese Rechtsprechung bestätigt der BGH[25] erneut: Eine in Allgemeinen Geschäftsbedingungen des Sicherungsnehmers enthaltene Klausel, die den auf Rückgewähr der Grundschuld gerichteten Anspruch des Sicherungsgebers auf die   **22**

---

17 BGH vom 25.3.1986, IX ZR 104/85 in BGHZ 97, 280 = NJW 1986, 2108 = Rpfleger 1986, 297.
18 BGH vom 14.6.1994, XI ZR 4/94, NJW 1994, 2692 = Rpfleger 1995, 14 = DNotZ 1995, 294 = MDR 1994, 1003 = ZIP 1994, 1282.
19 BGH vom 14.7.1988, V ZR 308/86, Rpfleger 1988, 524.
20 BGH vom 14.7.1988, V ZR 308/86, Rpfleger 1988, 524.
21 BGH vom 21.5.2003, IV ZR 452/02, Rpfleger 2003, 522.
22 BGH vom 25.9.1986, IX ZR 206/85, ZIP 1986, 1452 = Rpfleger 1987, 30.
23 BGH vom 17.5.1988, IX ZR 5/87, Rpfleger 1988, 495 = NJW-RR 1988, 1146.
24 BGH vom 9.2.1989, IX ZR 145/87, Rpfleger 1989, 295; so auch Schiffhauer, Rpfleger 1988, 498, 499.
25 BGH vom 18.7.2014, V ZR 178/13, NJW 2014, 3772 = Rpfleger 2014, 661.

Löschung des Grundpfandrechts beschränkt, hält der richterlichen Inhaltskontrolle jedenfalls dann nicht stand, wenn sie auch Fallgestaltungen erfasst, in denen der Sicherungsgeber im Zeitpunkt der Rückgewähr nicht mehr Grundstückseigentümer ist.

23 Übernimmt der Ersteher eine Grundschuld und löst diese ab, steht der auf einen nicht valutierten Teil der Grundschuld entfallende Übererlös dem bisherigen Grundstückseigentümer zu. Dieser Übererlös resultiert aus der über den Sicherungszweck hinausgehenden dinglichen Belastung des Grundstücks. Die Auszahlung an den früheren Eigentümer gleicht aus, dass dieser bei der Versteigerung nur einen Erlös erzielt hat, der um den vollen Betrag der Grundschuld einschließlich ihres nicht mehr valutierten Teils gemindert war.[26]

2. Abtretung

24 Der Rückgewähranspruch kann auch **abgetreten** werden. Die Ansprüche auf Rückgewähr vorrangiger Grundschulden sind keine Nebenrechte und müssen bei der Abtretung oder Ablösung eines Grundpfandrechts ausdrücklich mit übertragen werden.[27]

25 Tritt bei einer Schuldübernahme ein Dritter mit Zustimmung des Gläubigers in das Schuldverhältnis ein, sind auch die Rückgewähransprüche auf ihn übergegangen.[28]

26 Wird die Grundschuld bestellt und werden gleichzeitig die Rückgewähransprüche vorrangiger Grundschulden an den neuen Grundschuldgläubiger abgetreten, ist die formularmäßige Zweckerklärung, die vorrangigen Grundpfandrechte sollten zur weiteren Sicherheit dienen, dahin auszulegen, dass der Gläubiger zwar den Vorrang ausnutzen darf, nicht aber einen Befriedigungsanspruch über die Höhe seiner nachrangigen Grundschuld hinaus hat.[29]

3. Pfändung

27 Der Rückgewähranspruch kann auch **gepfändet** werden, §§ 857 Abs. 1, 829 ZPO. Grundschuld und Grundstück müssen im Pfändungsbeschluss genau bezeichnet werden.

28 Der Grundschuldgläubiger wird durch die Pfändung des Rückgewähranspruchs beim Grundstückseigentümer nicht an der Verwertung der Grundschuld durch Abtretung gehindert.[30] Hat der Eigentümer den **Rückgewähranspruch abgetreten**, geht eine nachträgliche Pfändung ins Leere.

---

26 BGH vom 19.10.1988, IV b ZR 70/87, Rpfleger 1989, 120 = NJW-RR 1989, 173.
27 BGH vom 17.3.1988, IX ZR 79/87 in BGHZ 104, 26 = NJW 1988, 1665 = Rpfleger 1988, 306.
28 BGH vom 25.3.1986, IX ZR 104/85, NJW 1986, 2108 = Rpfleger 1986, 297.
29 BGH vom 19.1.1990, V ZR 249/88, NJW 1990, 1177.
30 OLG Schleswig vom 23.1.1997, 2 W 96/96, Rpfleger 1997, 267 = WM 1997, 965.

B. Grundschuld § 14

Erfüllt der Grundschuldgläubiger den **Rückgewähranspruch** durch Rückübertragung der Grundschuld an den Eigentümer, entsteht für diesen eine Eigentümergrundschuld. Im Wege der dinglichen Surrogation wandelt sich das Pfandrecht am Rückgewähranspruch in ein Pfandrecht an der Eigentümergrundschuld um.[31] 29

Keine dingliche Surrogation findet statt, wenn der Gläubiger den Rückgewähranspruch durch Verzicht auf die Grundschuld erfüllt.[32] 30

> *Hinweis* 31
> Die Pfändung des Rückgewähranspruchs geht ins Leere, wenn der Gläubiger den Rückgewähranspruch durch Aufhebungserklärung erfüllt. In diesem Fall erlischt die Grundschuld.[33]

IV. Berücksichtigung durch Widerspruch

Da das Versteigerungsgericht nur auf dingliche Ansprüche zahlt, §§ 114, 10 ZVG, ist der Rückgewähranspruch als schuldrechtlicher Anspruch nicht zu berücksichtigen. Verpflichteter des Rückgewähranspruchs ist der Grundschuldgläubiger, Berechtigter der Rückgewährinhaber. 32

In welcher Form der Grundschuldgläubiger seine Rückgewähransprüche zu erfüllen hat, ergibt sich aus der Sicherungsabrede. Erst wenn der Grundschuldgläubiger in Erfüllung seiner Rückgewähransprüche eine dingliche Rechtsänderungserklärung abgibt (Verzicht, Abtretung, Aufhebung), kann dies im Teilungsplan aufgenommen werden. Eine Erklärung des Grundschuldgläubigers dahin gehend, dass er auf den dinglichen Mehrerlös verzichte, und zwar zugunsten weiterer Berechtigter, führt nicht zur Auszahlung an diese.[34] 33

Die Verantwortung des Grundschuldgläubigers, in Erfüllung der Rückgewähransprüche an den wahren Berechtigten zu leisten, kann nicht auf das Versteigerungsgericht übertragen werden. Nur eine konkrete Anweisung des Gläubigers, die Zahlung an einen bestimmten Berechtigten vorzunehmen, kann Berücksichtigung finden. Ist die Gläubigerin nicht bereit, den ihr zustehenden Erlös anzunehmen, ist der Betrag zu hinterlegen, § 117 Abs. 2 Satz 3 ZVG. 34

Sofern ein Beteiligter der Auffassung ist, dass ein im Teilungsplan eingestellter Erlösbetrag ihm zusteht, muss er Widerspruch gegen den Plan einlegen, § 115 ZVG. 35

Weitere Voraussetzung ist, dass sich der **Widerspruch auf ein dingliches Recht gründet**.[35] Zugelassen wurde jedoch der Widerspruch eines Beteiligten, dem der 36

---

31 MüKo/Eickmann, BGB, § 1191 Rn 119.
32 BGH vom 6.7.1989, IX ZR 277/88, ZIP 1989, 1174 = Rpfleger 1990, 32.
33 Vgl. hierzu insgesamt Hintzen, Pfändung und Vollstreckung im Grundbuch, § 4 Rn 121 ff.
34 So aber BGH vom 20.3.1986, IX ZR 118/85, Rpfleger 1986, 312.
35 Steiner/Teufel, ZVG, § 115 Rn 24.

Rückgewähranspruch abgetreten wurde.[36] In einer weiteren Entscheidung vertritt der BGH[37] die Auffassung, dass Einwendungen gegen den Teilungsplan nicht nur aus dinglichen Rechten, sondern auch aus **schuldrechtlichen Ansprüchen** hergeleitet werden können.[38] Letztere müssen jedoch geeignet sein, die Geltendmachung des dinglichen Rechts eines anderen zu beschränken oder auszuschließen, d.h. diesen anderen zu verpflichten, den auf sein dingliches Recht entfallenden Erlösanteil dem Widersprechenden zu überlassen. Der Anspruch auf Rückgewähr nicht valutierter Teile einer Sicherungsgrundschuld begründet somit ein **Widerspruchsrecht** in diesem Sinne. Dem Pfändungsgläubiger des Rückgewähranspruchs ist ebenfalls ein Widerspruchsrecht einzuräumen.[39]

37 Der vom Widerspruch betroffene Betrag wird **hinterlegt**, falls keine Einigung über die Auszahlung erfolgt. Der Widersprechende hat rechtzeitig die Widerspruchsklage zu erheben, § 876 ff. ZPO.[40] Der Nachweis der rechtzeitig erhobenen **Widerspruchsklage** muss innerhalb eines Monats geführt werden.

38 Ist der zwischen den Berechtigten aufzuteilende Versteigerungserlös hinterlegt worden, so ist der Ausgleich nach der materiellen Rechtslage durch Zustimmungserklärungen der Beteiligten oder durch rechtskräftige Verurteilung des Widersprechenden herbeizuführen.

V. Löschungsanspruch

1. Gesetzliche Regelung

39 Seit dem 1.1.1978 ist kraft Gesetzes Inhalt eines jeden Grundpfandrechts der Löschungsanspruch gegenüber vor- oder gleichrangigen Grundpfandrechten. Der Löschungsanspruch besteht nicht gegenüber einer erstmals eingetragenen Eigentümergrundschuld, § 1196 Abs. 3 BGB. Hat ein Gläubiger die Eigentümergrundschuld durch Abtretung erworben und diese zurückübertragen, so muss bei erneuter Abtretung der Drittwerber den gesetzlichen Löschungsanspruch nachrangiger Gläubiger gegen sich gelten lassen. Die Entstehung dieses Anspruchs ist dabei nicht davon abhängig, dass die Grundschuld valutiert war, sie muss dem ersten Zessionar nur zugestanden haben.[41]

40 Liegen die Voraussetzungen des Entstehens einer Eigentümergrundschuld vor, ist der Anspruch auf Löschung zwar mit dem Zuschlag selbst ebenfalls erloschen, er

---

36 Steiner/Teufel, ZVG, § 114 Rn 82.
37 BGH vom 20.12.2001, IX ZR 419/98, Rpfleger 2002, 273 = NJW 2002, 1578 = NZI 2002, 276 = MDR 2002, 603 = WM 2002, 337 = ZIP 2002, 407 = ZfIR 2002, 411.
38 Hierzu auch Zwingel, Rpfleger 2000,437.
39 Steiner/Teufel, ZVG, § 114 Rn 82.
40 OLG Celle vom 8.12.1992, 4 U 194/91, Rpfleger 1993, 363.
41 OLG Celle vom 11.4.1986, 4 U 76/85, Rpfleger 1986, 398.

ist aber nicht untergegangen, sondern geht nunmehr dahin, dass der bisherige Eigentümer den auf die Eigentümergrundschuld entfallenden Betrag dem Löschungsberechtigten überlässt. Rechnerisch ist der Betrag zu ermitteln, den der Löschungsberechtigte erhalten hätte, wenn die Eigentümergrundschuld vor Zuschlagserteilung gelöscht worden wäre.[42]

Besteht zwischen der Eigentümergrundschuld und dem Anspruch des Löschungsberechtigten ein **Zwischenrecht**, darf dieses bei der Ermittlung des Betrags weder begünstigt noch benachteiligt werden.[43]

41

In seiner Entscheidung vom 9.3.2006 entschied der BGH, dass der gesetzliche Löschungsanspruch eines nachrangigen Grundschuldgläubigers nicht **insolvenzfest ist**, wenn die vorrangige Sicherungsgrundschuld zwar zum Zeitpunkt der Eröffnung des Insolvenzverfahrens nicht mehr valutiert ist, das Eigentum an dem Grundstück und die Grundschuld jedoch zu diesem Zeitpunkt noch nicht zusammengefallen sind.[44] Diese Auffassung wurde mehrfach kritisiert.[45] Der Löschungsanspruch ist kraft Gesetzes gesichert, als wäre zugleich mit dem Anspruch eine Vormerkung nach § 883 BGB im Grundbuch eingetragen worden, § 1179a Abs. 1 Satz 3 BGB. Der fiktive Vormerkungsschutz des gesetzlichen Löschungsanspruchs tritt somit bereits mit der Eintragung des nachrangigen Grundpfandrechts ein.[46] In der Insolvenz des Grundstückseigentümers kann der Berechtigte die Löschungsvormerkung nach § 106 InsO daher durchsetzen, wenn sie im Zeitpunkt der Eröffnung des Insolvenzverfahrens bereits eingetragen war. Für die Insolvenzfestigkeit des gesicherten Anspruchs ist es ohne Belang, dass die Vereinigung von Eigentum und Grundpfandrecht erst nach Verfahrenseröffnung eintritt.[47]

42

In einer Kehrtwendung seiner bisherigen Rechtsprechung entschied der BGH[48] zur Geltendmachung im Zwangsversteigerungsverfahren und zur Frage der Insolvenzfestigkeit des gesetzlichen Löschungsanspruchs nach § 1179a Abs. 1 Satz 1 und 3 BGB nunmehr, dass der Anspruch aus § 1179a Abs. 1 Satz 1 BGB doch insolvenzfest ist. Der Anspruch aus § 1179a Abs. 1 Satz 1 BGB mit den Wirkungen des Satzes 3 der Norm ist auch gegeben, wenn der vorrangige (oder gleichrangige) Grundpfandrechtsgläubiger auf sein Recht erst nach erfolgter Versteigerung des Grundstücks im Verteilungsverfahren verzichtet.

43

---

42 BGH vom 22.1.1987, IX ZR 100/86, Rpfleger 1987, 195 = NJW 1987, 2078.
43 OLG Düsseldorf vom 15.2.1989, 9 U 205/88, Rpfleger 1989, 422.
44 BGH vom 9.3.2006, IX ZR 11/05, NJW 2006, 2408 = Rpfleger 2006, 484 m. abl. Anm. Alff = WM 2006, 869 = ZIP 2006, 1141.
45 Hierzu Böttcher, ZfIR 2007, 395; Dassler/Schiffhauer/Hintzen, ZVG, § 114 Rn 101.
46 Alff, Rpfleger 2006, 484 in Anm. zu BGH.
47 So richtig MüKo/Eickmann, BGB, § 1179 Rn 43; Staudinger/Wolfsteiner, BGB, § 1179 Rn 64.
48 BGH vom 27.4.2012, V ZR 270/10, NJW 2012, 2274 = Rpfleger 2012, 452; hierzu auch Alff, Rpfleger 2012, 417.

2. Anmeldung

44 Der **Löschungsanspruch** ist zunächst immer geltend zu machen, damit er überhaupt berücksichtigt werden kann.[49] Die **Geltendmachung** des Löschungsanspruchs kann rechtzeitig noch im Verteilungstermin erfolgen.[50]

3. Nachweis einer Eigentümergrundschuld

45 Weiterhin ist das Entstehen der **Eigentümergrundschuld** im Verteilungstermin **nachzuweisen** und der Eigentümer muss der Auszahlung des Betrags an den Löschungsberechtigten zustimmen oder er erkennt den Löschungsanspruch an. Die Geltendmachung des Löschungsanspruchs allein kann keinen Zahlungsanspruch begründen.[51]

46 Kann das Entstehen einer Eigentümergrundschuld nicht nachgewiesen werden und/oder stimmt der Eigentümer der Auszahlung nicht zu oder erkennt er den Anspruch nicht an, muss der Löschungsberechtigte seine Ansprüche durch **Widerspruch** verfolgen. Hierbei ist die Geltendmachung des Anspruchs, der nicht wie gewünscht in den Plan aufgenommen werden kann, als Widerspruch anzusehen, § 115 Abs. 2 ZVG.[52]

47 In einer grundlegenden Entscheidung zum gesetzlichen Löschungsanspruch in der Erlösverteilung hatte der **BGH**[53] die bis dahin geübte Praxis erheblich infrage gestellt.[54] Nach dem Sachverhalt fällt der Gläubiger einer Zwangssicherungshypothek bei der Erlösverteilung in voller Höhe aus. Unter Berufung auf den gesetzlichen Löschungsanspruch verlangt der Gläubiger der Zwangssicherungshypothek die Zuteilung des auf eine vorrangige Eigentümergrundschuld entfallenden Betrags. Der BGH verneint den Anspruch des Gläubigers, da diesem ein Löschungsanspruch nicht zusteht: *„Verzichtet der Gläubiger einer durch den Zuschlag erloschenen Grundschuld erst im Verteilungsverfahren für den nicht valutierten Teil seines Rechts auf den Erlös, so kann ein gleich- oder nachrangiger Hypothekar aus seinem Recht der Zuteilung dieses Erlöses an den Eigentümer nicht widersprechen".*

---

49 Dassler/Schiffhauer/Hintzen, ZVG, § 114 Rn 103; Stöber, ZVG, § 114 Rn 9.15.
50 Dassler/Schiffhauer/Hintzen, ZVG, § 114 Rn 103; Stöber, ZVG, § 114 Rn 9.15.
51 Dassler/Schiffhauer/Hintzen, ZVG, § 114 Rn 104; Stöber, ZVG, § 114 Rn 9.16; Steiner/Teufel, ZVG, § 114 Rn 90.
52 Dassler/Schiffhauer/Hintzen, ZVG, § 114 Rn 104; Stöber, ZVG, § 114 Rn 9.16; Steiner/Eickmann, ZVG, § 114 Rn 90.
53 Vom 22.7.2004, IX ZR 131/03, Rpfleger 2004, 717 = NJW-RR 2004, 1458 = DNotZ 2005, 125 = MDR 2005, 176 = WM 2004, 1786 = ZIP 2004, 1724 = ZfIR 2004, 1028.
54 Stöber, WM 2006, 607 empfiehlt der Praxis, der Entscheidung des BGH nicht zu folgen, da die vertretene Auffassung sich nicht mit der bestehenden Rechtslage deckt und sich der BGH auf Nachweise beruft, die die getroffene Aussage nicht nachweisen.

Der BGH hält aber an dieser Rechtsprechung nicht mehr fest. In einer Kehrtwendung entschied der BGH[55] zur Geltendmachung im Zwangsversteigerungsverfahren des gesetzlichen Löschungsanspruchs nach § 1179a Abs. 1 Satz 1 und 3 BGB nunmehr, dass der Anspruch aus § 1179a Abs. 1 Satz 1 BGB mit den Wirkungen des Satzes 3 der Norm auch gegeben ist, wenn der vorrangige (oder gleichrangige) Grundpfandrechtsgläubiger auf sein Recht erst nach erfolgter Versteigerung des Grundstücks im Verteilungsverfahren verzichtet. Damit ist der alte Rechtszustand wieder hergestellt.

> *Hinweis*
> Zur Konkurrenz und Beachtung des gepfändeten Rückgewähranspruchs, des Löschungsanspruchs und einer gepfändeten Eigentümergrundschuld im Zwangsversteigerungsverfahren vgl. Hintzen, Pfändung und Vollstreckung im Grundbuch, § 4 Rn 156 ff.

VI. Liegenbelassen eines Rechts

Der Ersteher und der Berechtigte eines durch Zuschlag erloschenen Rechts können vereinbaren, dass das erlöschende Recht gleichwohl bestehen bleiben soll, § 91 Abs. 2 ZVG. Die Vereinbarung kann nach dem Zuschlag bis zum Verteilungstermin, aber auch noch bis zum Eingang des Grundbuchberichtigungsersuchens, § 130 ZVG, nachgewiesen werden.[56]

Die **Vereinbarung** wirkt zurück auf den **Zuschlag**. In Höhe des Anteils am Versteigerungserlös, der nach dem Teilungsplan auf die Grundschuld entfallen wäre, erbringt der Grundschuldgläubiger eine Leistung für den Ersteher.[57] Das vom Ersteher zu zahlende **Meistgebot** ermäßigt sich um den Betrag des liegenbelassenen Rechts zuzüglich der dinglichen Zinsen vom Tage des Zuschlags bis zum Tag vor dem Verteilungstermin.[58] Gegenüber dem Vollstreckungsschuldner wirkt die Liegenbelassungsvereinbarung wie die Befriedigung des Gläubigers aus dem Grundstück, § 91 Abs. 3 Satz 2 ZVG, ohne dass dadurch das dingliche Recht selbst erlischt.

Eine eventuell geschuldete **Vorfälligkeitsentschädigung**, deren Liegenbelassung nicht vereinbart wurde, muss der Vollstreckungsschuldner weiterhin begleichen

---

55 BGH vom 27.4.2012, V ZR 270/10, NJW 2012, 2274 = Rpfleger 2012, 452; hierzu auch Alff, Rpfleger 2012, 417.
56 Dassler/Schiffhauer/Hintzen, ZVG, § 91 Rn 15; Steiner/Eickmann, ZVG, § 91 Rn 38.
57 BGH vom 11.10.1984, IX ZR 111/82, Rpfleger 1985, 74 = NJW 1985, 388.
58 BGH vom 13.3.1970, V ZR 89/67, NJW 1970, 1188 = Rpfleger 1970, 166; Steiner/Eickmann, ZVG, § 91 Rn 53. Zur Berechnung im Teilungsplan, auch bei Zwischenrechten, vgl. Dassler/Schiffhauer/Hintzen, ZVG, § 91 Rn 34.

§ 14 Erlösverteilung

bzw. ist der Betrag aus dem Versteigerungserlös zu decken. Eine einmalig fällige Nebenleistung ist jedoch vom Bargebot abzuziehen.[59]

53 Da die Vereinbarung wie die Befriedigung aus dem Grundstück wirkt, § 91 Abs. 3 Satz 2 ZVG, ist die durch die Grundschuld gesicherte **persönliche Forderung** dann erloschen, wenn persönlicher und dinglicher Schuldner identisch sind.[60] Die persönliche Schuld geht nur dann auf den Ersteher über, wenn dies zwischen den Parteien ausdrücklich vereinbart wird.[61] Ist der Eigentümer nicht persönlicher Schuldner, bleibt die persönliche Forderung zunächst bestehen, der Grundschuldgläubiger muss sie jedoch an den Vollstreckungsschuldner abtreten.[62]

54 Vereinbaren die Parteien das Liegenbelassen einer Sicherungsgrundschuld, die nur noch teilweise valutiert ist, mindert sich das vom Ersteher zu zahlende Meistgebot um den vollen Betrag der Grundschuld einschließlich Zinsen ab dem Zuschlag.[63] Auch hier wird der Gläubiger so behandelt, als wäre er im vollen Umfang seines Rechts aus dem Grundstück befriedigt worden. Da der Grundschuldgläubiger somit mehr erhalten hat, als ihm nach der Sicherungsabrede zusteht, muss er den Übererlös an den Grundstückseigentümer auszahlen; der Anspruch auf den Übererlös verwandelt sich in einen Rückzahlungsanspruch in Höhe des Überschusses zwischen Valutierung und Grundschuld.[64]

55 Vereinbaren die Parteien das Liegenbelassen eines Rechts, das durch das Meistgebot nur teilweise gedeckt ist, mindert sich das durch den Ersteher zu zahlende Meistgebot nur um den Betrag, der tatsächlich auf das Recht entfallen wäre. Die Befriedigungswirkung tritt jedoch in voller Höhe ein.[65] Diese höchstrichterliche Rechtsprechung wird zu Recht abgelehnt.[66] Wenig hilfreich dürfte auch die Auffassung sein, der Schuldner sei in dem Umfang, in dem der Gläubiger bei der Erlösverteilung ausgefallen wäre, in sonstiger Weise auf dessen Kosten bereichert und zum Wertersatz verpflichtet, §§ 812 Abs. 1, 818 Abs. 2 BGB.

56 *Hinweis*
Den Beteiligten kann daher nur geraten werden, das Liegenbelassen eines Rechts nur insoweit zu vereinbaren, als das Recht durch das Meistgebot tatsächlich gedeckt ist.[67]

---

59 OLG Hamm vom 5.11.1984, 15 W 303/84, Rpfleger 1985, 247.
60 MüKo/Eickmann, BGB, § 1181 Rn 15.
61 Stöber, ZVG, § 91 Rn 3.12; Steiner/Eickmann, ZVG, § 91 Rn 57.
62 BGH vom 12.11.1986, V ZR 266/85, NJW 1987, 838.
63 BGH vom 11.10.1984, IX ZR 111/82, Rpfleger 1985, 74 = NJW 1985, 388.
64 BGH vom 11.10.1984, IX ZR 111/82, NJW 1985, 388 = Rpfleger 1985, 74.
65 BGH vom 26.11.1980, V ZR 153/79, NJW 1981, 1601 = Rpfleger 1981, 140 = ZIP 1981, 151.
66 Muth, Rpfleger 1990, 2, 4.
67 So deutlich Muth, Rpfleger 1990, 2, 5.

VII. Planausführung

1. Sofortige Auszahlung

Das Meistgebot nebst Zinsen, § 49 Abs. 1 ZVG, hat der Ersteher spätestens im Verteilungstermin an das Gericht (Gerichtszahlstelle) unbar zu zahlen. **Erscheint** der Empfangsberechtigte im Termin **nicht**, erfolgt die **Auszahlung von Amts wegen** und der auszuzahlende Betrag wird an den nicht erschienenen Berechtigten überwiesen. Kann die Auszahlung oder Überweisung nicht erfolgen, wird der Betrag hinterlegt, § 117 Abs. 2 Satz 2 ZVG.

Beschlüsse über die Aufstellung oder die Ausführung des Teilungsplans, die der sofortigen Beschwerde unterliegen, sind den Beteiligten zuzustellen; die Frist zur Einlegung der sofortigen Beschwerde beginnt mit der Zustellung.[68] Mit dieser Entscheidung wendet sich der BGH gegen die Auffassung, wonach der Beschluss über die Aufstellung des Teilungsplans den Beteiligten nicht zugestellt werden müsse. Der BGH sieht den Teilungsplan als Beschluss an. Da es keine Sonderregelungen über die Zustellung dieser Entscheidung im Zwangsversteigerungsgesetz gibt, gilt § 329 Abs. 3 ZPO. Eine nach § 329 Abs. 3 ZPO erforderliche Zustellung muss, wie der Vergleich mit den Regelungen in Absatz 1 und 2 der Vorschrift deutlich macht, unabhängig davon stattfinden, ob es sich um einen verkündeten oder einen nicht verkündeten Beschluss handelt. Sind Beschlüsse über die Aufstellung und Ausführung eines Teilungsplans aber zuzustellen, hat dies gemäß § 569 Abs. 1 Satz 2 ZPO zur Folge, dass die Frist zur Einlegung einer sofortigen Beschwerde mit deren Zustellung beginnt. § 569 Abs. 1 Satz 2 ZPO gilt zwar nur, soweit nicht etwas anderes bestimmt ist. Das Zwangsversteigerungsgesetz enthält aber keine Sonderregelung für die Einlegung einer sofortigen Beschwerde im Verteilungsverfahren.

Ungeklärt bleibt nach dieser Entscheidung die Frage, wann das Gericht die Auszahlung der Teilungsmasse an die Berechtigten veranlasst: erst nach Rechtskraft des Teilungsplanes, was u.U. Wochen dauern kann oder wie bisher unmittelbar nach dem Verteilungstermin?

Immerhin hat hier ein Termin stattgefunden, der ausdrücklich ein Widerspruchsrecht in § 115 ZVG vorsieht. Liegt kein Widerspruch vor, ist der Plan gem. den §§ 117 ff. auszuführen. Beteiligte, die nicht am Verteilungstermin teilnehmen und auch nicht schriftlich Widerspruch erhoben haben, gelten nach § 877 Abs. 1 ZPO als einverstanden. Der Versteigerungserlös daher im Verteilungstermin auch ungeachtet des Eintritts der formellen Rechtskraft des Teilungsplans zur Auszahlung angewiesen.

---

68 BGH vom 19.2.2009, V ZB 54/08, Rpfleger 2009, 401.

§ 14 Erlösverteilung

61 Die Beschwerde hat daher auch **keine aufschiebende Wirkung**, der Plan ist sofort auszuführen. Ist der Plan ausgeführt, ist ein danach eingelegtes Rechtsmittel gegenstandslos.[69] Wer zu Recht durch den Teilungsplan etwas zugeteilt erhält, erwirkt ein Recht auf Auszahlung, das durch spätere Ereignisse grundsätzlich nicht mehr beeinträchtigt werden kann.[70]

2. Nichtzahlung des Meistgebots

62 Wird das Meistgebot durch den Ersteher nicht gezahlt, wird der Teilungsplan dadurch ausgeführt, dass die Forderung (Zahlung des baren Meistgebots) des Schuldners gegen den Ersteher auf die Berechtigten übertragen wird, § 118 ZVG. Die Übertragung wirkt wie die Befriedigung aus dem Grundstück, § 118 Abs. 2 Satz 1 ZVG. Innerhalb einer Frist von drei Monaten kann sich der Gläubiger entscheiden, ob er auf die Übertragungsrechte verzichtet. In diesem Fall kann er seinen alten Anspruch gegen den Vollstreckungsschuldner weiterhin geltend machen. Die Einrede der Arglist des Schuldners, dass infolge der Verzichtserklärung die Befriedigungsfiktion vereitelt wird, dürfte regelmäßig unbeachtlich sein.[71] Die gleiche Wirkung tritt ein, wenn der Gläubiger innerhalb der 3-Monats-Frist die erneute Zwangsversteigerung beantragt, § 118 Abs. 2 Satz 2 ZVG.

63 Für die übertragenen Forderungen werden **von Amts wegen Sicherungshypotheken** entsprechend der Rangfolge aus dem Teilungsplan im Grundbuch eingetragen, § 128 ZVG (zum Rangverlust, wenn nicht innerhalb von sechs Monaten nach der Eintragung die Zwangsversteigerung beantragt wird, vgl. § 129 ZVG).

64 Die Forderungsübertragung hat die Wirkung, dass der Gläubiger aus dem Grundstück als befriedigt gilt, § 118 Abs. 2 Satz 1 ZVG. Der Gläubiger kann jetzt nur noch die übertragene Forderung gegen den Ersteher geltend machen. Diese übertragene Forderung kann der Ersteher auch durch Aufrechnung erfüllen. Die Eigenart des Zwangsversteigerungsverfahrens steht einer solchen Aufrechnung nicht entgegen.[72]

65 Die übertragene Forderung gegen den Ersteher und die entsprechenden Sicherungshypotheken nach § 128 ZVG sind zu verzinsen. Während des Verzugs beträgt der Verzugszinssatz 5 %-Punkte über dem Basiszinssatz, §§ 286, 288, 247 BGB. Der erhöhte Zins gilt mangels Verzug in keinem Fall für die Zahlungspflicht des Erstehers vom Zuschlag bis zum Verteilungstermin, hier gilt § 49 Abs. 2 ZVG. Ob der **erhöhte Zinssatz ab dem Verteilungstermin** für den Fall der Nichtzahlung des

---

69 OLG Düsseldorf vom 2.11.1994, 3 W 533/94, Rpfleger 1995, 265; OLG Köln vom 30.9.1991, 2 W 131/91, Rpfleger 1991, 519 m. Anm. Meyer-Stolte.
70 BGH vom 13.12.1990, IX ZR 118/90, Rpfleger 1992, 32.
71 BGH vom 10.12.1982, V ZR 244/81, Rpfleger 1983, 289.
72 BGH vom 9.4.1987, IX ZR 146/86, Rpfleger 1987, 381.

B. Grundschuld § 14

Erstehers und damit für die Forderungsübertragung gilt, ist streitig. **Verschiedene LG**[73] vertreten die Meinung, dass durch die Nichtzahlung des Erstehers dieser in Verzug gerät mit der Folge des Anfalls der gesetzlichen erhöhten Verzugszinsen.

Diese Auffassung wird von vielen **abgelehnt**.[74] Der Ausspruch der Verzinsung der gem. § 118 ZVG übertragenen Forderung hat seinen Grund in § 49 Abs. 2 ZVG. Der Zinssatz beträgt daher nur 4 %. Die Vorschriften des BGB zum Zahlungsverzug finden auf die gesetzliche Zahlungspflicht des Erstehers nach dem ZVG keine Anwendung. Den Verzug des Erstehers herbeizuführen, ist vom Gesetz auch nicht dem Vollstreckungsgericht aufgetragen. Es ist Sache des jeweiligen Anspruchsberechtigten, den Schuldner durch Mahnung nach § 286 Abs. 1 BGB in Verzug zu setzen. Im Fall des Verzugs des Erstehers haftet das Grundstück kraft der einzutragenden Sicherungshypotheken auch für die Verzugszinsen als gesetzliche Zinsen, § 1118 BGB; einer Eintragung des Verzugszinssatzes bei der Sicherungshypothek im Grundbuch bedarf es daher nicht. **66**

Hat das Vollstreckungsgericht die Verzinsung der übertragenen Forderung auf die Berechtigten mit dem gesetzlichen Zinssatz von 5 %-Punkten über dem jeweiligen Basiszinssatz angeordnet, hat auch das nach § 130 ZVG ersuchte **Grundbuchamt** die Sicherungshypotheken mit diesem variablen Zinssatz ins Grundbuch einzutragen.[75] Weiterhin darf wegen der grundsätzlichen Bindung an das Eintragungsersuchen das Grundbuchamt dieses betreffend die Eintragung einer Sicherungshypothek nebst Zinsen in bestimmter Höhe nicht mit der Begründung beanstanden, die Eintragung der Zinsen sei überflüssig, weil es sich um gesetzliche Zinsen i.S.v. § 1118 BGB handele, für die das Grundstück auch ohne Eintragung hafte.[76] **67**

VIII. Wiederversteigerung

Die Wiederversteigerung ist ein neues, **selbstständiges Verfahren**; es ist ein entsprechender Antrag erforderlich, es erfolgt auch eine neue Beschlagnahme und die Eintragung eines neuen Zwangsversteigerungsvermerks im Grundbuch. **68**

Streitig ist die Frage, ob die **Anordnung der Wiederversteigerung** aus der Eintragung der Sicherungshypothek erst dann möglich ist, wenn die Sicherungshypothek eingetragen ist, oder bereits mit der Forderungsübertragung. Da die Sicherungs- **69**

---

73 LG Hannover vom 11.1.2005, 13 T 84/04, Rpfleger 2005, 324; LG Augsburg vom 18.2.2002, 4 T 498/02, Rpfleger 2002, 374; LG Kempten LG Kempten vom 21.8.2000, 4 T 1648/00 und LG Berlin vom 20.12.2000, 81 T 912/00, beide Rpfleger 2001, 192; LG Cottbus vom 23.10.2002, 7 T 417/02, Rpfleger 2003, 256; hierzu auch KG vom 10.12.2002, 1 W 288/02, Rpfleger 2003, 204 = FGPrax 2003, 56.
74 So auch Stöber, ZVG, § 118 Rn 5.1; Böttcher, ZVG, § 118 Rn 4; Streuer, Rpfleger 2001, 401; Wilhelm, Rpfleger 2001, 166; AG Viersen vom 3.12.2002, 17 C 291/02, Rpfleger 2003, 256.
75 LG Kassel vom 13.2.2001, 3 T 23/01, Rpfleger 2001, 176 = NJW-RR 2001, 1239.
76 KG vom 10.12.2002, 1 W 288/02, Rpfleger 2003, 204 = FGPrax 2003, 56.

hypothek erst mit der Eintragung entsteht, § 128 Abs. 3 Satz 1 ZVG, kann der Gläubiger dinglich auch erst ab diesem Zeitpunkt aus dem Range des Rechts vorgehen.[77]

70 Bei der Erstellung des geringsten Gebots ist jedoch der auf die Sicherungshypothek für die übertragene Forderung entfallende Betrag in jedem Fall in den bar zu zahlenden Teil aufzunehmen, § 128 Abs. 4 ZVG.

71 **Grundlage** der Wiederversteigerung ist der **mit der Klausel versehene Zuschlagsbeschluss**, § 133 ZVG. Eine Zustellung des Zuschlagsbeschlusses an den Ersteher ist nicht erforderlich. Auch muss der Ersteher noch nicht als Eigentümer im Grundbuch eingetragen sein, § 133 ZVG. Die Anordnung der Wiederversteigerung ist ohne Voreintragung des Erstehers möglich. Eine **Terminsbestimmung** kann jedoch erst nach Grundbuchberichtigung erfolgen.

72 **Schwierigkeiten** bereitet hierbei in der Praxis die Erteilung der **Unbedenklichkeitsbescheinigung** des FA, ohne die der Ersteher grundsätzlich nicht als Eigentümer im Grundbuch eingetragen wird. Der Ersteher hat nur wenig Interesse daran, seine Voreintragung selbst herbeizuführen. Andererseits kann der Gläubiger die Grunderwerbsteuer auch aus eigener Tasche begleichen, um sie dann als Teil der Vollstreckungskosten im Verfahren mit geltend zu machen. Überwiegend jedoch wird das Versteigerungsgericht selbst um Erteilung der Unbedenklichkeitsbescheinigung beim FA ersuchen können. Die Rechtfertigung der Erteilung der Bescheinigung ergibt sich daraus, dass die Wiederversteigerung den Erwerb aus der vorausgegangenen Versteigerung rückgängig macht.[78]

---

[77] Dassler/Schiffhauer/Hintzen, ZVG, § 133 Rn 15; Schiffhauer, Rpfleger 1994, 402, 403; a.A. Hornung, Rpfleger 1994, 9 ff. und 405 ff., der die Wiederversteigerung auch ohne Grundbucheintragung für zulässig erachtet.
[78] BFH vom 14.9.1988, II R 76/86, DB 1989, 206.

Stichwortverzeichnis

fette Zahlen = Paragrafen, magere Zahlen = Randnummern

Abfindung, Sperrvermerk wg.
 Unfallrente **3** 4 ff.
Abgabenordnung (AO) **5** 59
Ablösung *siehe Gläubigerablösung*
Absonderungsrecht **3** 9 f., 20, **5** 44
Abteilungen des Grundbuchs *siehe Grundbuch*
Abtretung
– Beteiligtenstellung **5** 2
– Eigentümergrundschuld **5** 67, **14** 5, 39
– Grundschuld **14** 24 ff.
– Meistgebot **13** 30 ff.
Abweichende Versteigerungsbedingungen
 2 57, 66, **5** 24, 35, **11** 39 ff., **12** 1
– einzelne **11** 47
– Schaubild **11** 46
Altenteil
 2 15, 17 ff., 26, **5** 25, 35, **6** 30, **11** 47
Altlast **9** 17
Amtspflicht, Gutachterausschuss **9** 11
Amtswegige Freigabe **2** 89
Anfechtung
– Gebot **11** 48 ff.
– Zuschlagsbeschluss **13** 42 ff.
Angehörige des Schuldners
 8 13 ff., **13** 75 f.
Ankaufsrecht **2** 32
Anlieferungsquote **7** 17
Anliegerbeitrag **5** 58
Anmeldung
 1 6, 44, **5** 42, 71, 75 f., **7** 30, **11** 1 ff.
– Erlös **14** 2
– Grundschuldforderung **5** 30
– Grundschuldzinsen **14** 9 ff.
– Löschungsanspruch **14** 44

– rechtzeitige **5** 14 f.
– verspätete **5** 36
– wiederkehrende Leistung **5** 64
– Wohnungseigentümergemeinschaft **5** 49
Anpassungsanspruch **2** 70
Anrechnung **1** 11
Anspruch
– Angaben im Antrag **6** 30
– dinglicher und persönlicher **6** 32
– persönlicher, Liegenbelassen **14** 53
Antrag
– abweichende Versteigerungsbedingungen **11** 40
– Inhalt **6** 18 ff.
– Rechtsnatur des Anspruchs **6** 30 ff.
– Sittenwidrigkeit **8** 3
– Verjährungsunterbrechung **6** 16
– Zeitpunkt **6** 14 ff.
Aufbauten, Beitrittsgebiet **2** 85
Aufklärungspflicht *siehe Hinweispflicht des Versteigerungsgerichts*
Auflage, Nichtbeachtung durch Insolvenzverwalter **8** 46
Auflassungsvormerkung
 2 33, **5** 5, **7** 9, **14** 8
Aufschiebende Bedingung, Zwangssicherungshypothek **1** 4
Aufsplittung der Forderung **8** 23 ff.
Ausbietungsgarantie **11** 71 f.
Ausfall des Meistbietenden, Zinsen **13** 20 f.
Ausfallgarantie **11** 71 f.
Ausfallhypothek **1** 3
Ausgaben der Zwangsverwaltung **5** 38

209

Stichwortverzeichnis

Ausgleichsbetrag gem.
BBodSchG **5** 61, **13** 62
Ausgleichsleistungen **8** 34 ff., 52 f.
Aushang, Versteigerungstermin
12 2 ff.
Auskunft
– Anspruch bei Ablösungsrecht
11 18 ff.
– vom Nachlassgericht **2** 5
Auslagen des Gläubigers **1** 8
Ausländische Währung **6** 41 ff.
Aussichtslosigkeit der Zwangsversteigerung **6** 36 ff.
– Prüfung von Amts wegen **6** 39

Bagatellforderung **6** 34
Bankbürgschaften **12** 28
Bar zu zahlender Teil **5** 21
Baugesetzbuch (BauGB), öffentliche Last **5** 58
Baukostenzuschuss **5** 11, **13** 63
Baulast *siehe öffentliche Baulast*
Bauvoranfrage **9** 17
Befangenheitsantrag **12** 10 ff.
Befreite Vorerbschaft **3** 26
Befriedigungsfiktion **9** 5 f., **13** 19 ff.
– Abtretung der Rechte aus dem Meistgebot **13** 30 ff.
– Liegenbelassen eines Rechts **14** 54
– Übersicht **13** 29
Behördliche Verfügungsbeschränkung **3** 2 f.
Beitritt
– des Gläubigers nach Rücknahme des Verfahrensantrags **8** 22 ff.
– nach einstweiliger Einstellung **8** 21
– zum laufenden Verfahren
4 1 ff., **5** 23, **6** 1
Beitrittsgebiet **2** 75 ff.
Bekanntmachung
– Mangel **10** 7
– Versteigerungstermin **10** 3 ff.

Belehrungspflicht *siehe Hinweispflicht des Versteigerungsgerichts*
Beleihungsgrenze **4** 2
Benutzungsregelung **2** 35 f.
Berechtigtes Interesse **2** 1
Berichtstermin **8** 27, 29
Beschlagnahme **7** 1 ff.
– Wirkung von Einzelpfändungen
1 13
– Zubehör **7** 22 ff.
Beschränkte persönliche Dienstbarkeit
2 13 ff.
– Wohnungseigentum **2** 55 ff.
Beschwerde
– Recht des Schuldners **13** 50
– Teilungsplan **14** 58
– Zuschlagserteilung **13** 42 ff.
Besitzergreifung durch Zwangsverwalter **1** 10
Bestehenbleiben von Rechten
5 24 ff., **11** 11
– Erbbauzinsreallast **2** 72 ff.
Bestrangig betreibender Gläubiger
2 20, **5** 20, 22, 35, **13** 7
– Schutz **1** 19
Beteiligte
– nach Anmeldung **5** 9 ff.
– Schaubild **5** 15
– von Amts wegen **5** 6 ff.
Betriebsstilllegung **7** 16
Bewirtschaftungskosten **9** 17
BGB-Gesellschaft **6** 5, **11** 54
Bietabsprache **11** 68 ff.
Bodenschutzlastvermerk **5** 61
Bodenwert des Grundstücks **4** 2
Bruchteilseigentum **1** 6, **2** 35 f., **5** 8
Bruttobetrag, Meistgebot **13** 68
Bundesbankscheck **12** 26
Bundesbodenschutzgesetz
(BBodSchG), öffentliche Last
13 62
Bundesversorgungsgesetz (BVG) **3** 4

Stichwortverzeichnis

Dauernutzungsrecht **5** 27
Dauerwohnrecht **5** 27, 35
Deckungsgrundsatz **5** 20 ff., 81
– Schaubild **5** 35
Dienstbarkeit **2** 13 ff.
– Wohnungseigentum **2** 55 ff.
Dingliche Belastung, Grundstückswert **4** 2
Dinglicher Anspruch
– Angaben im Antrag **6** 30
– zugleich persönlicher Anspruch **6** 32
Dinglicher Gläubiger **1** 3, 11, **3** 9
– Nacherbschaft **3** 28
– zugleich persönlicher Gläubiger **6** 32
Doppelausgebot **2** 23 f., **5** 45, **11** 43, 46
Doppelbelastung, unzulässige **1** 4
Doppelberücksichtigung, unzulässige **2** 14
Dritteigentum **7** 28 ff.
Drittgerichtete Amtspflicht **9** 11 ff.
Drittschuldnererklärung **4** 5
Drohung **11** 48
Druckmittel, einstweilige Einstellung als **8** 26
Duldungsklage **11** 12
Duldungstitel **1** 6, **2** 47, **4** 6, 12
Durchsuchungsanordnung **13** 72

Eigengrenzüberbau **12** 15
Eigentum
– Beitrittsgebiet **2** 77 ff.
– Eigentumsgarantie **1** 20 ff.
Eigentümer
– Ablösungsberechtigung **11** 17
– Eigentümergrundschuld **13** 8, **14** 5, 17, 40, 45 ff.
– – Abtretung **5** 67
– – Pfändungsgläubiger **5** 67
– – Zinsen **5** 66
– – Zwangshypothek bei Rückschlagsperre **3** 15
– Eigentümerverzeichnis **2** 1
Eigenverwaltung **8** 47
Eigenzubehör **7** 33
Einheitswert **2** 45 f., **5** 50
Einmalige Leistung *siehe Leistung*
Einmaligkeit, Grundsatz **9** 27, **13** 6, 9
Einstweilige Einstellung
3 8, 19, **5** 22, **8** 1 ff., 14 f., **10** 2, **11** 13, **13** 7
– auf Antrag des Gläubigers **8** 17
– auf Antrag des Insolvenzverwalters **8** 27 ff.
– auf Antrag des vorläufigen Insolvenzverwalters **8** 49 ff.
– Auflage auf Zeit **8** 14
– Ausgleichsleistung **8** 34 ff.
– Beteiligtenstellung **5** 1
– nach Gläubigerablösung **11** 25
– – durch Zahlung im Termin **11** 36
– Verfahren **8** 33
– Verfahrensfortführung **8** 44 ff.
– – bei vorläufiger Insolvenzverwaltung **8** 54 f.
Einzelverfahren
– Beschlagnahme **7** 2
– mehrere **5** 18
Einzelzwangsvollstreckung **5** 16
Eltern, Gebot für Minderjährige **11** 55
Enteignungsvermerk **3** 2
Entschädigungsanspruch **7** 23
Entwicklungsvermerk **3** 2
Erbbaurecht **2** 29 f., 60 ff., **5** 35
– Beitrittsgebiet **2** 75 f.
Erbbauzins **2** 30, 64 ff.
Erbbauzinsreallast **5** 26, 35
Erbe **2** 4, **3** 23 ff., **5** 3
Erbschein **2** 4 ff.
Erfolgsaussichten **4** 1 ff.
– Aussichtslosigkeit **6** 36
– – Prüfung von Amts wegen **6** 39

211

Stichwortverzeichnis

Erhöhung der Zuteilung durch Zwangsverwaltung parallel zur Zwangsversteigerung **1** 11
Erlös **1** 14
- Auszahlung **14** 57
- Erlösverteilung **14** 1 ff.
- Ersatzwert für erlöschendes Recht **2** 9
Erlöschen von Rechten
- Erbbauzins **2** 64
- Erbbauzinsreallast **2** 74
- Rangklasse 2 **4** 4
- Rückübertragungsanspruch gem. VermG **3** 33
Ernsthafte Versteigerungsabsicht **8** 25
Ersatzwert **2** 9, 13, 16, 21
Erschließungsbeitrag **5** 58
Ersetzung der Zustimmung des Grundstückseigentümers **2** 62 f.
Ertragswertverfahren **9** 16
Eurocheck **12** 27

Faires Verfahren **1** 25 ff.
Fälligkeit, Hausgeld **2** 40
Finanzamt **2** 46, **14** 72
Flurbereinigung
- Verfahren **11** 47
- Vermerk **3** 3
Formalisierung der Zwangsvollstreckung **6** 7, 27, 37, **13** 73
Fortführung eines Unternehmens **8** 30
Fortführungsantrag, vorläufige Insolvenzverwaltung **8** 56
Fortsetzungsbeschluss **5** 22
Freigabe, amtswegige **2** 89
Freihändiger Verkauf **1** 6
Fremdzubehör **7** 33

GbR **6** 5, **11** 54
Gebäudeeigentum im Beitrittsgebiet **2** 78 ff.
- anwendbares Recht **2** 88 f.

- Aufhebung **2** 89
- LPG **2** 87 ff.
Gebäudegrundbuchblatt, Beitrittsgebiet **2** 79
Gebot **11** 48 ff.
- Abgabe **11** 53
- Anfechtung **11** 48 ff.
- Behördenvollmacht **11** 63
- des Schuldners **12** 31 ff.
- Eltern für minderjährige Kinder **11** 55
- Gemeindevertreter **11** 57
- Kirchenangehörige **11** 56
- letztes **11** 64
- mehrere Personen **11** 54
- Minderjährige **11** 55
- schwebendes **12** 33 ff.
- unter 50 % **11** 66 f., **13** 5
- Vereinsvorstand **11** 62
- Vertreter juristischer Person **11** 58
- Vollmacht **11** 61
Gemeinde, Anspruch auf höhere Grundsteuern **13** 61
Genossenschaft, sozialistische **2** 80
Gerichtskasse **11** 35 ff., **12** 29 f.
Gerichtskosten **5** 37
Gerichtsvollzieher, Pfändungsprotokoll **2** 1
Geringfügige Forderung **6** 35
Geringstes Gebot
2 14, 20, **4** 11, **6** 40, **11** 2 ff., 39
- Beispiel **5** 80 f.
Gesamtverfahren **5** 16
Gesamtzwangsvollstreckung **5** 16 ff.
Glaubhaftmachung
- Erbfolge **2** 4
- Titel auf Hausgeld **1** 5, **2** 47
Gläubiger
- Anordnungs-/Beitrittsgläubiger **5** 1
- dinglicher **1** 3, 11, **3** 9
- persönlicher **1** 2, 6, **4** 10, 13, **7** 10
- Rechte **8** 6

Stichwortverzeichnis

Gläubigerablösung
- Ablösungsberechtigung 11 17
- Auskunftsanspruch 11 19
- Erbbauzinsreallast 2 74
- Hausgeldansprüche 1 5, 11 23 f.
- Schaubild 11 37
- Zahlung an das Gericht 11 33 ff.
- Zahlung an Gläubiger 11 13 ff.

Gleichheitsgrundsatz 1 15 ff.
Grundakte 2 1 f.
Grundbuch 2 1 ff.
- Abt. II, Erlös 14 6
- – Wertermittlung der Rechte 2 6 ff.
- Berichtigungsersuchen 14 50
- Einsicht 2 1
- Eintragung der Erben 2 4
- Nebenleistungen/Zinsen bei Grundpfandrechten 4 3

Grunddienstbarkeit 2 11 ff.
- Wohnungseigentum 2 55 ff.

Grunderwerbsteuer 13 32, 57 f.
Grundpfandrecht 5 62 ff.
- Ablösung 11 13 ff.
- Kündigung 11 11 f.
- Löschungsanspruch 14 39 ff.
- Nebenleistungen/Zinsen 4 3

Grundrechte 1 14 ff., 9 18, 13 2
Grundsatz
- Einmaligkeit 9 27, 13 6, 9
- Formalisierung 6 7, 27, 37, 13 73

Grundschuld 1 3, 14 9 ff.
- Abtretung des Rückgewähranspruchs 14 24 ff.
- Ermittlung der Höhe 4 5
- Rückgewähr 14 17 ff.
- Zinsen 14 9 ff.

Grundsteuer 5 58, 11 22, 13 59
- höhere 13 61

Grundstück, Teilung 2 56
Gutachter 9 7 ff.
- Gutachterausschuss 4 2

– – Amtspflicht 9 11 ff.
- Haftung bei fehlerhafter Verkehrswertfestsetzung 9 10

Haftung, unrichtige Festsetzung des Verkehrswerts 9 8 ff.
Haftungsverband, Hypothek 1 6, 12, 5 44, 7 22 ff.
Hausbesichtigung 1 10
Hausgeld 1 5 f., 29, 2 38 ff., 4 4
- Mahnverfahren 2 38, 47 f.
- rückständiges 2 38, 49 ff.
- Titel 2 47

Herrschvermerk 7 22
Hinweis
- Ablösungsbetrag 11 18
- Ablösungsrecht 11 27
- abweichende Versteigerungsbedingungen 5 24
- Anmeldung 14 3
- Anmeldung gem. § 37 ZVG 5 71
- Anordnungsgläubiger 5 19
- Antragsstellung 6 17
- BBodSchG 5 61
- Beitritt 5 23
- Beschlagnahme 5 23, 7 5
- bestehen bleibende Rechte 5 24
- dinglicher/persönlicher Anspruch 6 32
- Doppelausgebot bei Insolvenzverfahren 5 45
- Eigentümergrundschuld 14 49
- Eigenverwaltung 8 47
- Einmaligkeitsgrundsatz 13 9
- einstweilige Einstellung als Druckmittel 8 26
- einstweilige Einstellung auf Antrag des Gläubigers 8 18
- Ermittlung des Verkehrswerts 9 15
- Ermittlung von Grundschulden 4 5
- fehlgeschlagene Ablösung 11 20
- Gerichtsvollzieher 13 76

213

Stichwortverzeichnis

- Gläubigerablösung **11** 38
- Grunderwerbssteuer **13** 32
- Grundsatz der Einmaligkeit **13** 6
- Konkurrenz der Einzelverfahren **5** 17
- Liegenbelassen **14** 56
- Meistgebot **13** 32
- öffentliche Baulast **5** 60
- persönlicher Gläubiger **4** 13
- Pfändung Grundschuld **14** 49
- Prozessfähigkeit **13** 48
- Rangklasse 5 **4** 13
- Rangverlust **11** 7
- Räumungsvollstreckung **13** 76
- rechtzeitige Anmeldung **5** 14
- Rückgewähranspruch Grundschuld **14** 31
- rückständiges Hausgeld **2** 54, **5** 49 ff.
- Rückübertragungsanspruch gem. VermG **3** 33
- Sicherungsgrundschuld **5** 74
- sofortige Sicherheitsleistung **12** 21
- Teilanspruch **6** 28
- Teilforderung **8** 21
- Umsatzsteuer **13** 68
- Verbraucherdarlehensvertrag **5** 79
- Verbraucherinsolvenzverfahren **8** 48
- Vollstreckungsklausel **3** 22
- Vollstreckungskosten **6** 29
- Vollstreckungsschutz **8** 16
- Vollstreckungsverbot im Insolvenzverfahren **3** 21
- vorläufige Insolvenzverwaltung Fortführungsantrag **8** 56
- Vorschuss **7** 5
- Zinsen aus Sicherungsgrundschulden **5** 74
- Zinsen bei einstweiliger Einstellung **8** 38
- Zuschlagsversagung **13** 13

- Zwangssicherungshypothek **1** 6
- Zwangsverwaltung **7** 5

Hinweispflicht des Versteigerungsgerichts **1** 28 f., **12** 13 ff.
- Doppelausgebot **2** 23 f.
- Frist bei einstweiliger Einstellung **8** 57
- Meistgebot unter 50 % **13** 17
- Unerfahrenheit des Schuldners **1** 16
- Verletzung **13** 2
- Versteigerungsbedingungen **1** 19, **2** 57
- Wohnungseigentum **2** 59

Höchstbetrag **2** 12

Hypothek
- Ausfallhypothek **1** 3
- Haftungsverband **1** 6, 12, **5** 44, **7** 22 ff.

Immobiliarvollstreckung **1** 1

Insolvenz
- Absonderungsrecht **3** 9 f., 20, **5** 44
- Eröffnungsverfahren/vorläufiges Verfahren **3** 17 ff., **8** 49 ff.
- Grundstückseigentümer **14** 18
- Hausgeldansprüche **3** 10
- Insolvenzmasse **3** 17 ff., **5** 43 ff., **8** 32, 51
- Insolvenzplan **8** 31
- Insolvenzverfahren **3** 7 ff., **5** 43 ff., **8** 27 ff.
- Umschreibung der Vollstreckungsklausel **3** 9
- Unterbrechung des Zwangsversteigerungsverfahrens **3** 9
- Vermerk **3** 7 f.
- Verwalter **5** 6, **8** 27 ff.
- - vorläufiger **8** 49 ff.

Irrtum bei Abgabe eines Gebots **11** 48 ff.

214

Stichwortverzeichnis

Kapitalabfindung gem. BVG 3 4
Kapitalwert 2 14
Kaufvertrag 4 2
Klausel *siehe Vollstreckungsklausel*
Kleingärtnerische Nutzung,
Beitrittsgebiet 2 81 f.
Konkurrenz
- der Einzelverfahren 5 17
- mehrerer Pfändungen 1 13
- Rechte des Gläubigers 6 32
Kosten
- Gerichtskosten 5 36
- Rechtsverfolgung 1 11, 5 41, 65, 69
Kreditinstitut 12 20
Kündigung, Sonderkündigungsrecht des Erstehers 13 69 ff.

Landesbaubehörde 5 34
Landesrecht
  2 19 ff., 5 31, 35, 56 f., 60
Landwirtschaftliche Produktionsgenossenschaft (LPG) 2 83 ff.
Lastenfreier Erwerb 5 20
Leibgeding/Leibzucht *siehe Altenteil*
Leistung
- einmalige 5 69
- laufende 5 54 f., 69, 7 3
- rückständige 5 54 f., 69, 7 3
- wiederkehrende 2 25 f., 5 73 ff., 7 3
Letztes Gebot 11 64
Liegenbelassen eines Rechts 14 50 ff.
Locusprinzip 4 7 f.
Löschungsanspruch 1 6, 14 39 ff.

Meistgebot
- Abtretung 13 30 ff.
- Brutto-/Nettobetrag 13 68
- Liegenbelassen eines Rechts 14 51
- Nichtzahlung 14 62 ff.
- unter 50 % 13 14 ff.
- - Vollstreckungsschutz 8 8 ff.
- unter 70 % 13 18

Miete 1 12, 2 86, 5 11
- Mietpfändung 1 12
- Mietvertrag gegen die Regeln ordnungsgemäßer Wirtschaft 7 15
- Räumungsvollstreckung 13 78 ff.
- Scheinvereinbarung 13 81
- Sonderkündigungsrecht des Erstehers 13 69 ff.
Minderanmeldung 11 5 f., 14 4
Minderjährige 11 55
Misswirtschaft 1 9
Mitbenutzungsrecht, Beitrittsgebiet 2 90 f.
Miteigentum 1 6, 2 35 f.
- Beteiligte 5 8
- Versteigerung des Miteigentumsanteils 2 36
- Wohnungseigentum 2 56
Motivirrtum 11 49

Nacherbe
- Beteiligtenstellung 5 8, 5 10
- Nacherbenvermerk 3 25 ff.
Nachforderung
- Hausgeld 2 49 ff.
- Nachforderungsbeschluss 2 50 ff.
Nachlass 5 3
- Nachlassgericht 2 5
- Nachlassverwaltung 3 23, 5 6
Nebenleistungen, Grundschuld 4 3
Negatives Bietabkommen 11 68 ff.
Nettobetrag, Meistgebot 13 68
Neue Bundesländer *siehe Beitrittsgebiet*
Neutralität des Rechtspflegers 1 28
Nießbrauch 2 16
Nominalbetrag, Grundpfandrecht 13 15, 25 ff.
Nutzungen 2 16

215

Stichwortverzeichnis

Nutzungsrecht im Beitrittsgebiet
2 78 ff.
- anwendbares Recht 2 86, 88
- LPG 2 83

Öffentlich bestellter Gutachter *siehe Gutachter*
Öffentliche Abgaben 5 72
Öffentliche Baulast 5 31 ff., 60, 13 64
Öffentliche Last
1 4, 8, 5 53 ff., 11 16, 26
- BauGB 5 58
- BBodSchG 5 61, 13 62
Ordnungsgemäße Wirtschaft 7 16
Ortsüblicher Verkehrswert 4 2

Pacht *siehe Miete*
Persönlicher Anspruch *siehe Anspruch*
Persönlicher Gläubiger
1 2, 6, 4 13, 5 69, 7 10
- Ablösung 11 15
- Angaben im Antrag 6 30
- Liegenbelassen 14 53
- Nacherbschaft 3 28
- Titel 4 10
Pfändung
- Eigentümergrundschuld 5 67
- Konkurrenz mehrerer Pfändungen 1 13
Photovoltaikanlage 7 24
Planausführung 14 57 ff.
- Nichtzahlung des Meistgebots 14 62 ff.
Prozessfähigkeit 13 47 f.

Ranggrundsatz 4 6 ff., 5 35 ff.
- Befriedigungsreihenfolge 5 78
- Locusprinzip 4 7 ff.
- Rang innerhalb der Rangklassen 5 77 ff.
- Rangklasse 0 5 37
- Rangklasse 1 5 38 ff.

- – Zwangsverwaltung 1 8
- Rangklasse 1a 5 43 ff.
- Rangklasse 2 5 46 ff.
- Rangklasse 3 5 53 ff.
- – Zwangssicherungshypothek 1 4
- Rangklasse 4 5 62 ff.
- – Kosten der Rechtsverfolgung 1 11
- – Zwangsverwaltung 1 11
- Rangklasse 5 5 68 f.
- Rangklasse 6 5 70 f.
- Rangklasse 7 5 72
- Rangklasse 8 5 73 ff.
- Rangklasse „9" 5 76
- Rangverlust 5 14, 11 6 f., 14 3, 63
- Tempusprinzip 4 7, 9
- Zwangssicherungshypothek 1 2
Räumungsvollstreckung 13 72 ff.
Reallast 2 25 f.
Rechte des Gläubigers 8 6
Rechte des Schuldners 7 13 f., 8 1 ff.
siehe auch Grundrechte
Rechtliches Gehör 13 2
Rechtsbehelfsbelehrung 13 43 ff.
Rechtsfähigkeit, GbR 6 5
- Wohnungseigentümergemeinschaft 2 43, 6 6
Rechtsmissbrauch
2 52, 54, 6 34, 8 23 ff., 11 65 ff., 13 12, 31
Rechtsnachfolgezeugnis 6 8
Rechtspfleger
- Hinweispflicht *siehe Hinweispflicht des Versteigerungsgerichts*
- Neutralität 1 28
Rechtsschutzinteresse, Zwangsvollstreckungsverfahren 6 33 ff.
Rechtsstaatsprinzip 1 25 ff.
Rechtsverfolgung, Kosten 1 11
Rechtzeitige Anmeldung
5 14 f., 11 1 ff.
Reichsheimstättenvermerk 5 28

Stichwortverzeichnis

Restforderung **6** 23 ff.
Restitutionsanspruch **3** 32
Rückgewähranspruch bei der Grundschuld **14** 13 ff.
– Abtretung **14** 24 ff.
– Pfändung **14** 27 ff.
– – Beteiligtenstellung **5** 12
– Widerspruch **14** 32 ff.
– Zinsen **14** 10
Rückkauf, Vormerkung **2** 32
Rücknahmefiktion, Einstellungsbewilligung **8** 20 f.
Rückschlagsperre **3** 12 ff.
Rückständige Leistung *siehe Leistung*
Rückständige Zinsen *siehe Zinsen*
Rückständiges Hausgeld *siehe Hausgeld*
Rückübertragungsanspruch gem. VermG **3** 31 ff.

Sachverständiger *siehe Gutachter*
Sachwertverfahren **9** 16
Sanierung **1** 8
Sanierungsvermerk **3** 2
Säumniszuschlag **5** 59
Schaubild
– Abweichende Versteigerungsbedingungen **11** 46
– Beispiel Antragstellung und Zinsen **6** 15
– Beispiel wiederkehrende Leistungen **7** 4
– Beteiligtenverfahren/Amtsverfahren **5** 15
– Deckungs-/Übernahmegrundsatz **5** 35
– Gläubigerablösung **11** 37
– Übersicht Befriedigungsfiktion gem. § 114a ZVG **13** 29
– Übersicht Tempusprinzip/Locusprinzip **4** 7

– Übersicht Zuschlagserteilung unter 70 % bzw. 50 % **13** 18
– Zubehör **7** 33
Scheinbestandteil **7** 23, 28
Scheingebot **11** 65 ff.
Schuldner
– Beschwerderecht **13** 50
– Gebot **12** 31 ff.
– Grundrechte *siehe Grundrechte*
– Pflichten **7** 13 f.
– Rechte **7** 13 f., **8** 1 ff.
Schuldübernahme **5** 30, 35, **11** 8 ff., **14** 25
Sicherheitsleistung **1** 29, **12** 16 ff.
– Art **12** 25
– Befreiung **12** 20
– sofortige **12** 16, 21, 23 f.
– Zwangsvollstreckung **6** 9
Sicherungsgrundschuld **5** 74, **13** 15, **14** 17 ff., 54
Sicherungshypothek **14** 63
– bedingt **1** 4
Sicherungsvollstreckung **1** 6
Sittenwidrigkeit **8** 5 ff., **11** 68 ff.
Sofortige Beschwerde, Verkehrswertfestsetzung **9** 21 ff.
Sofortige Sicherheitsleistung **12** 16, 21, 23 f.
Sonderkündigungsrecht des Erstehers **13** 69 ff.
Sondernutzungsrecht, Wohnungseigentum **2** 59
Sparkasse **12** 20
– Vollmacht **11** 63
Sperrvermerk
– Abfindung wg. Unfallrente **3** 6
– BVG **3** 4
Stammrecht, Erbbauzinsreallast **2** 73
Strohmann **11** 52, **13** 28
Stundungszinsen **5** 59
Suizidgefahr **8** 6, **11** ff.

Stichwortverzeichnis

Täuschung, Anfechtung eines Gebots
  11 48 ff.
Teilanspruch, Vollstreckung **6** 28
Teileigentum *siehe Wohnungseigentum; siehe Teilung eines Grundstücks*
Teilerbbaurecht **2** 39
Teilforderung **8** 21
– durch Aufsplittung **8** 23 ff.
Teilung eines Grundstücks **2** 56, **7** 11
Teilungserklärung, Wohnungseigentümergemeinschaft **2** 49 ff.
Teilungsplan **14** 33, 58 ff., 63
Teilungstermin **14** 57 ff.
Teilungsversteigerung **1** 6
Tempusprinzip **4** 7, 9
Termin *siehe Versteigerungstermin*
Testamentsvollstreckung **3** 24, **5** 6
Titel **6** 2 f.
– GbR **6** 5
– Hausgeld **1** 5, **2** 47, **5** 49, 51
– Nachlassverwaltung **3** 23
– persönlicher **4** 10
– Umschreibung bei öffentlicher Last **11** 26

Überbaurente **5** 29, 35
Übererlös bei Gläubigerablösung **11** 21
Übergebot **13** 53
Überlappende Versteigerungstermine **1** 29, **12** 6 ff.
Übermaßverbot **1** 14
Übernahmegrundsatz **5** 20 ff.
– Schaubild **5** 35
Überpfändungsverbot **1** 1
Überweisung **12** 29
Umlegungsvermerk **3** 2
Umsatzsteuer **13** 66 ff.
Unbedenklichkeitsbescheinigung **14** 72
Unerfahrenheit **1** 16

Unterbrechung, Versteigerungstermin **12** 9
Untermieter **5** 11
Unterwerfungserklärung **6** 10 ff.

Veräußerung
– Beschränkung **2** 37, 60 ff.
– während des Zwangsversteigerungsverfahrens **5** 4, **7** 9
Verbot
– Überpfändung **1** 1
– zwecklose Pfändung **6** 37
Verbrauch von Verfahrensrechten **5** 2
Verbraucherdarlehensvertrag **5** 79
Verbraucherinsolvenzverfahren **8** 48
Verfahrensgrundsätze **5** 1 ff.
Verfahrenskosten des Gerichts **5** 36
Verfahrensrücknahme **8** 20
Verfügungsbefugnis, Insolvenzverfahren **3** 8
Verfügungsbescheinigung **3** 1
Verfügungsbeschränkung **2** 35, **3** 1 ff.
– behördliche **3** 2 f.
– Insolvenzverfahren **3** 8
– Unfallversicherung **3** 6
Verfügungsverbot, Beschlagnahme **7** 6 ff.
Vergleichswertverfahren **9** 16
Verhältnismäßigkeit **1** 14
Verjährung
– wiederkehrende Leistung **5** 75
– Zinsen **5** 74, **6** 16
Verkaufsfall, Vorkaufsrecht **2** 27
Verkehrswert
  2 14, 28, 32, 42, 45 f., **6** 38, **7** 12, 22, **8** 39, **9** 1 ff.
– Altlasten **9** 17
– Anpassung **9** 24 ff.
– Bauvoranfrage **9** 17
– Bedeutung, aus Sicht des Gerichts **9** 4
– – aus Sicht des Gläubigers **9** 6

Stichwortverzeichnis

- – aus Sicht des Schuldners **9** 5
- Beteiligte **9** 18
- Bewirtschaftungskosten **9** 17
- Ermittlung **9** 14 ff.
- Fehlerhaftigkeit **9** 9 ff.
- Festsetzung **1** 10, **9** 7 ff.
- – Haftung **9** 8 ff.
- Gutachter **9** 7 ff.
- mehrere Grundstücke **9** 3
- ortsüblich **4** 2
- rechtliches Gehör **9** 18
- Rechtsmittel **9** 21 ff.
- Wertgrenze
- – – 50 %-Grenze
  1 20 ff., **13** 5, 14 ff., 29
- – – 70 %-Grenze **13** 8, 22, 29
- Zeitpunkt **9** 20
- Zustellung **9** 19

Verkündung, Zuschlagsbeschluss
13 38 ff.

Vermögensauskunft **1** 26, **2** 1, **4** 5
- Kosten **6** 20

Vermögensgesetz (VermG) **3** 31 ff.
Verrechnungsscheck **12** 26
Verschleppung **8** 4
Verschleuderung
1 29, **8** 8 ff., **9** 1, 5, **13** 39
Versicherungsanspruch **7** 23
Versorgungsunternehmen **13** 60, 63
Verspätete Anmeldung **5** 36
Versteigerungsantrag *siehe Antrag*
Versteigerungsbedingungen
- abweichende
  2 57, 66, **5** 24, 35, **11** 39 ff.
- – – einzelne **11** 47
- – – Schaubild **11** 46
- Erlöschen von Rechten, Erbbauzins
  2 64 ff.
- gesetzliche **2** 14

Versteigerungshindernis
2 16, 30, 34, **3** 1 ff.

Versteigerungstermin **12** 1 ff.
- Aushang **12** 2 ff.
- Bekanntmachung **10** 3 ff.
- Ort und Zeit **12** 2
- Teilnahme **12** 1
- überlappend **1** 29, **12** 6 ff.
- Unterbrechung **12** 9
- Verlängerung **12** 24
- Verlegung **12** 5
- Vertagung **12** 9
- Vorbereitung **11** 1 ff.
- Zugang **12** 4
- Zwangsversteigerung **10** 1 ff.

Verteilung *siehe Erlös*
Vertragsstrafe **5** 64
Vertrauensschaden bei Anfechtung
 eines Gebots nach Zuschlag **11** 51
Verwaltungs- und Benutzungsregelung
2 35 f.
Vollstreckungsgegenklage **6** 25 ff.
Vollstreckungshindernis
3 1 ff., 19, 21 f., 24, 29
Vollstreckungsklausel **6** 2, 7
- Klauselerteilungsverfahren **13** 80
- Nachlassverwaltung **3** 23
- Räumung **13** 73
- Umschreibung **3** 22, **11** 25
- – – Abtretung **5** 2
- – – Erbfall **5** 3
- – – Insolvenz **3** 9, 11
- – – Testamentsvollstreckung **3** 24
- – – vollstreckbare Urkunde **6** 19
- Zustellung **13** 74

Vollstreckungsschutz
1 22 ff., **8** 1 ff., **13** 84
- gleichzeitige Entscheidung bzgl.
  § 30a ZVG und § 765a ZPO **8** 16

Vollstreckungstitel *siehe Titel*
Vollstreckungsvoraussetzungen **6** 1 ff.
Vorerbschaft **5** 8
- befreite **3** 26

219

Stichwortverzeichnis

Vorfälligkeitsentschädigung
  5 64, 14 52
Vor-GmbH 11 60
Vorkaufsrecht 2 27 f., 14 7
– Beitrittsgebiet 2 92 f.
Vorläufiger Insolvenzverwalter 8 49 ff.
Vormerkung 2 31 ff., 14 42 f.
– Auflassungsvormerkung
  2 33, 5 5, 7 9, 14 8
– Erhöhung des Erbbauzinses 2 68
Vorrangige Belastung, Rechtsschutzinteresse 6 34
Vorrangige Rechte 4 3 ff.
Vorschuss 7 5

Wahl der Vollstreckungsart 1 1
Währung, ausländische 6 41 ff.
Wartefrist 6 13
WEG siehe Wohnungseigentum
Wegfall des Vorrechts 1 4
Wertgrenze siehe Verkehrswert
Wertsicherung als Inhalt der Erbbauzinsreallast 2 67 ff.
Wertsteigerung, Ausgaben der Zwangsverwaltung 5 39
Wertverlust
– vorläufiger Insolvenzverwalter
  8 53
– Zahlung aus der Insolvenzmasse
  8 40
Widerspruch
– Eigentümergrundschuld 14 46 ff.
– Rückgewähr Grundschuld 14 32 ff.
– Übergebot 13 53
– Widerspruchsklage 14 37
Wiederaufleben, Zwangssicherungshypothek 3 15 f.
Wiederkauf 2 32
Wiederkehrende Leistung siehe
  Leistung
Wiederversteigerung 14 68 ff.
Willkür 1 28

Wohnungsbaugenossenschaft,
  Beitrittsgebiet 2 83 ff.
Wohnungseigentum
  2 37 ff., 5 46, 7 11, 13 65
– Beitritt der Eigentümergemeinschaft 2 46
– Dienstbarkeit 2 55 ff.
– Hausgeld 1 5
– Rechtsfähigkeit der Eigentümergemeinschaft 2 43, 6 6
– Sondernutzungsrechte 2 59
Wohnungserbbaurecht 2 39
Wohnungsrecht 2 13

Zahlungsnachweis des Schuldners
  13 4
Zeitpunkt der Antragstellung 6 14
Zeugnis
– Grundbuchamt 2 3
– Rechtsnachfolge 6 8
Zinsausgleich, einstweilige Einstellung
  8 35 ff.
Zinsen 4 3
– Ausfallbetrag 13 20
– Eigentümergrundschuld 5 66
– Grundschuld 14 9 ff.
– laufende
  1 11, 5 18 f., 5 47, 6 14, 11 5
– rückständige 1 11, 5 18 f.
– Verjährung 6 16
Zubehör 5 9, 44, 7 16, 22 ff., 9 16
– Schaubild 7 33
Zurückbehaltungsrecht 5 13
Zuschlag 1 14, 13 1 ff.
– Abtretung 13 30 ff.
– Anfechtung des Gebots 11 51
– Befriedigungswirkung 13 19 ff., 36
– Meistgebot, auf alle Ausgebote
  11 44
– – nur auf Abweichung 11 45
– – unter 50 % bzw. 70 % 13 18
– Vertrauensschaden 11 51

Stichwortverzeichnis

Zuschlagsbeschluss 13 40 ff.
- Wirkung 13 55 ff.
Zuschlagsbeschwerde 13 42 ff.
Zuschlagserteilung 13 38 ff.
Zuschlagsversagung
  7 31, 8 18, 9 26 ff., 11 29 ff., 66,
  12, 14 f., 13 1 ff.
Zuständigkeit des Gerichts
  3 13, 21, 6 29, 7 26
Zustellung
- Verkehrswertfestsetzung 9 19
- Vollmacht 6 12
- Vollstreckungsvoraussetzung
  6 2, 8, 10
- Zuschlagsbeschluss 13 40 f.
Zustimmung des Grundstückseigentümers, Ersetzung 2 62 f.
Zutritt zum Grundstück 1 10
Zuzahlung
  2 6 ff., 14, 20, 22, 25, 29, 31 f., 36
Zwangssicherungshypothek
  1 1 ff., 4 11, 6 31
- anderes Grundstück 1 3
- aufschiebende Bedingung 1 4
- Rangklasse 3 1 4
- Rückschlagsperre 3 15
Zwangsversteigerung 1 1, 14 ff.
- Beitritt 5 23
- Beteiligte 1 6, 5 1 ff.
- – bei Insolvenzeröffnung 3 9
- – Erbbaurecht 5 7
- – laufendes Verfahren 1 6
- – nach Anmeldung 5 9 ff.
- – von Amts wegen 5 6 ff.
- Einmaligkeit 9 27, 13 6, 9
- Einzelverfahren, mehrere 5 18
- Erhöhung der Zuteilung durch Zwangsverwaltung 1 11
- Gesamtverfahren 5 16
- Kosten 4 1 ff.
- Miteigentumsanteil 2 36
- Termin 10 1 ff., 11 1 ff.
- Veräußerung während des Verfahrens 5 4, 7 9
- Verzögerung durch Vollstreckungsschutz 8 4
Zwangsversteigerungsvermerk 3 29 f.
Zwangsverwaltung
  1 1, 7 ff., 5 38 ff., 7 5, 14
- Ausgaben 5 38
- Erhöhung der Zuteilung durch parallele Zwangsverwaltung 1 11
- Fortdauer des Zuschlags 7 5
- parallel zum Zwangsversteigerungsverfahren 5 38
- Vorschuss 7 5
- Wechsel zur 7 5
- zweckentsprechende Verwendung von Ausgaben 5 39
Zwangsvollstreckung
- Formalisierung 6 7, 27, 37, 13 73
- Kosten 6 20 ff.
- Rechtsschutzinteresse 6 33 ff.
- Urkunde, Vollmacht 6 11
- Urteil 6 8
Zwischenrechte 13 16, 14 41